W0307129

TatortOst

Die Herausgeberin **Momo Evers**, geboren 1971 im Ruhrgebiet, lebt und arbeitet seit 2001 in Halle an der Saale. Sie entwickelt, übersetzt und betreut Buchreihen und Magazine (haus-der-sprache.de) und hat auch die Reihe »TatortOst« aus der Taufe gehoben.

Die Reihe »TatortOst« bietet spannende Krimis mit Lokalkolorit aus Deutschlands Osten. Ungelöste Verbrechen von der Ostseeküste bis ins Erzgebirge, von der Oder bis zur Elbe, originelle Kommissarinnen und Kommissare sowie eine unverwechselbare Atmosphäre fesseln Krimifreunde und Liebhaber des Nervenkitzels nicht nur aus den *alten Bezirken* der Republik.

Mehr im Internet unter www.tatort-ost.de

Bitte mit Schuss

Kulinarische Kurzkrimis aus Berlin

Momo Evers (Hg.)

Mitteldeutscher Verlag

»Ein stilvolles Weihnachtsessen«: als kürzere Version unter dem Titel »Rotkohl aus dem Glas« erschienen in »Still und starr ruht die Spree – Berliner Weihnachtskrimis«, edition karo, Verlag Josefine Rosalski, Berlin 2005

Mit herzlichem Dank für die Abdruckrechte für »Berliner-Weiße-Mousse in Schokoladentränen mit Basilikum-Erdbeeren« an Dirk Lehmann (www.schloss-luebbenau.de)

Originalausgabe

Lektorat: Momo Evers (www.haus-der-sprache.de)
Dialektkorrektorat: Anja Feldhorst
Umschlaggestaltung und -typographie: Katja Zumpe
Printed in the EU
ISBN: 978-3-89812-426-3
www.mitteldeutscherverlag.de

Inhaltsverzeichnis

Willkommen in Berlin!

Der richtige Berliner gibt sich
gastfrei und bescheiden.
Drum ist er überall beliebt
und jeder mag ihn leiden.
Wenn sonst man »Mir kann keener« sagt
so sagt in jedem Falle
wenn's dem Berliner nicht behagt
er sanft: »Mir könn' se alle.«
aus »Berliner Luft« von Paul Linke

Berlin, das habe ich lange Jahre vor allen Dingen mit Christiane F. verbunden, mit David Bowie, mit verrauchten Kneipen und düsterer Faszination. Berlin, das war für mich Zeit meiner Kindheit Sinnbild für das Eingeschlossensein, für eine stets bedrohte Festung, für ein geteiltes Land. Ich war oft dort – als die Mauer noch stand, als die

Mauer fiel, als sie abgetragen und Stück für Stück verkauft wurde, und auch danach, als die Erinnerung schwand an jene Zeit, in der es zwei Städte gegeben hatte. Mit Erstaunen habe ich, die ich im Westen geboren bin und heute im Osten Deutschlands lebe, festgestellt, dass wenn überhaupt in Deutschland, dann in Berlin zusammenwachsen konnte, was einst, vor meiner Geburt, ein Land gewesen ist und – so die lang gehegte Parole – zusammengehört.

Mich als Nicht-Berliner erinnert heute nichts mehr in dieser Stadt an jene Augenblicke, die sich mir damals eingebrannt und mich lange Zeit beschäftigt haben. Jenes An-der-Mauer-Entlanglaufen, stundenlang, und sich immer wieder fragen, wie die Menschen wohl leben mögen in den Häusern, die nicht mehr als ein Katzensprung von der Mauer trennt, die auf Graffiti schauen, wenn sie aufstehen, auf zerbrochene Glasscherben oder zugeranktes Grau. Jenes auf der Aussichtsplattformstehen und auf den Todesstreifen schauen und auf jene Straßenbahnschienen, die auf die Mauer zulaufen und in ihr enden. Das Unvorstellbare, dass es dort nicht weitergeht, dass ich, ein ganz normaler Mensch in einer ganz normalen Zeit, erschossen würde, wenn ich etwas Grundnormales täte – über diese Mauer hinwegzuklettern, einfach loszugehen, hinweg über diesen Streifen Nichts und auf die andere Seite. Dorthin, wo jene Brieffreundin lebte, der ich damals mein halbes Taschengeld und mehr widmete, indem ich ihr Depeche-Mode-Platten kaufte und sie mit Schokolade und Obst in den Osten schickte, wo sie selten ankamen. Und zu der ich, nachdem die Mauer gefallen war, nie wieder Kontakt hatte, die aus meinem Leben verschwand, als hätte es sie nie gegeben.

Auch jene Besuche im Osten Berlins werden mir auf ewig in Erinnerung bleiben. Das Gefühl von Angst an der Grenze, jedes Mal wieder, das Ausräumen des Autos bis auf das letzte Stück; die Waffen in den Händen der Grenzbeamten und die harschen Befehle. Meinen allerersten Walkman haben sie mir weggenommen, mich angeblafft, ihn fortgeschoben, als wäre er eine Bombe. Und mit jenem Stück roten Plastiks verschwand mein damals ganzer Stolz:

ein Live-Mitschnitt eines Konzertes meiner Lieblingsband, und wir durften wieder einräumen, ich und meine Familie, und weiterfahren, hinein in das Grau, das allumfassende Grau, das für mich stets ein fester Bestandteil Ost-Berlins und des Ostens generell gewesen ist.

Ich habe mich geschämt, dort, im Osten der Stadt. Habe mich stets schuldig gefühlt, wann immer wir in den Restaurants an den Schlangen vorbeigeschleust wurden, wenn wir in den grauen Läden standen und verzweifelt versuchten, unser Ost-Geld auszugeben, um nicht unhöflich zu erscheinen, und doch stets ein Großteil dort ließen, als hätten wir es nicht nötig. Und wann immer mir meine Brieffreundin davon erzählte, dass sie nach Paris gehen wolle, zerbrach es mir das Herz, und wenn sie mir sagte, sie habe in der Schule widersprochen, als man ihr erzählt habe, alle Menschen im Westen seien böse und wollen sie erschießen, war ich sprachlos über so viele Lügen. Ebenso, wie ich sprachlos war, als mit der Wende ein großer Mann mit dickem Bauch Hundert-D-Mark-Scheine verschenkte und meine Hoffnung, dass nun aus zwei Staaten ein neuer erwachsen würde, sich binnen Kürze zerschlug, als ich staunend feststellte, dass sich für uns im Westen gar nichts änderte – mit Ausnahme des Solidaritätszuschlages und der Möglichkeit, nun in den Osten zu reisen, die aber kaum jemand wahrnahm.

Kurz nachdem die Mauer gefallen war, bin ich im Osten gewesen, habe seltsam entrückt mit angesehen, wie Menschen Möbelberge an Kostbarkeiten abtransportierten oder gegen Ikea-Wände eintauschten, bin durch Wohnungen gewandert, in denen noch das ungespülte Geschirr in der Spüle stand und der Mantel am Haken hing, als kämen die Bewohner gleich zurück, habe mit Erstaunen Tagebücher fremder Menschen in Händen gehalten und sie verschämt zurückgelegt, habe fremde Häute übergestreift und mich gefühlt wie auf einer verwaisten Probebühne eines Theaters. Ganze Häuser, ganze Straßenzüge standen leer, hatten keine Bewohner mehr und wurden ausgeräumt. Bis heute frage ich mich, wo all diese Menschen geblieben sind. Ob sie sich jemals nach dem zurückgesehnt haben, was sie zurückließen und was abtransportiert wurde, in Containern oder auf Ladeflächen von Menschen, die die Gunst der Stunde erkannt hatten und schamlos oder klug genug waren, sie zu nutzen.

Ich erinnere mich an das Gericht, das wir immer aßen, damals, in Ost-Berlin: Beamtenstippe. Die gab es immer als Willkommensgruß, und ich habe sogar noch das handgeschriebene Rezept aufbewahrt.

Und doch tun diese Erinnerungen allein Berlin unrecht, das viel mehr ist als eine ehemals geteilte Stadt mit einer langen und wechselhaften Geschichte. In ihren Straßen spielten Kinder wie Herbert von Bismarck, Regine Hildebrandt, Klaus Gysi oder Gustav Stresemann; Walter Gropius, Akt-Photograph Helmut Newton, Rahel Varnhagen oder Verleger Klaus Wagenbach, Alexander von Humboldt, Bass und zwei Tenöre der Comedian Harmonists, Marlene Dietrich, Hildegard Knef, Harald Juhnke oder Marianne Rosenberg; Rio Reiser, Blixa Bargeld, Nina Hagen und Ärzte-Begründer Bela B. und Farin Urlaub. Kurz: Es sind vor allem die Berliner selbst, mit ihrer »Berliner Schnauze« und ihrer direkten, unverblümten, multikulturellen und dennoch herzlichen Art, die den Charme dieser Stadt ausmachen. Ihnen sind die Geschichten in diesem Band gewidmet: jenen Menschen aus Ost- und aus West-Berlin, die vieles überlebt und bewegt haben und noch vieles bewegen werden.

»Bitte mit Schuss« begleitet Berliner und Nicht-Berliner auf einer Rundreise durch Gegenwart und Vergangenheit der Chamäleon-Metropole an der Spree, die ohne Frage noch viel mehr zu bieten hat als die Überreste einer Mauer und einen Sack voll Erinnerungen. Lassen Sie sich entführen – und wenn Sie möchten, schreiben Sie uns Ihre ganz persönlichen Erinnerungen an Berlin, deren beste hernach einen Ehrenplatz auf unserer Homepage finden werden. Ob nun als Zuschauer oder Akteur, Fremder oder Reisender: Willkommen in Berlin! Wir – Herausgeberin und Autoren – freuen uns auf Sie.

Halle an der Saale im März 2007
Momo Evers

BEAMTENSTIPPE

ZUTATEN

(für vier Personen)

50 g Fett
50 g Butter
2 Tassen Zwiebelwürfel
300 g gemischtes Hackfleisch
1 EL Mehl
½ Tasse Wasser
1 TL Fleischextrakt
½ TL Paprikapulver
Salz und Pfeffer

ZUBEREITUNG

Die Zwiebelwürfel in der Pfanne mit Fett und Butter anbräunen. Das Hackfleisch zugeben und stetig rühren, bis es »krümelig« gebraten ist. Dann mit Mehl bestäuben und mit Wasser aufgießen, dabei immer weiter umrühren, bis ein Fleischbrei entsteht. Mit Fleischextrakt, Paprikapulver, Salz und Pfeffer würzen. Als Beilage Gewürzgurken oder Pellkartoffeln reichen – fertig!

Käthe kocht Klopse

von Mark Wachholz

Eine Feuerwerksrakete zischte in den nächtlichen Himmel über Berlin. Für einen Moment wurden die dunklen Flure im Landeskriminalamt in rötliches und grünliches Licht getaucht. Dann war es wieder dunkel.

Käthe Schulze stellte den geleerten und ausgewaschenen Papierkorb wieder zurück in eines der verlassenen Büros der Mordkommission, wischte sich an ihrer Putzschürze die Hände trocken und blickte aus dem Fenster. In der Keithstraße waren nicht viele Menschen zu sehen, doch von der Kurfürstenstraße im Süden drang Grölen und Lachen heran. Sie blickte auf ihre kleine neue Uhr, ein Geschenk der Berliner Polizei von der diesjährigen Weihnachtsfeier. Es waren noch knapp zwei Stunden bis zur Jahrtausendwende. Ihre Arbeit hier war so gut wie getan. Wenn sie jetzt ging, würde sie noch vor Mitternacht wieder zu Hause sein und die Unterhaltungssendungen im Fernsehen verfolgen können.

Doch sie blieb und lugte stattdessen den dunklen Flur entlang. Am Ende des Ganges schien Licht; Hauptkommissar Bergen von der 4. Mordkommission war noch immer hier. Für Käthes Arbeit war es eigentlich nicht notwendig, dass das Büro verlassen war. Sie musste nur schnell darin saugen, Staub wischen und die Papierkörbe leeren. Eine Frage von Minuten. Gut, manchmal brachte sie auch noch heimlich einige wild gestapelte Aktenberge in Ordnung – bisher hatte sich keiner der Ermittler beschwert. Aber bei Kommissar Bergen würde sie das heute nicht machen. Nicht zu Silvester. Das Gewese um bestimmte Daten hatte Käthe zwar noch nie gemocht, und ihr machte es nichts aus, am von allen so ersehnten Jahreswechsel zu arbeiten. Aber der Kommissar? Hatte der denn keine Familie?

Nachdenklich schlurfte Käthe in die Küche der Mordabteilung und prüfte ihren Einkaufsbeutel. Die Geschäfte hatten ja nur bis Mittag auf, und da war sie noch kurz vor der Arbeit einkaufen gewesen. Dann machte sie sich einen Kaffee, nippte daran und wischte ein wenig die bereits blankpolierten Ablageflächen. Schließlich spähte sie erneut um die Ecke; das Licht brannte noch immer.

Mit einem Seufzen griff sie nach Eimer und Wischmopp, setzte sich den Gang hinab in Bewegung und klopfte schließlich mit dem Stiel des Mopps gegen die milchige Glasscheibe der geöffneten Tür. »Wat glooben Se, wie lange Se noch brauchen, Herr Bergen?«

Der junge Hauptkommissar blickte nicht auf; er starrte weiter in eine alte Aktenmappe, in der Käthe ein paar vergilbte Schreibmaschinenseiten liegen sah, auf denen das alte Polizeisiegel aus DDR-Zeiten prangte.

»Ick wollt nur fragen, weilet doch bald n neuet Jahrtausend jibt, ob Se sich nich ooch bald ma zu ihre Familie vadünnisiern wolln? Se sehn ja schon janz übanächtigt aus.«

»Hmm.« Der Hauptkommissar schob langsam den Kugelschreiber über die Zeilen der Dokumente.

Käthe Schulze war die kurz angebundene Art des Herrn Bergen gleich am Anfang aufgefallen, als er den eher faulen Hauptkommissar Jankowski abgelöst hatte. Doch nur ein »Hmm« als Antwort zu erhalten, gefiel ihr noch weniger.

Der soll sich bloß nüscht einbilden uff sein Hauptkommissar, dachte sie. Sie hatte bereits herausgefunden, dass er aus Hamburg nach Berlin gekommen war, obwohl er dialektfreies Deutsch sprach. Sicherlich kam er aus Hannover oder Braunschweig. Da sprachen die Leute schließlich Hochdeutsch. Nur Manieren, die lernten sie dort offenbar nicht. Noch einmal klopfte sie gegen das Milchglas, wurde aber noch immer ignoriert. Missmutig fühlte sie, wie sich ihre Augenbrauen eng zusammenzogen. Dabei war das gar nicht gut – wegen der Falten und des mürrischen Gesichtsausdrucks. Den mochte sie gar nicht an sich, begegnete ihm aber dennoch seit vielen Jahren jeden Morgen und Abend im Badezimmerspiegel.

Sie wandte ihre Gedanken von ihren Falten ab und wieder Hauptkommissar Bergen zu. Der war schon wieder in seine Akten vertieft und hatte den Kopf auf die Hände gestützt. Unwillkürlich entfuhr ihr ein unwirsches Räuspern, und da endlich sah der Kommissar zu ihr auf. »Sie hätten doch schon längst gehen sollen, Frau ... äh ... Schulze«, seufzte er. »Ich mache dann hier selbst sauber, damit Sie keinen Ärger mit der Chefin bekommen. Ich wünsche Ihnen einen guten Rutsch und so.«

Käthe setzte zu einem gutmütigen Muttilächeln an, aber sie war sich nicht sicher, ob es ihr gelang. Vielleicht hätte sie sich freuen müssen, aber sie tat es nicht. »Et jeht mir ja nüscht an, aba ick gloobe, Se sollten ooch bald ma Schluss machen. Warn Se nich schon jestern bis inne Nacht hier?«

Der Hauptkommissar kritzelte einige Worte auf einen fast leeren Block. »Sie haben sicherlich recht, Frau Schulze, aber ich habe mir heute sowieso nichts anderes vorgenommen.«

»Se wolln nich raus bei den Kriegszustand da draußen, damit Se morjen nich ooch als Akte hier rumliejen?« Käthe lächelte breit, und immerhin schaute er diesmal kurz hoch, verzog aber keine Miene. Offenbar hatte er nicht nur keine Manieren, sondern auch keinen Humor. »Wat isn so wichtig, dass Se nich Silvester feiern?«, gab Käthe sich nicht geschlagen, obschon ein Seufzen des Hauptkommissars ihr unmissverständlich klarmachte, dass sie aus seinem Büro entlassen war. »Ick will ja nüscht sagen«, fuhr sie fort, und freute sich im Stillen über ihre Revanche beim Ignorieren der Wünsche ihres Gegenüber, »aba die Akten da, so janz taufrisch sin die ja ooch nich mehr, un Ihre Kollegen reden jut üba Sie. Also ick weeß nich, wat Se so dolle an Silvester hier ackern müssen.«

Er wippte unruhig mit dem Stift in seiner Hand, und als er nun erneut zu ihr aufsah, weiteten sich seine Augen kurz unter der zusammengezogenen Stirn.

»Ick frag ja bloß.« Käthe nahm den Putzlappen und wischte die milchige Glasscheibe der Bürotür ab. »Weil Se nu schon so lang inne Akten kieken.«

Jetzt war es an ihm, missmutig zu schnaufen. »Frau Schulze, kann ich Sie mal etwas fragen?«

Käthe lugte, den Wischlappen noch immer in der Hand, so unschuldig wie möglich hinter der Tür hervor.

Der Hauptkommissar hielt die Aktenkladde nun in der Hand und deutete auf sie. »Sie hatten doch auch am letzten Montag hier Dienst, oder?«, fragte er gedehnt.

»Ja, ick bin jeden Abend hier.«

Er nickte. »Als ich am Dienstagmorgen in mein Büro kam, lag auf meinem – wie immer von Ihnen aufgeräumten – Schreibtisch ein kleiner Zeitungsausschnitt.« Er fischte aus der Akte ein kleines vergilbtes Blatt Papier, nicht größer als der Zettel eines Notizblocks. Was darauf stand, konnte Käthe aus dieser Entfernung nicht lesen. »Sie haben nicht zufällig diesen Zettel dort schon am Abend liegen sehen oder jemanden beobachtet, der diesen Zettel dorthin gelegt hat?«

Käthe bemerkte, wie sie sich verlegen durch das Haar strich. Beim Bergen gab es eigentlich selten etwas aufzuräumen, so ordentlich, wie der war. Wie hatte er nur bemerkt, dass sie ein klein wenig die

Akten zurechtgerückt hatte? Sie war ja wie immer sehr vorsichtig gewesen. »Na ja, den hab ick beim Saugen uffn Boden jefunden un Ihnen uffn Tisch jelegt. Sonst hab ick aba nüscht weita anjerührt, Herr Hauptkommissar.« Es klang in seinen Ohren unglaubwürdig, das spürte sie. Aber so war das eben – sprichst du mit einem Polizisten, hast du immer ein schlechtes Gewissen.

»Haben Sie sich den Artikel denn auch durchgelesen?«

»Nur die Überschrift. Irgendwat mitn Toten uffn Friedhof.«

»Ja, es ist eine sehr seltsame Geschichte. Und ich komme einfach nicht weiter.«

»Manchmal hilftet, wenn Se wen anderet fragen. Hab ick mal jehört.« Sie nestelte verstohlen am Putztuch und begann dann doch, die Aktenordner einzeln aus den Regalen zu nehmen und abzustauben.

Der Hauptkommissar ließ sie gewähren und klappte die Dokumentenmappe wieder auf. »Vielleicht haben Sie recht. Auch wenn ich das eigentlich nicht darf. Aber ich glaube immer mehr, dass das Ganze nur eine Zeitungsente ist.«

Käthe putze weiter. »Ick bin janz Ohr.« Sie stand jetzt mit dem Rücken zu Bergen und gab sich alle Mühe, die Ruhe selbst zu sein.

»Die Meldung stammt aus dem *Neuen Deutschland* vom 9. November 1989, das habe ich schon herausfinden können«, murmelte Bergen wie zu sich selbst. »Doch darin heißt es nur, dass am Tag zuvor zwei Kinder auf dem Alten Jüdischen Friedhof in der Großen Hamburger Straße einen – vermutlich – Toten auf einer Parkbank im Gestrüpp fanden und Untersuchungen eingeleitet werden würden.«

»Uff ne Parkbank uffn Friedhof?« Käthe bemühte sich redlich, erstaunt zu wirken, denn natürlich hatte sie den kleinen Zeitungsausschnitt gelesen.

»Ja, das wusste ich auch nicht. Der Alte Jüdische Friedhof wurde im 17. Jahrhundert eingeweiht und 1827 geschlossen. Moses Mendelssohn ist dort begraben worden.«

»Der vom Mendelssohn-Bartholdy-Park?«

»Nein, das war sein Enkel. Die Gestapo hatte im Krieg quer durch das Gelände einen Splittergraben ziehen und ihn mit den Grabsteinen auslegen lassen. Nur die wenigen Grabmale, die in die Mauer des angrenzenden Hauses eingelassen waren, blieben damals erhalten. Im Frühjahr 1945 diente das Areal dann als Massengrab für Kriegstote. Heute ist es nur noch eine Parkanlage; nur zwei verwitterte Grabsockel sind erhalten. Ich war gestern dort. Ein seltsamer Ort. Ruhig, aber auch … kalt. Parkbänke gibt es dort aber keine mehr.«

Käthe war mit dem Abstauben der Aktenordner so weit fertig, schlenderte nun langsam um den Schreibtisch des Hauptkommissars herum und begann dort, die Fensterbank ein wenig abzuwischen. Sie stand dem Ermittler jetzt gegenüber und sah, wie dieser die alten Schreibmaschinenseiten aus der DDR-Zeit herausholte.

»Es wurde damals auch eine Akte über diesen Fall angelegt, was mich vermuten lässt, dass die Geschichte doch der Wahrheit entspricht. Demzufolge machte der Abschnittsbevollmächtigte Krüger die Angaben, dass es sich bei dem Toten um einen Mann mittleren Alters gehandelt habe, der dort in einem Affenkostüm leblos auf der Bank saß.«

Käthe stieß einen der kleinen Blumentöpfe um und fluchte leise. Ein Teil der Erde lag nun auf dem Boden. »Jetz muss ick uff jeden Fall hier saugen, Herr Hauptkommissar«, brummte sie.

»Bitte?« Bergen blickte auf. »Hören Sie mir überhaupt zu? Ich sagte …«

»Oh, ick hab Ihnen zujehört, Herr Bergen, n Toter mitm Affenkostüm. Det is ja wirklich ma seltsam. An wat issa denn jestorben, der Tote?«

Resigniert blätterte der Hauptkommissar durch die wenigen Blätter. »Das ist nicht genau bekannt. Der erste Bericht erwähnt deutliche Gewalteinwirkung im Schädelbereich. Aber nach dem 9. November gab es keine Untersuchungen mehr, weder polizeiliche noch gerichtsmedizinische. Der Fall scheint einfach komplett vergessen worden zu sein.«

»Seit wann vajisst denn die Polizei ihre Fälle, Herr Hauptkommissar?«

Er zuckte mit den Schultern.

»Ick mein, war det nich ooch n außajewöhnlicha Tag?« Sie strich sich verlegen über die Nase.

Bergen stutzte, doch dann breitete sich Erkennen auf seinem Gesicht aus. »Natürlich, der Tote wurde einen Tag vor dem Fall der Berliner Mauer gefunden. Das Aufreißen des Eisernen Vorhangs hat die Leute natürlich mehr beschäftigt, als ein Toter in einem Affenkostüm.«

Käthe nickte. »Ick hol ma n Staubsauger.«

Hauptkommissar Bergen rieb sich über das angespannte Gesicht, griff nach der Kaffeetasse und nickte ebenfalls.

Als Käthe wiederkam, stand er am geöffneten Fenster. Klare, kalte Winterluft wehte herein. Die Stimmen der Menschen, die von der Kurfürstenstraße heraufklangen, waren laut und ausgelassen. Immer wieder schossen vereinzelte Feuerwerksraketen in den nächtlichen Himmel. Erst das laute Dröhnen des Staubsaugers überdeckte die Vorfreude auf den Jahreswechsel.

×××

»Und wenna da nur seinen Rausch ausjeschlafen hat?« Käthe hatte sich auf den Stuhl gegenüber gesetzt.

»Das ist recht unwahrscheinlich. Sowohl die Kinder, die ihn gefunden hatten, als auch der Abschnittsbevollmächtigte Krüger sagten aus, dass sein Gesicht sehr fahl und fast schon bläulich angelaufen war. Wenn man nun bedenkt, dass es im November bereits empfindlich kalt in der Nacht ist, dann …«

»Vielleicht issa im Suff erfroren.«

»Das war auch mein erster Gedanke, Frau Schulze. Aber im Polizei-Protokoll vom 9. November ist nicht nur festgehalten worden, dass sich größere Mengen Blut auf der Parkbank befanden, sondern es gab auch eine tiefe Wunde am Hals. Wer diese entdeckt hat und was aus der angeordneten gerichtsmedizinischen Untersuchung wurde, kann ich beim besten Willen nicht mehr feststellen. Entweder sind die dazu gehörigen Aufzeichnungen verschwunden – oder sie existierten nie, weil sich niemand mehr für den Fall interessiert hat.«

»Det heißt, Se ham keene Leiche, keen Täter und keen Motiv.«

»Nein, ich habe eine Leiche, die verschwunden ist, einen Täter, der vergessen wurde, und ein Motiv, das niemand kennt. Wussten Sie eigentlich, dass der Tote genauso hieß wie Sie, Frau Schulze?«

Ihre Augen, bislang in die Nacht vor dem Bürofenster gerichtet, schauten nun gebannt auf den Hauptkommissar. Ein Frösteln überkam sie, obwohl das Fenster längst wieder geschlossen war.

»Wat? Der hieß Käthe?«

Zum ersten Mal lächelte der Hauptkommissar. »Nein, Schulze. Alexander Schulze aus Kaliningrad. So steht es hier. Hießen Sie schon immer so?«

Käthe richtete sich in dem Bürosessel auf. »Nee, den Namen hab ick von meim Mann. So war det wohl mit die Gleichschaltung im Osten. Alle ham se Müller, Meier oder Schulze jeheißen, wa?« Sie lachte und stellte erstaunt fest, wie gut so ein Lachen tat.

»Dann sind Sie auch aus der DDR?« Bergen schien nun ehrlich interessiert.

»Ja, ick hab in Hellersdorf jewohnt. Det hört man doch, oda?«

»Naja, ich habe ehrlich gesagt keine Ahnung, wie man Ostberliner und Westberliner Dialekt auseinanderhalten kann.«

Käthes Blick fiel auf ihre Armbanduhr. Nur noch eine Stunde bis Mitternacht. Es blieb nicht mehr viel Zeit. »Ham Se eijentlich Hunger, Herr Bergen?«, fragte sie.

»Was?«

»Na, weilt schon so spät is, un mein Magen ziemlich knurrt, weil ick schon längs zu Hause sein müsste. Aber wenn wa hier noch weita üba det Rätsel rätseln, dann würd ick vorschlajen, dass wa wat essen. Se sitzen doch ooch schon seit heute Morjen hier.«

»Naja, ich bin gar nicht so hungrig. Aber wir könnten Pizza …«

»Ach wat, Pizza! So wat kommt mir nich ins Haus. Ick könnt uns Königsberger Klopse machen.«

Hauptkommissar Bergen blinzelte mehrmals, als er sie anstarrte. »Wie wollen Sie denn jetzt Königsberger Klopse machen?«

»Wir ham hier doch ne Küche. Un ick hab noch vor Toresschluss allet einjekooft, eijentlich für heute Abend, für nache Arbeit, denn dasset so spät wird, hab ick nu nich ahnen können. Komm Se ma.« Und mit diesen Worten stand sie auf, und Bergen folgte ihr in die Küche.

»Ick hab det Fleisch in Kühlschrank jepackt, aba det muss heute uffjebraucht sein. Mehl, Kartoffeln, Kräuter. Un natürlich Kapern. Se mögen doch Kapern, oda?«

»Ähm, ja. Sie wollen jetzt wirklich hier kochen?« Er schaute auf die Uhr. Draußen zischte eine weitere Feuerwerksrakete hinauf, diesmal dicht an der Häuserwand entlang.

Bergen lächelte.

Dann nickte er.

×××

Der Hauptkommissar hatte den Schreibtisch frei geräumt. Als Käthe die dampfenden Teller in das Arbeitszimmer brachte, sah sie ihm deutlich an, dass er dieses Essen noch immer nicht für die beste Idee hielt, ihm aber dennoch das Wasser im Mund zusammenlief. Es war ein schönes Gefühl, wieder einmal für jemanden zu kochen.

»Setzen Se sich schon ma, de Köchin serviert. Se könn ja den Wein uffmachen.«

Dann dimmte sie das Licht, das Zimmer war nur wenig erhellt von einer orangen Straßenlaterne. Es war beinahe romantisch. Und im ganzen Bürotrakt duftete es nach den Klopsen.

×××

Sie saßen einander gegenüber und zerdrückten die Kartoffeln in der hellen Soße. Käthe sah, wie er sehr zurückhaltend zunächst ein kleines Stück eines Klopses abschnitt und ihn in die Soße tauchte.

»Schmeckt's?«, fragte sie, noch bevor er probiert hatte.

»Ich ... ich probiere gerade«, gab er verlegen zurück und schob das kleine Stück in den Mund. Sie hatte früher gern solche Scherze gemacht, heutzutage fehlte ihr dazu ein Gegenüber. Ihren Mann hatte sie immer damit aufziehen können, er hatte ihre Ironie nie verstanden.

»Meen Essen schmeckt ma imma so lala«, sagte sie kauend.

»Nein, Frau Schulze, es schmeckt vorzüglich. Etwas anders, als ich es von meiner Mutter kenne, aber sehr gut. Etwas süßlicher. Was haben Sie besonderes drangemacht?«

»Det Fleisch muss handjefertigt werden, mit viel Ei und Schrippe. Un denn besonders lang durchkneten. Dazu nochn Lorbeerblatt. Allet andre bleibt meen Jeheimnis. Aba wenn ick ma n Buch schreibe, wo Königsberger Klopse drin vorkommen, denn pack ick det Rezept hinterm Schluss ran.«

Sie aßen weiter. Ab und zu wurde das Zimmer in rotes, gelbes oder grünes Licht getaucht. Silvester rückte näher.

Käthe zerbiss eine weitere Kaper. Der säuerliche Geschmack breitete sich zuerst auf der Zunge, dann im gesamten Mund aus. Sie liebte es. »Viele mögen ja Kapern nich«, sagte sie mit einem Blick auf seinen Teller, an dessen Rand sich die Kapern bereits türmten.

Er grinste verlegen.

»Na los, rinn damit. Det jehört doch zu de Klopse.«

Er biss einmal, zweimal mit säuerlich verzogenem Gesicht, versuchte zu lächeln. Dann aber sah sie, dass Tränen in seinen Augen standen. Sein Gesicht war rot angelaufen, und sein Blick fiel auf das Essen. Die Königsberger Klopse. Die Kapern. Dann wieder auf sie. Zitterte seine Gabel?

Jetzt erst hörte sie das leise Röcheln, das Keuchen.

»Ach so!«, rief sie, selbst etwas erschrocken, und sprang um den Tisch hinter seinen Rücken. Mit kräftigen Handschlägen gelang es ihr schließlich, die verschluckte Kaper zu lösen.

Erleichtert blickte er zu ihr auf. »Danke. Jetzt geht es.«

»Oh Jott, beinahe hätt ick Se umjebracht, Herr Hauptkommissar. Dabei müssen Se doch nochn unjelösten Fall lösen.«

Sie lächelte, als sie sich wieder setzte. Ja, dachte sie, allet looft nach Plan. Wieso Silvester allein verbringen, wenn es auch mit einem jungen Mann möglich war? Einem Polizisten, der vielleicht sogar klug genug war, das Geheimnis des 9. Novembers zu enträtseln.

×××

»Wussten Sie eigentlich, dass Königsberg früher zu Ostpreußen gehörte und im heutigen Russland liegt?« Hauptkommissar Bergen hatte sich inzwischen wieder erholt und langte kräftig zu.

»Nee, ach wat. Se wissen ja ne janze Menge, Herr Hauptkommissar. Ick weeß ooch nich, warum die nu Königsberger Klopse heißen. Inne DDR sagten wa imma Kochklops dazu.« Sie lachte. Früher hatte das ganz normal geklungen, aber heute klang es selbst nach ihrer Ansicht etwas komisch.

»Eigentlich isst man ja zu Silvester Karpfen blau, oder?«, fragte Bergen und goss ihnen beiden Weißwein in die Gläser nach.

»Ja, det war früha so. Aba ick bin nich so diejenige, die an so wat festhält. Ick fand ooch schon imma blöd, dass man sich ers am 11.11. ab 11 Uhr 11 vakleiden darf und nich schon früha.«

»Tja, so sind die Traditionen.«

Käthe blickte auf ihre Uhr. Noch zehn Minuten bis zum Jahreswechsel. Plötzlich fiel es ihr schwer, weiter in so lockerem Plauderton mit dem Hauptkommissar zu reden. Zehn Minuten, vielleicht nur noch neun. Dann würde das alte Jahr, ja das ganze Jahrtausend enden, und eine neue Zeit würde anbrechen. Eine Zeit ohne

Altlasten, ohne Vergangenheit. Einfach neu anfangen. Wer träumt nicht manchmal davon?

Versonnen betrachtete Käthe Bergens Züge über den Rand ihres Weinglases hinweg. Haselnussbraune Locken fielen in die hohe Stirn, auf der geraden und blassen Nase schimmerten selbst im Schein der Kerzen und im tiefsten Winter ein paar blasse Sommersprossen, und das Kinn wirkte wie aus einer Parfumwerbung geschnitten – glatt rasiert und wohlproportioniert. Bergens Lippen waren schmal, aber sie gaben ihm eher den Anschein aufmerksamer Ernsthaftigkeit, wirkten nun nicht mehr ablehnend und mürrisch. Was, ging es Käthe einmal mehr durch den Kopf, mochte der Hauptkommissar vergessen wollen, dass er seine Silvesternacht mit einem alten, mysteriösen Mordfall verbrachte? Sie hätte es gern herausfinden wollen, aber sie schwieg. Diese Nacht war ihre Nacht. Und so vermied sie es auch, ihn auf die wenigen Minuten hinzuweisen, die ihm noch blieben, sah zu, wie er den zweiten Klops langsam mit der Gabel zerteilte. Das Besteck fuhr durch den Klops als wäre er aus Butter, so gut war das Fleisch geknetet.

»Ich frage mich immer noch, wie dieser Zettel hier ins Büro gekommen ist«, murmelte Bergen versonnen, während er ein weiteres Klopsstück zum Mund führte.

»Ja, det frage ick mir ooch. Vielleicht von Ihrn Vorjänger oda so. Dem Herrn Jankowski.«

»Nein, ich habe das Büro eigentlich vollkommen leer übernommen. Auch die Akten hier sind alles aktuelle Fälle – und ich wüsste auch nicht, dass sich Hauptkommissar Jankowski mit alten DDR-Fällen beschäftigt hätte.« Er legte die Gabel beiseite und blätterte erneut in der dünnen Akte. Käthe beobachtete ihn genau. Wonach suchte er? Was konnte er sehen? Was war ihm bislang entgangen?

»Wussten Sie eigentlich, Frau Schulze, dass der 9. November ein Schicksalstag für uns Deutsche war?«

»Ja, klar. Det mit die Mauer hat ja nu alle berührt, ob Ost oda West.«

»Nein, ich meine nicht nur den Fall der Mauer. Am 9. November 1918 verkündet Maximilian von Baden eigenmächtig den Abdankung Kaiser Wilhelms II, und Philipp Scheidemann und Karl Liebknecht riefen jeweils die Republik Deutschland aus. Am gleichen Tag im Jahr 1923 marschierte der junge Adolf Hitler in München auf die Feldherrenhalle. Und 1938 dann die Reichspogromnacht. Ganz schön viel für einen einzelnen Tag, oder?«

»Un nüscht davon vajisst man, oda Herr Hauptkommissar? Jut, det mit die Abdankung hätt ick nu nich jewusst, aba der Rest bleibt hängen.« Sie nahm noch einen Schluck Wein, dann fasste sie sich ein Herz. »Anders bei den Mord hier. An den denkt keena mehr. Nich ma mehr een Tag, nachdem et passiert is.«

Bergen nickte ihr nachdenklich zu und kaute grübelnd und auf seiner Unterlippe. »Ich verstehe es trotzdem nicht. Was zum Beispiel ist mit der Leiche geschehen?«

Käthe schwieg.

»Sie muss doch irgendwo begraben sein, es müsste Spuren geben. Stattdessen nichts – nüscht, wie Sie so sagen würden.«

»Wat würden Se denn denken, wat mit die Leiche jeschah? Wenn Se zum Beispiel Sherlock Holmes wären?«

»So einfach ist das nicht. Sherlock Holmes ist eine Romanfigur, die sichergehen konnte, dass der Autor jeden wichtigen Hinweis irgendwo untergebracht hatte. Wir ... also ich habe schlichtweg zu wenig Informationen zu dem Fall. Ich kann nur raten.« Bergen zerdrückte die letzte Kartoffel in der Soße. Dann versuchte er, mit der Gabel die letzte Kaper zu erwischen, doch sie rutschte ihm immer wieder zur Seite. Er versuchte es erneut, doch die Kaper gab nicht nach. Käthe hielt den Atem an. Vielleicht noch fünf Minuten. Sie sah aus dem Fenster. Nicht eine Rakete erhellte den Nachthimmel; alle warteten auf Mitternacht.

»Ich sitze nun seit einer Woche an dem Fall, und ich frage mich, wie viel Verbrechen aus dieser Zeit bis heute nicht aufgeklärt worden sind, einfach weil ... weil es keine Unterlagen gibt oder, noch wahrscheinlicher, weil sich niemand mehr dafür interessiert.«

»Na, solang et Leute wie Sie jibt, Herr Bergen, besteht doch imma Hoffnung.«

Immer noch widersetzte sich die Kaper, wich der stochernden Gabel aus. »Sie sehen es doch selbst. Ohne Akten, ohne Zeugen, ohne Relevanz geschieht da nichts. Es wurden ja nicht nur an der Mauer Menschen getötet.«

Käthe stellte ihr Weinglas ab. »Für son Täter is det sicherlich n komischet Jefühl, so zu Hause zu sitzen – und nüscht passiert«, flüsterte sie.

Bergen sah von seinem leeren Teller auf. »Es gibt tatsächlich psychologische Gutachten über Täter, die nie zur Rechenschaft gezogen wurden. Bei den meisten stellen sich seltsame Verhaltensweisen ein. Zum einen entwickeln sie ein großes, fast übermütiges Selbstbewusstsein, weil sie nicht für ihre Taten bestraft wurden. Auf der anderen Seite werden die meisten ihre Schuldgefühle – anders als verurteilte Straftäter – überhaupt nicht los und suchen nach anderen Wegen, mit der Vergangenheit abzuschließen. Es gab da schon sehr kuriose Fälle ...«

Käthe hörte ihm aufmerksam zu, während er schließlich die letzte Kaper aufspießte und zum Mund führte. »Letztendlich wollen sie ihre Schuld eingestehen, ohne dafür bestraft zu werden. Das ist der Idealfall, nach dem sie streben.«

»Det hört sich nich nachm schönen Leben an.« Sie nickte, um ihre Worte zu unterstreichen. Diesmal meinte sie es ernst.

»Teils, teils. Einerseits kann es ein befriedigendes Gefühl sein, über den anderen zu stehen, weil man selbst für schlimme Verbrechen nicht bestraft wurde. Aber der Drang nach Absolution ohne Rechenschaft ist stark – und in sich unlösbar. Diese Personen wirken oft nach außen hin sehr in sich gefestigt und ruhig, aber im Inneren sind sie Zeit ihres Lebens mit dem Lösen dieses Dilemmas beschäftigt.«

»Un isset denn lösbar?«

»Das Dilemma?«

Käthe nickte und schaute auf die Uhr. Kurz vor zwölf.

»Es wäre lösbar«, sagte Bergen. »wenn sich der Täter einreden kann, alles zur Entlarvung beigetragen zu haben …« Er stockte. »… und dann sieht, dass die Ermittlungen trotzdem nichts ergeben.« In diesem Augenblick ließ der Hauptkommissar seine Gabel fallen und blätterte aufgeregt in der Aktenmappe. »Oh, Frau Schulze, Sie sind ein Schatz! Es war kein Zufall, dass der Zeitungsartikel auftauchte. Seine Spur muss zum Täter führen. Ich werde sofort Untersuchungen einleiten lassen …« Der kleine Zeitungsausschnitt fiel heraus, und Bergen griff wie elektrisiert nach ihm. Doch bevor er ihn berührte, hielt er seine Hand zurück. Seine Euphorie war augenblicklich verschwunden.

Auf der Straße zählten die Leute in diesem Moment das neue Jahrtausend an. Donnerschläge hallten draußen, und doch schien es Käthe, als gäbe es nur Stille. Wie gebannt starrte sie auf den Hauptkommissar, der wiederum wie gebannt auf den kleinen Zeitungsausschnitt vor ihm starrte. »Ich habe ihn die ganze Zeit in der Hand gehabt.« Die Resignation in seiner Stimme war nicht zu überhören. »Wenn der Täter Spuren hinterlassen hat, dann sind sie jetzt vernichtet.«

Käthe wartete weiter, doch Bergen schwieg. Schließlich erhob sie sich und blickte aus dem Fenster in die blitzende Nacht, wo sich in diesem Augenblick ein Inferno aus Böllern, Raketen und Jubel Bahn brach. Auch die Kirchenglocken dröhnten, doch Käthe hörte es kaum. Ihr war leicht zumute, schwerelos, berauscht.

Als der Kirchturm seine Schläge beendet hatte, drehte sie sich wieder ins Zimmer, und ihre Augen trafen die des Hauptkommissars.

»Un wenn der Täter damit jerechnet hat?«, nahm sie den Faden der Unterhaltung wieder auf, langsam, stockend fast, mit vor Aufregung belegter Stimme. »Vielleicht hatta noch andre Spuren hintalassen?«

Bergen nickte, und seine Antwort überraschte sie. »Sie haben recht. Aber ich bin alle Daten tausendmal durchgegangen. Ich sehe die Anhaltspunkte nicht.«

Käthe holte tief Luft. »Anjenommen, ick hätte Ihnen den Zettel hinjelegt.« Jetzt sprach sie es aus.

»Ihre Mühe ist wirklich lieb, Frau Schulze, aber Sie müssten längst zu Hause bei Ihrer Familie sein.« Er blickte erschrocken hinaus und stand nun ebenfalls auf. »O je, es ist ja schon Mitternacht. Prosit Neujahr, Frau Schulze!«

Aber Käthe gab nicht auf. »Aba wenn et nu wirklich so war?«, insistierte sie.

»Gut, Sie haben mich überzeugt. Spielen wir es durch.« Er schob die Teller beiseite und setzte sich vor den Computer. »Sie würden mir also den Zettel zukommen lassen – sehr zufällig, um meine Aufmerksamkeit zu erregen. Auf dem Zeitungsausschnitt sind genügend Daten, um die alten DDR-Akten zu finden.«

»Aba wieso mach ick dette?« Vorsichtig näherte Käthe sich wieder dem Schreibtisch.

»Ihr Motiv jetzt, Frau Schulze? Sie wollen endlich Frieden. Die Frage ist: Wie sind Sie als Mörder damals vorgegangen, und was war damals Ihr Motiv?«

Käthes Blick ging ins Leere. Sie sah die Bilder wieder vor sich. Eigentlich war alles so einfach. »Det war im Streit«, murmelte sie. »Een Mord im Streit.«

»Totschlag nennen wir das. Ja, eine annehmbare Hypothese, Frau Schulze. Sie streiten sich und töten den Herrn ... Schulze im Streit.« Bergen lächelte, als amüsiere ihn die Namensgleichheit noch immer. »Aber wie kommt der Tote zur Parkbank im Gebüsch? Von allein wird er ja kaum dorthin gewandert sein.«

»Na, Se hatten vorhin jesacht, dass da Blut anne Bank war. Die warn doch damals ooch nur aus Holz un schlecht lackiert. Da lässt sich doch son Blut ziemlich schlecht abwischen, zumal noch inne Nacht.«

»Ja, die Nacht als Tatzeitpunkt wird auch vom Abschnittsbevollmächtigten Krüger vermutet.«

»Vielleicht wollta ja noch ma wiedakommen, der Mörder, um die Leiche richtig vaschwinden zu lassen. Also hatta vielleicht solange allet im Jebüsch vasteckt.«

Hauptkommissar Bergen nickte und tippte einige Stichpunkte in den Computer. Käthe beobachtete ihn. »Ja, das ergäbe Sinn«, brummte er. »Der Mörder wollte den Toten verschwinden lassen, hatte aber nachts nicht die Möglichkeiten dazu und musste …«

»Na, nach Hause fahren«, ergänzte Käthe. »Um n Spaten oda so zu holen. Da jab's noch keene Nachtbusse un so. Un außerhalb vom Zentrum kam man nur schlecht weg.«

»Frau Schulze, Sie sind gut! Ich kenne all diese Details über die DDR nicht.« Er grübelte. »Es war ein kalter November, die Büsche nicht mit Blättern bewachsen. Aber in der Nacht muss das dichter gewirkt haben. Wenn der Mörder wirklich nachts lange unterwegs sein musste, erklärt das doch, warum die Leiche erst am nächsten Tag, nach ihrer Entdeckung, verschwand.«

»Det uff jeden Fall.«

»Der Mörder muss die Zeit ausgenutzt haben, als der Polizist Krüger die Polizeistelle alarmierte, um die Leiche wegzuschaffen.«

»Deswejen ooch, dass der Tote plötzlich weg war.«

Bergen nickte, und seine Zungenspitze fuhr nun aufgeregt die schmale Unterlippe entlang. »Frau Schulze. Sie sind ein echter Schatz! Wenn man annimmt, dass die Leiche später doch noch vom Mörder selbst vom Tatort entfernt wurde, erklärt das auch, warum es nicht einmal in der Gerichtsmedizin Unterlagen zu dem Fall gibt. Ich kann noch einmal die Polizeiakten nach Spuren für eine Anwesenheit des Täters durchsuchen.«

Käthe seufzte leise. Er hatte noch immer nichts verstanden. War das denn wirklich möglich? Sie versuchte, ihr Zittern zu unterdrücken, doch es gelang ihr nicht.

Plötzlich unterbrach er das Tippen, und drehte sich langsam zu ihr um. Sie erwiderte seinen Blick, die Zähne fest zusammengebissen, der Atem schwer und stoßweise.

Sein Gesicht spiegelte Sorge wider, war frei von Misstrauen. »Oh, Frau Schulze, bitte, ich halte Sie schon viel zu lang auf. Ich bin nur ganz euphorisiert. Mein Kopf schien wie blockiert. Aber jetzt ...« Er lächelte. »Ich rufe Ihnen ein Taxi!«

Sie entspannte sich. Ganz leicht, nur ein bisschen. Dann lächelte sie. »Nich notwendig, Herr Hauptkommissar. Ick habet nich weit bis nach Hause.« Langsam stand sie auf, doch es war, als würde sie schweben. Aber dann straffte sie sich wieder. Noch war nicht alles gesagt.

»Aba wat wurde wohl aus die Leiche, wenn der Mörder se mitjenommen hat? Könnte man die nich noch finden?«

»Das würde ich gern.« Bergen strich sich die Locken aus der Stirn. »Aber angenommen, meine ... unsere Hypothese über den Tathergang stimmt, dann ist der Mörder recht zielgerichtet vorgegangen. Er hat sich immerhin eines großen Risikos ausgesetzt, die Leiche für einige Stunden allein zu lassen. Es war nur großes Glück, dass er die Leiche doch noch verschwinden lassen konnte und dass wenige Stunden später die Mauer fiel.« Der Hauptkommissar blickte noch einmal auf den Zeitungsausschnitt. »Ich möchte Sie nicht unnötig schockieren, Frau Schulze, aber in ihrer Panik tendieren unerfahrene Täter oft zu besonders unüberlegten Reaktionen. Die Leiche muss im wahrsten Sinne des Wortes aus der Welt geschafft werden. Zerhacken, zerkochen, verteilen. Als Abfall, Hundefutter oder Schlimmeres.«

Leberpastete. Die Nieren. Braten mit dunkler Soße. Paniertes Schnitzel. Brühe für den Eintopf. Und aus dem Kleinzeug Klopse. Aus Königsberg. Eigentlich absurd. Armer Alexander.

×××

In der Küche war jetzt so weit alles aufgeräumt. Sie knöpfte sich den Putzkittel auf und legte ihn ordentlich zusammen. Das machte sie sonst nie, aber sie würde ihn nicht mehr benötigen. Dann zog sie sich den dicken Wintermantel über und schaute noch einmal in den verlassenen Büros nach dem Rechten. Alles war sauber.

Er brachte sie noch zur Tür. Nur noch wenige Schritte, dann war sie frei.

»Herr Hauptkommissar.« Sie blickte ihm noch einmal in die Augen, doch sie konnte keinerlei Misstrauen darin erkennen. Er war klug und gebildet, aber er verstand nicht.

»Patrick Bergen.« Er reichte ihr die Hand.

«Uff Wiedasehen, Herr Patrick Bergen.«

Sein Händedruck war erst angenehm weich, doch plötzlich wurde er fest. Sein Blick wurde ebenso starr wie die Mundwinkel. Hatte er sie durchschaut?

»Ein Detail haben wir übersehen, Frau Schulze«, sagte er leise. »Warum das Affenkostüm? Am 8. November?«

Sie überlegte lange, ehe sie antwortete; erwiderte den Blick seiner braunen Augen, die nach einem Geheimnis suchten, das offen vor ihnen lag, und es nicht sahen.

»Nich alle Menschen halten sich an Rejeln, Herr Hauptkommissar«, flüsterte sie schließlich.

Er nickte abwesend, doch der Ausdruck seiner Augen änderte sich nicht. Das beruhigte sie.

Er hob die Hand zum Abschied, und sie schlenderte hinaus. Die kalte Silvesterluft war angenehm. Erst jetzt spürte sie, wie heiß ihr war. Vor ihr lag die Kurfürstenstraße, auf der die Menschen fröhlich den Jahreswechsel feierten. Und auch Käthe Schulze betrat ihr neues Jahrtausend.

KÄTHE SCHULZES KÖNIGSBERGER KLOPSE MIT KAPERNSAUCE

FÜR DIE KLOPSE

(für vier Personen)
300 g Schweinsschulter
300 g Rindsschulter
50 g Weißbrotwürfel
50 g Zwiebel, 2 Eier
Salz, Kräuter (Majoran, Petersilie, Salbei), Kümmel, Pfeffer, 1 Lorbeer-Blatt

FÜR DIE KAPERNSAUCE

30 g Margarine ungehärtet
30 g Weizenvollkornmehl (möglichst frisch gemahlen)
Kapern, Pfeffer, Petersilie, Gemüsebrühe, Milch nach Bedarf
30 g Sauerrahm (je nach Geschmack noch ein Schuss Weißwein)

ZUBEREITUNG

Die Zwiebel kleinwürfelig schneiden und in ungehärteter Margarine goldgelb rösten. Das faschierte Rind- und Schweinefleisch mit dem eingeweichten Knödelbrot, 2 Eiern, goldgelb gerösteten Zwiebeln, Majoran, Petersilie und Salbei vermengen und mit Salz, Pfeffer und Kümmel würzen. Wasser zum Kochen bringen, salzen. 8 bis 10 Klopse formen und zirka 20 Minuten ziehen lassen. Für die Sauce Margarine in einem Topf zergehen, Mehl anschwitzen und mit Milch aufgießen und unter ständigem Rühren aufkochen lassen. Die Kapern entweder ganz oder fein gehackt in die Sauce geben. Mit Gemüsebrühe (Pulver), Pfeffer und gehackter Petersilie würzen, mit Sauerrahm und eventuell einem Schuss Weißwein verfeinern. Als Beilage empfehlen sich Kartoffeln.

Tipp: Wenn die Fleischmasse zu weich ist, kann man sie mit Brösel festigen. Mit Vollkornbrotwürfel gemacht, schmecken die Knödel besser. Lassen Sie die Klopse in Gemüsebrühe statt in Salzwasser ziehen, dann schmecken sie herzhafter.

Thanks to Frank

von Stefan Haffner

Dank Nader quält sich mal wieder Frank Zappa mit »Torture Never Stops« durch die sensiblen Schaltkreise meiner High-End-Anlage und in mein Hirn. Das Summen von Millionen von Fliegen und die Schreie gefolterter Frauen umwehen meinen Strich-Achter, als wir in Schrittgeschwindigkeit auf der Suche nach einer ansprechenden Dönerschmiede durch Kreuzberg gleiten, und erinnern die Asylantenscharen auf den Gehwegen daran, warum sie hierhergekommen sind. Nader windet sich auf dem Beifahrersitz und presst sein Haargel für ein Luftgitarrensolo mit Franky Boy in meine Kopfstützen, während seine Hüftknochen Richtung Sonnenblende zucken. Die Aufnahme ist total übersteuert und das Schlagzeug und der Bass unterlegen Naders Performance mit einem monotonen Dauerbrummen und Scheppern. Gequält sehe ich ihn von der Seite her an und versuche, ihn mit meiner Leidensmiene zum Aufhören zu bewegen. Wenn es nach mir ginge, würde ich jetzt in meinem verdunkelten Schlafzimmer auf dem

Wasserbett liegen und den Sound von John Cage genießen. Ganz leise und sehr klar. Aber es ist ein ganz normaler Arbeitstag. Das heißt, es ist Mittagszeit und wir cruisen auf der Suche nach dem ultimativen Döner durch den Kiez. Wir machen mit bei Hölzis Döner-Rallye Berlin, auf einer Heimatseite zum Thema »Wo gibt's den besten Döner?«, und suchen Munition für unsere Battle mit einem Fan vom Döner am Tränenpalast. Gockel über der Tür oder nicht, der taugt nix!

»*Flies all green and buzzing ...*«

Naders Luftgitarre jault wie ein Muezzin und seine Riffs spurtenden Finger schrammen knapp an meiner Sonnenbrille vorbei.

»*Are they zeroes ...?*«

Links eine Dönerbude, rechts ein Dönerstand. Links hinter den Scheiben gibt es scheinbar Streit zwischen zwei Typen. Bin ick nich druff für. Entscheide mich für rechts.

Ich drücke »Eject«. Mein Partner setzt sich auf und sieht mich vorwurfsvoll an.

»Scheiße, Alter, was ist los?!«

»Da, guck mal. Sieht gut aus, findest du nicht?«

Er setzt sich auf und begutachtet den Grillwagen mit Sonnenschirm und Klappstühlen.

»Ausprobieren. Obwohl ich nicht glaube, dass er an Jussuf rankommt.«

Jussuf ist aber drei Blöcke weit weg, also ist rechts gut, rechts kann ich auch halten. Vor dem Stand klafft eine Lücke von zwei Metern zwischen irgendwelchem Opelschrott. Ich stoße durch die Lücke über die Bordsteinkante auf den Bürgensteig, bis beide Flossenenden mit der Parkreihe fluchten und wir flüchten unter den Sonnenschirm. Nader zieht sich immer an wie die Blues Brothers, bloß ohne den dämlichen kleinen Hut. Jetzt lockert er seine *Slim*-Krawatte und keucht.

»Na, Mullah, heiß?«

Ich gucke zufrieden auf meine Badelatschen runter und spiele mit den Zehen. Die Temperaturen gehen seit drei Wochen selbst nachts selten unter dreißig Grad, und das Riesen-H über Russland verheißt auch für die nächsten Tage keine Abkühlung.

»Zwei Döner, zwei Bier!«

»Nix Bier. Hab ich kein Klo.«

Seit es die Mauer nicht mehr gibt und Kreuzberg nicht mehr Randlage, sondern Mitte ist, ist hier alles schwieriger geworden. Die Leute halten sich zum Beispiel auf einmal an Vorschriften, wieso auch immer. Wahrscheinlich weil man hier so nah an den ganzen Botschaften und am Reichstag ist und sich andauernd unter Beobachtung fühlt. Kameras überall, reichlich Zivilstreifen. War früher schöner hier, als die Freaks noch ihr Wohnwagendorf auf dem Potsdamer Platz hatten, der nichts anderes als eine Wiese an der Mauer war, wo man abends gemütlich am Lagerfeuer die Tüten durchgezogen hat. Da war ich sechzehn und gerade mit nichts in den Taschen hier angekommen. Es war ein bisschen wie zu Hause, bloß gab's Haschisch statt Klebstoff und die Gegend ist bei Weitem nicht so verstrahlt. Der Wind kreiselt ein kleines Staubwölkchen vor uns über die Straße.

»Hol mal Bier!«

»Wieso ich?«

»Bist dran, nu geh schon!«

Nader stemmt sich hoch und schleppt sich zu dem Dönerschmied auf der anderen Straßenseite hinüber. Nader ist Kurde, wir kennen uns aus dem Deutschkurs von damals. Ohne die Musik höre ich auch wieder, was draußen los ist. Während Nader die Straße überquert, wird es da drüben immer lauter. Er steht unschlüssig vor der Glastür. Plötzlich scheppert's drinnen und irgendwas schwingt durch die Luft, vielleicht ein Arm oder ein Stock. Nader stößt die Tür auf und hechtet hinein. Zwischen seinen Beinen hindurch kann ich einen Barhocker umstürzen sehen. Nadar stürzt nach vorn, und der Hocker und er rollen aus meinem Sichtfeld. Ich sprinte los und reiße mir auf der Mitte der Straße die Sonnenbrille von den Augen. Drinnen ist es düster und noch heißer als auf der Straße. Ein gigantischer Ventilator dreht sich unter der Decke wie in der Eingangsszene von »Apocalypse Now« und verquirlt den Fleischdunst und die Koransuren aus einem alten Nordmende-Recorder hinter der Theke. Nader liegt am Boden und hält sich ein Auge zu.

»Hinten raus, er ist hinten raus!«

Ich rase los und kriege erst die Tür zu den Klos nicht auf. Als ich zutrete, fliegt zwar der Stuhl unter der Klinke auf der Rückseite weg, aber auch meine linke Sandale. Mein Knöchel schmerzt, und ich nehme den anderen Latschen in die Hand. Der Boden ist frisch gewischt und seifig, und ich gleite aus. Dann stehe ich in einem Hinterhof, es ist eher ein Lichtschacht voller leerer Öldosen und Müllsäcke. Salatblätter und Tomatensaft modern am Boden, und es stinkt. Ich sehe gerade noch die Sohle von einem Sneaker mit den berühmten drei Streifen über die Mauer verschwinden. Mein Gott noch mal, die Mauer ist hoch und es ist heiß, also was soll's.

Im Klo wasche ich mir die Füße und tupfe sie mit Klopapier trocken. Dann streife ich mir die Flipflops wieder über und gehe zurück in die Grillstube.

Nader hockt auf einem Klappstuhl und drückt sich ein Handtuch mit Eiswürfeln auf das Auge. Der Ladeninhaber stellt gerade den Hocker wieder auf.

»Hast du 'n Bier für uns?«

Ich stelle mich an die Theke und drehe mir eine Zigarette. Der Ventilator ist extrem cool. Das wäre was für über meinem Wasserbett. Nader betrachtet mich aus einem Auge und sieht unzufrieden aus. Der Türke stellt mir eine Dose auf die Theke, und ich werfe sie zu Nader hinüber, der sie geradeso aus der Luft fischt. Der Türke stellt mir noch eine Dose auf die Theke. Ich setze mich auf einen Barhocker und stecke mir die Kippe an. Der Ventilator zieht, *flapp, flapp, flapp,* den Rauch zur Decke. Keiner sagt was. Der Türke ist Anfang zwanzig und guckt an mir vorbei. Ich warte. Er wischt die Theke. Nader steht auf.

»Komm, wir gehen.«

Ich setzte meine Brille wieder auf, stehe auf und greife ihn am Arm.

»Wenn's noch mal Ärger gibt, ruf uns an!«

Ich schnippe ihm unsere Karte auf die Theke. Er wischt drum herum. Wir verlassen diese gastliche Stube, jeder mit einer Dose Berliner Kindl in der Hand, die wir nicht bezahlt haben. Man nimmt, was man kriegen kann.

»Komisch der Kerl, nicht?«

Wir sitzen wieder auf unseren Klappstühlen unter dem Sonnenschirm, die wir nie hätten räumen sollen. Der Döner ist gut, viel Fleisch, wenig Rotkraut und viel Knoblauch in der Sauce.

»Der wollte gar keine Hilfe.«

»Was denkst du, was da los war?«

»Weiß nicht. Jedenfalls hat er auch was zu verbergen. Die lassen sich nicht gerne in die Karten gucken. Machen ihr Zeug unter sich aus.«

»Türkische Parallelgesellschaft.«

»Quatsch. Wenn hier in Berlin einer auf Parallelgesellschaft macht, dann die Deutschen. Ihr müsstet doch längst alle zu Allah beten. Mehrheit, Leitkultur, verstehst du?!«

»Hast du was von dem Gebrüll verstanden?«

»Der Typ sagt irgendwas, er soll's rausrücken oder so und da hat's auch schon gekracht.«

»Familienfehde?«

»Keine Ahnung. Haben Streit gehabt, aber Alter, weiß ich nicht wieso. Der Typ hatte ihn schon halb über die Theke geholt, wie ich dazu kam.«

»Bist 'n Held!«

Nader grinst. Seine Augenbraue ist eingerissen, aber es ist halb so wild. Das Kühlen hat ausgereicht, es blutet nicht mehr. Er sieht mich fragend an.

»Meinst du nicht, wir sollten uns darum kümmern?«

»Wir sind doch keine Bullen. Wenn er was will, kann er sich jederzeit melden.«

Das steht so auf unserer Karte: Nader M. Tislami, Wladimir Miller. Privatdetektive. Jederzeit erreichbar unter …

»Ich glaube, da ist was zu holen, wir müssten bloß wissen, worum es geht.«

»Wenn du meinst. Ich bin ausgelastet.«

Das ist übertrieben. Einen einzigen Fall haben wir, eine Observation für einen eifersüchtigen Juwelier aus Steglitz. Klar geht seine schicke junge Frau fremd. Wir wissen auch, dass sie sich genau in diesem Augenblick mit ihrem Lover in den Laken des Kempinski wälzt. Er ist Landespolitiker aus Hessen, der in der Landesvertretung am Bundesrat arbeitet. Und jetzt gerade schlägt er sozusagen erste Pflöcke zur Vorbereitung seiner Übersiedlung in die Hauptstadt ein. Es wird über eine Regierungsumbildung und ein Ministeramt gemunkelt. Ich überlege noch, auf welcher Seite der Affäre am meisten zu holen ist, beim Ehemann, den jungen Liebenden oder der *Mopo*. Er ist circa fünfzig und träumt von einem neuen Leben. Ich denke, ich werde bei ihm anklopfen. Er hat am meisten zu verlieren.

»Ich behalte Grillmaster im Auge.«

Warum nicht.

Als ich vom Zahlen wiederkomme, sehe ich eine junge Frau den gegenüberliegenden Bürgersteig entlangkommen. Figur wie ein Model. An ihrer Hand ein kleiner Junge, strohblond. An seiner freien Hand baumelt ein aufgeklapptes grünes Buch. Die sparkassenrote Innenseite des Buchdeckels flattert im Kindertrab neben Mutters Knie vor und zurück. Sie trägt einen Einkaufsbeutel. Kurz vor dem Imbiss blickt sie sich um, als fühlte sie sich verfolgt. Ich bin total mit dem Wechselgeld beschäftigt. Sie betritt den Laden. Der Ladeninhaber nimmt den Jungen hoch und küsst ihn. Dann umarmen sich die beiden. Glückspilz, denke ich. Was für eine Frau. Im Imbiss gehen die Lamellen der Jalousie zu.

»Ungewöhnliches Paar, nicht wahr?«

Nader grinst.

»Junge Mutter sucht … Türke kein Hindernis.«

»Ist doch hübsch, so eine binationale Beziehung. Du hast gerade einen Blick auf die Zukunft Europas geworfen.«

»Ihr Mullahs wollt uns die Frauen wegnehmen, stimmt's?«

»Merkels Traum. Männer mit Familiensinn, konservativ, kinderlieb.«

»Okay, Nader. Bleib dran. Die haben vor irgendwas Schiss, alle beide.«

»Hab ich gesehen. Ich ruf dich an. Zwei mal Klingeln. Hau ab, Iwan!«

»Sag nicht Iwan zu mir.«

»Verpiss dich, Iwan!«

Ich steige in den Wagen und lasse ihn an. Mittag ist vorbei. Ich brauche noch ein paar nette Fotos für den Juwelier, das Familienalbum des zukünftigen Ministers oder die *Mopo*, je nachdem. Das Lenkrad glüht, aber die Flosse springt an wie von selbst. Auf zum Schäferstündchen.

Abends um zehn ziehe ich mich am Bettpfosten hoch. Mein Mobiltelefon hat zweimal geklingelt, das verabredete Zeichen. Ich wohne in der Krossener Straße in Friederichshain, und Nader und ich sind in »Paules Metal Eck« verabredet. Ich wohne im Hinterhaus, und es ist superleise hier hinten. Über und unter mir nur weibliche Singles, keine attraktiv, keine mit Kind, eine echte Oase. Ich habe den halben Nachmittag verschlafen, und jetzt schwebe ich in einem angenehmen Dämmerzustand und höre dem Geschrei der Schwalben im Lichthof zu. Aufzustehen fällt mir schwer. Aber wir haben Lagebesprechung, und außerdem ist mir nach einem kühlen Bierchen oder einem Rum Baccardi in der »Thai Cocktail Bar« nebenan. Ich muss bloß Nader von »Paules Metal Eck« losschweißen.

Zwei Minuten später stehe ich in Leinenhose und Hawaiihemd auf der Krossener. Bisschen dunkel mit der *Ray Ban* auf dem Rüssel, also schiebe ich sie mir ins Haar hoch. Das Dröhnen der Bässe ist ohrenbetäubend. Es ist nicht schwer, Nader zu überreden. Ich mache einfach große Gesten und schnappe wie ein Goldfisch nach

Luft, und er versteht, dass ich ihn nicht verstehe. Er schleppt mich in die »Saftbar«, wo wir umzingelt von einem Haufen Stinos sitzen und einen O-Saft bestellen.

»Und, was macht der gute Onkel Staatssekretär?«

»Was wir alle tun sollten.«

Ich zeige ihm ein paar Fotos von den Turteltäubchen, wie sie knutschend aus dem Hotel kommen. Ich mache solche Bilder immer in Schwarz-Weiß. Die Kunden mögen das. Irgendwie wirkt es authentischer. Vor allem aber kann ich sie ungestört zu Hause entwickeln. Ich stecke sie zurück zu meiner Visitenkarte in den Umschlag.

»Schon adressiert?«

Ich nicke und lasse ihn gucken. Er grinst und pfeift leise durch die Zähne.

»Wie viel?«

»Zehn Riesen?«

Er nickt anerkennend.

»Sei vorsichtig!«

»Und bei dir?«

Er nimmt einen Schluck Orangensaft.

»Er hat um acht zugemacht. Dann sind sie zusammen rausgekommen. Erst sie mit die Junge, und als sie um die Ecke ist, kam er hinterher. Sind nicht zusammen gegangen, aber zusammen bei die gleiche Wohnung angekommen. Ich habe gewartet und vor zwanzig Minuten gehen Lichter aus.«

»Wer steht an der Klingel?«

Nader grinst.

»Nur sie.«

»Und wie heißt sie?«

»Wer zahlt?«

»Na, sag schon!«

»Sonja Sparreneck.«

»Na ja. Sind also nicht verheiratet. Ist ja nichts Ungewöhnliches.«

»Ach, noch was. Ich glaube nicht, dass er unser Kunde wird.«

»Wieso nicht?«

»Er hat abgeschlossen und hat mit dem Schlüssel deine Karte aus der Westentasche gezogen. Hat er nur kurz angesehen und weggeworfen.«

»Klar. Man muss trotzdem immer offensiv werben. Ich habe schon überlegt, ob ich nicht mal einen Spot bei *Al Dschazira* schalte.«

Nader guckt mich groß an.

»Ja echt, guck dich mal um, bei den ganzen Arabern hier.«

»Ich arbeite nicht für Araber.«

»Du bist doch selber einer.«

»Quatsch, ich bin Kurde. Wir haben nix zu tun mit Arabern, Türken, Iranern oder Irakis. Alles Arschlöcher.«

»Weißt du, wie egal mir das ist? In der SU gab's dreihundert Völker, die Amis sprechen zur Hälfte Spanisch oder Chinesisch, wieso könnt ihr euch nicht vertragen? Weißt du, wie viel Geld die haben, die Araber?«

Nader guckt mich finster an, obwohl er merkt, dass ich ihn hochnehme. Lassen wir's, sagt sein Blick.

»Zur Sache?«

Er nickt.

»Sie sind also ein Paar, und er hat Ärger mit einem anderen Türken, will aber nicht, dass sich da jemand Fremdes reinhängt. Also wohl eine Familienangelegenheit. Liegt nahe, dass es sich irgendwie um das Mädchen dreht. Sie sind wohl nicht verheiratet, und sie hat ein Kind, das auch nicht so aussieht, als hätte es einen türkischen Vater, und sie führen eine geheime Beziehung. Sie macht einen reichlich eingeschüchterten Eindruck. So weit richtig?«

»Denke schon. Möglich, dass er auch Angst hat. Er lässt sich aber nichts anmerken, versucht uns zum Beispiel da herauszuhalten, obwohl er bedroht und angegriffen wird und wir ihm geholfen haben.«

»Er steckt richtig tief in der Scheiße, meinst du.«

Nader nickt.

»Hast du noch was?«

»Nein. War dunkel. Die schlafen jetzt. Das Kind muss ja auch ins Bett, und er arbeitet den ganzen Tag.«

»Aber so stinknormal wie's aussieht, ist es dann ja doch nicht bei Sparreneck – Öger Tours.«

»Keine Ahnung, aber inzwischen bin ich richtig neugierig.«

»Riechst du, was ich rieche?«

»Ich rieche jede Menge Ärger.«

»Na, dann mal rein ins Vergnügen!«

Wir wechseln endlich in die »Thai Cocktail Bar« und bestellen noch zwei Orangensaft. Meiner ist ohne Orange und Saft und stattdessen mit viel Gin und ein wenig Tonic. Langsam werden die Temperaturen erträglicher, und die kleinen Thaimädchen hinter dem Tresen zwitschern wie die Schwalben vor meinem Fenster. Um halb zwölf verlassen wir den Laden und ich fahre Nader zur S-Bahn-Haltestelle Warschauer Straße. Da ich schon mal so schön im Auto sitze, fahre ich gleich noch die Mühlenstraße und die Stralauer runter und bringe mein Brieflein zum Kempinski. Der Nachtportier verspricht mir für einen Zehner, dass meine Post mit dem Frühstücksei auf dem Tablett liegen wird. Ich bin sehr zufrieden mit mir.

×××

Ich brauche morgens einfach länger. Es ist nicht so, dass ich verkatert wäre, aber ich brauche einfach länger. Und es nervt, wenn das Telefon klingelt, bevor ich so weit bin. Es klingelt um neun, und ich bin noch nicht so weit.

»Wlad!«

»Was?!«

»Du musst mal übernehmen. Ich kann sie nicht ganze Zeit hinterherlaufen.«

»Wovon redest du, Mann?«

»Sie arbeitet in die Sparkasse am Hauptbahnhof, gleich bei dir um die Ecke.«

»Na und?«

»Ich denke, du willst rauskriegen, was sie macht.«

»Gibt's Anzeichen dafür, dass ihr die Kündigung droht?«

»Nee, wieso das denn?«

»Dann wird sie ja wohl noch bis fünf dableiben.«

»Quatsch nicht, komm zu Jussuf. Wir müssen Plan machen. Verträgst nichts mehr, was?«

Ich drücke auf den kleinen roten Hörer und das Display zeigt erst aufsteigende Seifenblasen und wird dann dunkel. Erst mal frühstücke ich in Ruhe und gebe meinem Darm die Zeit, die er braucht. Um zwanzig nach neun betrete ich »Jussufs Teestube« in Kreuzberg. Jussuf putzt noch, und aus dem Rekorder kommt der gleiche Lärm wie in der Dönerbude gestern.

»Kannst du deinen Ajatollah mal leiser machen?!«

Ich drücke mit beiden Händen die Luft an den Boden. Jussuf grinst breit, dreht den Rekorder noch lauter auf und stellt ein Glas Tee mit Pfefferminzstängeln vor mich hin.

»Morgen Jungs, alles fit im Schritt?«

Er hat penetrant gute Laune und wischt schnell über unseren Tisch.

»Frühstück?«

Ich schüttele den Kopf. Hier verkehren vor allem Marokkaner. Die Männer an den Tischen kippen sich Olivenöl auf ihre getoasteten Weißbrotscheiben oder bestreichen sie mit Butter und Salz.

»Ihr habt keinen Cholesterinspiegel, oder?«

Nader ist unerträglich munter.

»Jussuf kennt unseren Kunden.«

»Er ist nicht unser Kunde.«

»Er heißt Kemal und ist fast pleite, weil seine Leute ihn praktisch geächtet haben. Sie machen da jeden Tag Randale, keiner isst da mehr, verstehst du.«

»Wegen der Freundin?«

»Jussuf weiß nichts von Freundin. Weiß auch nicht, was sie von ihm wollen. Kann natürlich sein wegen Freundin.«

»Die ist doch erste Sahne.«

»Sie ist unverheiratet und hat ein Kind.«

»Ja und, was habt ihr Mullahs euch denn so?«

»Guck mal aus Fenster.«

Ich gucke aus Fenster.

»Was?«

»Siehst du Plakat?«

»Klar sehe ich das Plakat. Was?«

»Such-dir-eine-aus.de. Bei euch sind Frauen Fastfood, kein Respekt. Und dann Kind und nächste Mann und immer Durcheinander.«

»Ich denke, da stehst du gerade drauf, die Freiheit im Westen und so.«

Das ist unfair, ich weiß. Nader ist zu Fuß durch halb Europa gelaufen, um seinen Kommunistenarsch vor dem iranischen Staatsschutz in Sicherheit zu bringen.

»Ja, aber Freiheit nicht so. Ihr sagt, Frauen sind bei uns wie Eigentum, und ihr vertickt bei eBay auf Grabbeltisch.«

»Okay, okay. Aber das ist doch was anderes mit den beiden. Und sie ist auch nicht gerade Sommerschlussverkauf. Hast du dir die mal näher angesehen?«

»Dass sie sexy ist, macht's nicht besser.«

»Na und?«

»Lass uns mal zu der Familie hingehen. Wir machen Stadtwerke-Nummer und sehen uns um.«

»Weißt du schon, wo die wohnen?«

»Wie gesagt. Jussuf kennt sie. Es gibt Großvater, einen Onkel und Tante mit fünf Kinder. Wohnen zusammen in Stuttgarter Straße.«

»Kenne ich. Ist 'ne Parallelstraße von der Sonnenallee.«

»Korrekt. Seine Eltern sind schon in Rente und wieder nach Türkei. Er hat den Laden vom Vater übernommen.«

»In Ordnung. Aber jetzt nicht. Ich will erst mal zur Sparkasse.«

»Sparkasse, ja?«, sagt er sarkastisch. »Konto eröffnen bei schöne Frau?«

»Rein ermittlungstaktisch. Vielleicht finde ich ja was heraus.«

»Wieso versuchst du nicht bei parship.de oder so?«

»Um eins bei Kemal, in Ordnung?«

»Bis dann, Iwan.«

»Sag nicht Iwan zu mir!«

Nader steht auf und geht. Ich habe den Eindruck, er ist sauer. Ich höre mir noch ein bisschen das Gejaule vom Band an und sehe mir dazu die Bücher an, die Jussuf im Fenster stehen hat. Gibt sogar einen zweisprachigen Koran für Kinder. Na ja, warum nicht, gibt ja auch Kinderbibeln. Das könnte das Buch gewesen sein, das der Kleine von der Sparreneck gestern dabeihatte. Ich blättere darin herum und irgendetwas macht mich stutzig. Egal. Ich trinke meinen Tee aus, grüße und mache mich auf zur Bank meines Vertrauens.

Die Sparkasse hat Kundenparkplätze, und das ist viel wert in dieser Stadt. Ich parke und gehe rein. Sie steht gleich am ersten Schalter. Aus der Ferne ein Traum, aus der Nähe der Hammer. Ich reihe mich hinter zwei unruhigen Männern ein, während die Nachbarschalter frei bleiben und lausche auf das Rauschen der Hormonausschüttung in meinen Drüsen.

»Guten Tag, was kann ich für Sie tun?«

Sie ist routiniert freundlich, aber ich glaube kaum, dass sie mich richtig wahrnimmt.

»Ich würde gerne etwas für *Sie* tun!«

Sie sieht mich überrascht an, und ich sehe, dass sie übernächtigt ist.

»Ich wüsste nicht …«, sagt sie unsicher und hebt die Schultern.

»Ich habe gestern Ihrem Freund Kemal geholfen, einen ungebetenen Besucher loszuwerden. Ich würde Ihnen gerne helfen, weitere Belästigungen zu unterbinden, wenn Sie das möchten.«

Ich reiche ihr meine Karte hinüber und lächele verbindlich. Sie überfliegt den Schriftzug flüchtig und ihr Gesichtsausdruck verdüstert sich schlagartig.

»Gehen Sie, wir brauchen keine Hilfe!«

»Ich denke schon, dass Sie die brauchen. Manchmal wissen die Leute gar nicht, wie nötig sie Hilfe brauchen. Und dann tut es ihnen leid. Es kann einem so schnell etwas passieren, gerade als alleinstehende Frau mit Kind.«

Ich lächele sie weiter freundlich und aufmunternd an.

»Wollen Sie mir etwa Angst machen? Verschwinden Sie, ich brauche Sie nicht!«

Sie hat die Stimme erhoben, und ich spüre Unruhe hinter mir aufkommen.

»Ist ja gut, ich bin schon weg. Aber wenn Sie es sich anders überlegen, da ist meine Nummer. Rufen Sie mich an, jederzeit! Wir sind für Sie da.«

Ich drehe ab. Dünne Nerven hat sie, und mein Limit bei der Sparkasse ist offensichtlich überzogen. Sie wird vielleicht in ein, zwei Tagen anders über die Sache denken, und immerhin hat sie die Karte nicht gleich weggeworfen oder mir zurückgegeben. Aus der Drehtür heraus sehe ich, wie sie sie studiert und nachdenklich auf ihrer hübschen Unterlippe herumkaut. Ich schenke ihr ein letztes Lächeln und bin draußen. Als ich auf den Parkplatz komme, ist irgendwas an meinem Auto anders als sonst. Erst komme ich nicht drauf, aber dann sehe ich, dass es die Nummernschilder sind. Sie sind weg. Ich fluche wie ein Rohrspatz.

Ich denke kurz nach, und dann wähle ich die Nummer, die jeder wählen würde, die 110.

»Polizeinotrufzentrale Berlin-Mitte?«

»Man hat mir die Nummernschilder geklaut.«

»Würden Sie mir bitte Ihren Namen sagen und wo Sie sich befinden?«

Ich mache die Angaben und warte.

»Bitte warten Sie einen Augenblick, ich verbinde Sie mit dem zuständigen Polizeiamt.«

Klick, weg ist er. Eine Minute lang höre ich mir »Für Elise« an und verfluche Gott und die Welt, bis sich ein Polizeiobermeister Soundso meldet und ich mein Sprüchlein wieder aufsagen kann.

»Ja, Herr Miller, da gibt es ein Problem mit Ihrem Wagen. Die Kennzeichen wurden von einem Mitarbeiter des Ordnungsamts sichergestellt. Es besteht der Verdacht auf Urkundenfälschung. Die Kennzeichen werden gerade überprüft. Bitte stellen Sie sich umgehend bei uns vor.«

Schlagartig setzt bei mir Herzrasen ein.

»Wieso Urkundenfälschung? Wovon reden Sie da?«

»Kommen Sie am besten her. Wir klären das hier auf der Wache.«

Ich habe das Gefühl, ich scheiße mir gleich in die Hose vor Angst. Als ehemaliger Sowjetbürger erwarte ich das Schlimmste. Ich gelobe mir innerlich, Nader nie wieder mit seiner Angst vor der Polizei hochzunehmen. Gebrannte Kinder. Mein TÜV ist gekauft. Nicht nur die Plakette, der ganze TÜV. Mein Kumpel Josie ist KFZ-Mechaniker und kennt den Dekra-Ingenieur. Der hat nur einen Fuffziger und die Papiere gesehen, aber nicht den Wagen. Das können die gar nicht rauskriegen, hat er gesagt, das können die gar nicht! Trotzdem geht mir der Arsch auf Grundeis. Wer hat denen den Tipp gegeben? Mein Hirn rast, aber es kommt nichts dabei heraus.

»Kann ich mit dem Wagen kommen?«

»Nein. Das Fahrzeug darf bis zur Klärung des Sachverhalts nicht am öffentlichen Verkehr, teilnehmen, auch am ruhenden nicht.«

»Das heißt, er muss von der Straße?«

»So ist es. Im Moment ist Ihr Fahrzeug ohne Betriebserlaubnis. Es steht auf einem Parkplatz in …, Moment, da muss ich nachsehen …«

»Ich weiß, wo mein Wagen steht. Ich sitze drin.«

»Wir können einen Abschleppdienst für Sie beauftragen.«

»Ich klär' das.«

»Tun Sie das. Und dann kommen Sie sofort zu uns, Herr Miller!«

Ich drücke den roten Hörer und betrachte ungläubig mein Seifenblasendisplay. So schnell geht das. Scheiße. Ich rufe Nader an und vertage unser Mittagessen auf unbestimmte Zeit. Dann rufe ich Josie an. Gut, er holt den Wagen ab, nein, keine Sorge, aber er klingt unsicher: »Ach, übrigens, da war so 'n Typ hier, sah aus wie aus ›Men in Black‹, ziemlich gepflegt, der hat mit dem Chef geredet, ob wir dein Auto hier manchmal reparieren.« Ob mir das was sagt?

Sagt mir nichts, aber mein Puls schnellt wieder hoch. Ich muss los, zu POM Sowieso, tschüss. Eine halbe Stunde später sitze ich vor einer dicken grünen Glasscheibe auf einer harten Holzbank. Zwei Stunden später sitze ich immer noch dort. Ich bin wie gar gekocht. Zusätzlich zu meinem Schiss treiben mir die Temperaturen den Schweiß in Strömen auf die Hüften.

»Herr Miller?«

Fünfzehn Uhr. Meine letzte Stunde in Freiheit? Ich stehe mit wackligen Beinen auf.

»Ihre Nummernschilder sind in Ordnung. Wir mussten sie durchleuchten, aber der Verdacht der Urkundenfälschung hat sich nicht bestätigt.«

Ich schnaufe tief durch und setze den Beschwerdeton Stufe zwei ein, nicht zu viel und nicht zu wenig.

»Und was sollte das jetzt? Ich habe einen halben Arbeitstag verloren wegen der Aktion.«

»Das müssen Sie schon verstehen. Wir haben so viele falsche Plaketten in Berlin, da müssen die Behörden jedem Hinweis nachgehen.«

Hinweis? Was für'n Hinweis? Aber ich halte den Mund, froh, dass ich hier heil wieder herauskomme.

»Meine Kennzeichen?«

»Bitte!«

Er reicht sie mir durch die angelehnte Panzerglastür heraus. Dann bin ich Luft für ihn, und ich verschwinde. Um vier sitze ich endlich wieder in meiner Karre und lasse den Motor an. Ich schiebe R. L. Burnside rein. Das brauche ich jetzt. Dann rufe ich Nader an, und wir verabreden uns bei Kemal in zwanzig Minuten. Bis ich da bin, ist es dank Berufsverkehr bald fünf, und ich habe Hunger. Nader wartet vor der Grillstube auf mich und wir gehen zusammen rein.

»Hallo, Kemal!«

Er guckt überrascht, man sieht richtig, wie er überlegt, wann er uns seinen Namen gesagt hat, aber will nicht unhöflich erscheinen.

»Hallo, Jungs! Wollt ihr was essen?«

»Was hast du denn?«

»Salate, beste Qualität, Broiler oder Döner.«

»Wie machst'n den Döner, mit Pide oder Dürüm?«

»Dürüm natürlich. Und nur Hammel, keine Chicken, keine Hackfleisch. Mit einer Eins-a-Joghurt-Sauce. Wird euch schmecken, bestimmt. Ist der beste Döner in ganz Berlin.«

»Okay, das klingt gut.«

Kemal ist offenbar Traditionalist, und das bringt Punkte.

»Ich mache so wie in Istanbul, mit Yufka, wenn ihr wollt.«

»Was ist Yufka?«

»Yufka ist frisches, gerolltes Fladenbrot. Ich backe jetzt für euch.«

»Her damit. Hör mal Kemal, was wollte der gestern von dir?«

Er schweigt und rollt Teig. Sein Rücken ist ausgesprochen abweisend.

»Kemal?«

»Nicht deine Sache!«

»Ja gut, aber vielleicht brauchst du Schutz, weißt du? Oder deine Freundin und ihr Kind.«

Jetzt erstarrt er regelrecht.

»Raus!«

»Wie bitte?«

»Raus!«

Er zeigt mit seinem Nudelholz zur Tür. Klare Sache. Schade. Der Döner hätte mich interessiert. Aber ich will keinen Stress.

»War nett gemeint, Kemal, ehrlich!«

Schon zum zweiten Mal heute verlasse ich unfreiwillig ein Lokal. Wir kehren wieder gegenüber ein und spülen da schnell eine Wurst mit kaltem Kaffee runter. Scheußlich.

»Jetzt aber die Stadtwerke-Nummer!«

»Wieso bist du so nervig? Lass die doch in Ruhe! Du siehst doch, dass wir nicht willkommen sind«, meint Nader.

Aber ich bin einfach zu neugierig, und das sage ich ihm.

»Okay. Ein Versuch. Und wenn da nix bei rauskommt, ist Schluss, gut?«

Ich nicke.

Wir fahren ein paar Hundert Meter und ziehen uns hinter einem Bauwagen die Stadtwerke-Blaumänner an. Dann suchen wir das Haus von Kemals Opa und Onkel und steigen mit dem Block und Kugelschreiber hinauf in den dritten Stock. Hinter der Tür ist gedämpftes Weinen zu hören und ich klopfe mehrmals, weil auf das Klingeln niemand reagiert. Die Tür geht auf, und Kemal zeigt unsere Legitimation von den Stadtwerken.

»Müssen Gas ablesen«, sage ich.

»Wieso Gas? War letzte Monat erst.«

»Ja, kann ich nicht ändern, ist eine undichte Stelle in der Leitung an der Straße und wir müssen noch mal ablesen.«

Der ältere Herr im Anzug tritt zurück und lässt uns eintreten. Nader wieselt sofort an ihm vorbei und verschwindet hinter der ersten Tür. Der Mann geht hinter ihm her und protestiert. Kleinbürgerliches Ambiente, könnte genauso gut bei meinen Eltern sein. Nur der Türkei-Kalender an der Wand passt nicht, bei meinen Eltern hängt »Schönes Deutschland«. Ich rufe ihm hinterher.

»Wo ist der Zähler?«

»Muss das wirklich jetzt sein?«

Er ist sichtlich verärgert. Die Wohnung ist gestopft voll mit Leuten. Ich sehe ins Wohnzimmer. Nader steht wieder neben mir und greift nach meinem Ellenbogen. Ich spüre, wie er sich versteift.

»Inna lillahi wa inna lillahi rojiun!«

Auf dem Sofa liegt ein sehr alter Mann. Er liegt auf der rechten Seite, und sie haben das Sofa mitten in den Raum gedreht. Eine junge Frau beugt sich über ihn und wiederholt leise den Spruch, den ich eben schon gehört habe. Mehrere Frauen stehen um den alten Herrn und die junge Frau herum. Neben dem Sofa steht ein polierter Mahagoni-Tisch. Auf der dunkel glänzenden Fläche mit der edlen Maserung liegt etwas, was ich kenne, und ich mache große Augen. Zwei junge Männer stehen von ihren Stühlen an den Zimmerwänden auf und nähern sich mir gemessenen Schritts. Einer trägt Adidas-Sneakers.

»Lass uns abhauen!«, sagt Nader nachdrücklich und zieht mich zurück.

»Wieso?«

»Der Opa stirbt. Wir stören.«

Ich habe noch nie jemanden sterben sehen und bin auch nicht allzu scharf darauf.

»Wir kommen später wieder.«

Eilig verlassen wir die Wohnung, und der ältere Herr schiebt die Tür hinter mir zu. Wir spurten die Treppen hinunter und bringen uns im Auto in Sicherheit.

»Was war das denn?«

»Er stirbt.«

Nader wirkt völlig unberührt, und ich gucke ihn groß an.

»Wieso ist er nicht im Krankenhaus?«

»Können deutsche Ärzte Tote wecken?«

»Vielleicht könnten sie ihm helfen!«

»Ich habe doch schon gesagt, er stirbt.«

Ich lasse mich resigniert in den Sitz zurücksinken.

»Was hat sie gesagt?«

»*Inna lillahi wa inna lillahi rojiun!* Wir gehören Allah, und zu ihm kehren wir zurück. Sie haben ihn auf die rechte Seite gelegt, mit dem Kopf Richtung Mekka, wie es sich gehört und verabschieden ihn in die andere Welt.«

»Oh, Mann, und da platzen wir hinein.«

»Du platzt da hinein.«

Zwei junge Männer treten aus dem Haus und einer zeigt auf uns. Der andere setzt an, die Straße zu überqueren. Er sieht wütend aus. Zum ersten Mal verfluche ich mich, dass ich einen vierzig Jahre alten Diesel fahre. Ich ziehe den Vorglüher und kurbele dabei in Höchstgeschwindigkeit das Fenster hoch. Sie kommen herübergerannt, und in dem Moment, als ich den Motor endlich starten kann, donnern sie mir auch schon mit den Fäusten auf dem Dach herum. Schon wieder auf der Flucht. Langsam habe ich genug.

»Reicht's dir jetzt endlich?«

»Sag mal, ist dir gestern Abend jemand zur Wohnung von der Dingsda, wie heißt sie gleich, gefolgt?«

»Nicht dass ich wüsste. Wieso?«

Im Rückspiegel verschwinden zwei zeternde Türken im blauen Qualm. Ich schalte hoch und biege mit quietschenden Reifen in die Treptower ein. Fast bügele ich den Köter von einem Punk weg, der vor mir über die Straße läuft. Dass in Berlin aber auch jeder einen Hund haben muss. Im Rückspiegel schwenkt einmal mehr eine Faust ihren Unmut in meine Richtung.

»Auf dem Tisch bei denen lag unsere Karte. Und du hast doch gesagt, Kemal hat die weggeworfen. Kannst du mir mal sagen, was die mit unserer Karte wollen?«

»Hat Kemal zwei Schatten gehabt, meinst du. Habe ich nix gemerkt.«

Er guckt peinlich berührt.

»Dann er weiß jetzt bestimmt auch, wo Sonja und Bürüm King ihr Liebesnest haben.«

»So sieht's aus.«

»Immer noch nicht neugierig, was da eigentlich abgeht?«

»Wieso. Auf Karte steht nur deine Adresse. Wir wissen, wo du wohnst, Bruder.«

Er machte das Zeichen eines klickenden Revolvers auf meine Stirn.

»Scheiße.«

»Geht so.«

»Komm, wir holen uns einen Broiler. Ich habe immer noch Hunger.«

»Stimmt. Wurst war mies. Fahr mal da rüber zu Warschauer Straße, neben Kaisers ist ein guter Imbiss.«

Acht Uhr und noch immer zweiunddreißig Grad im Schatten. Nach dem Broiler im Auto chillen wir in der Nähe vom Osthafen am Wasser. Ich drehe uns eine Tüte und lege endlich mal die Beine hoch. Wir reden nicht mehr viel. Der Tag hat uns ganz schön zugesetzt. Wir haben uns auf einen Kompromiss geeinigt, und aus der Beifahrertür hallen leise die Dissidenten. Was hat der Abendhimmel aber auch schöne Farben heute!

×××

Als ich nach Hause komme, ist es schon dunkel. Da kommt es mir ganz gelegen, dass ich an der Haustür mit meiner Nachbarin von unter mir zusammentreffe. Sie hat den Schlüssel schon in der Hand, und ich folge ihr einfach in den Hof. Sie guckt schon so paranoid, aber das ist man ja gewöhnt. Natürlich weiß sie nicht, wer ich bin. Als ich ihr auch noch durch den Flur folge, wird sie unruhig.

»Willst du mir noch bis in die Wohnung nachlaufen, oder was?«

»Nee, danke, vielleicht ein andermal.«

Wahrscheinlich setzt sie sich zur Entspannung jetzt vor ihren Computer und checkt ihre Anzeige auf Such-dir-eine-aus.de. Spacibo!

Auf der halben Treppe zu meiner Wohnung werde ich stutzig. Ich höre Musik von oben, und das kann nur aus meiner Bude kommen.

Ich weiß aber ganz genau, dass ich keine Musik angelassen und die Tür abgeschlossen habe. Ich warte, bis das Minutenlicht ausgegangen ist und streife mir den Schlagring über die Finger. Es ist mehr als eigenartig. Es klingt wie der Sound aus den Dönerstuben, und dann höre ich auch noch klar und deutlich Jussufs Stimme, die immer wieder »Alles fit im Schritt?« sagt, gefolgt von Naders Stimme: »Konto eröffnen bei schöne Frau?«, dann plötzlich R. L. Burnside und mich, wie ich mitsinge. Ich springe die Stufen hoch und drücke die angelehnte Tür auf. Alle Lichter brennen, und die Wohnung sieht aus wie ein Schlachtfeld. Nichts liegt oder hängt mehr an seinem Platz. Die Einrichtung ist total zerstört. Ich steige über Glas und Bücher und taste mich langsam ins Wohnzimmer vor. Der Krach kommt aus meiner Anlage. Ein Endlostape. Ich stelle es ab und stürme in die Küche, wo alles in Scherben ist. Meine schlimmsten Befürchtungen bewahrheiten sich, als ich sehe, dass die Tür zu meinem kleinen Fotolabor offen steht. Da hängen noch die Fotos vom Herrn Minister und Bussi. Aber nein, das sind nicht meine Bilder. Ich gehe näher ran und sehe Bilder von mir selber, wie ich mit Nader bei Jussuf sitze, in der Sparkasse, eine Großaufnahme von mir im Polizeirevier, ein Bild von Josie, der einen Stapel Zweihunderter zählt, eins, wie Nader und ich uns die Blaumänner anziehen, wir beide an der Haustür der Familie von Kemal mit dem falschen Stadtwerke-Ausweis in der Hand, im Auto, am Hafen mit dem Joint. Die ganze Fotostory, wie gemacht für die *Bravo* oder die Bullen. Dass die Negative von den Bildern vor dem Kempinski weg sind, überrascht mich auch nicht mehr. Ich hole mir die Flasche Nordhäuser aus dem Eisfach und setze mich. Es klingelt in meiner Tasche.

»Hallo?«

»Hörst du mich, Schnüffler.«

»Wer ist da?«

»Hier ist dein Kumpel.«

Das Telefon wird weitergereicht.

»Wlad?«

»Nader!«

»Sie haben mich erwischt.«

»Wer?«

»Die Türken. Sie haben mich eine verpasst und geschleppt.«

»Du meinst verschleppt.«

»Ich meine am Arsch. Hol mich hier raus!«

»Wo bist du?«

»Hörst du, wir haben deine Kumpel, alter Fenek. Du gibst uns Sparbuch zurück von Großvater, und du kriegst vielleicht wieder deinen Kurden. Morgen ist Beerdigung von Großvater. Bis nach Beerdigung du hast Zeit zum Nachdenken. Ab sechs Uhr Abend machen wir ihm ab jede Stunde einen Finger, bis du bringst alles zurück.«

Klick. Jemand hat den kleinen roten Hörer gedrückt. Ich sehe sofort nach, ob der Anrufer erkennbar ist. Nummer unterdrückt. Ich stecke das Mobiltelefon ein und hole mir die Flasche näher ran und schiebe sie wieder weg. Was zum Teufel wollen die Jungs von mir? Als wäre eine Front nicht genug. Mensch, Richtmikrofone, »Men in Black« in der Autowerkstatt, Josie mit der ganzen Kohle, eine Wanze in der Flosse, ein Hinweis an die Polizei, die Fotos von uns zweien mit dem falschen Ausweis. Der hat das ganze Arsenal zur Verfügung. Und dann hat den Türken jemand erklärt, dass sie zwei Trickbetrüger in die Wohnung gelassen haben. Mir wird schlecht. Ich habe mich übernommen. Was hat der nette Anrufer gesagt? Bis nach der Beerdigung hast du Zeit zum Nachdenken? Ich konzentriere mich und gehe alle Ereignisse der letzen achtundvierzig Stunden noch mal durch.

Zehn Minuten später klappe ich die *Ray Ban* wieder runter und sprinte los.

×××

»Don't mess with a Hess« stand es rot auf meinen schwarzen Benz gesprüht. Ich hätte heulen können, aber überrascht hat es mich auch

nicht mehr. Dann bin ich eingestiegen und habe einen Besuch gemacht. Jetzt geht es mir viel besser. Heute habe ich viel Zeit zum Aufräumen und Fotos ansehen. Wir wissen beide, dass sein Blatt das bessere ist, und ich glaube nicht, dass er mehr will, als dass ich das weiß. An der Front ist also Ruhe. Sicherheitshalber werde ich, wenn das alles vorbei ist, Blumen für Bussi ins Kempinski schicken, mit meiner Karte. Dann sitze ich bei Jussuf, trinke Tee und lese was. Bleibt also als Tagesaufgabe nur noch die Versöhnung der Kulturen. Davon verstehe ich was.

Um Punkt sechs sitze ich auf der Treppe über der Wohnung in der Stuttgarter und lausche. Sie sind alle drin. Mein Mobiltelefon klingelt.

»Na, Fenek, hast du's?«

»Klar. Lass mich rein!«

»Wieso reinlassen?«

Ich klingele, und Adidas macht auf. Wir drücken beide auf den roten Hörer und sehen die Seifenblasen auf dem Display aufsteigen. Dann gehe ich rein und direkt an ihm vorbei. Ich gehe auf die junge Frau zu, die gestern bei dem Sterbenden gesessen hat. Ich weiß inzwischen von Jussuf, dass sie der Mensch sein muss, der dem Großvater am nächsten gestanden hat.

»*Subhanallah wa bihamdihi.*«

»*Subhanallah ul Adzeem.*« Ich habe den Satz lange geübt. Es bedeutet: Gepriesen sei Allah, und alles Lob gebührt ihm; Gepriesen sei Allah, der Allmächtige. Ein Raunen geht durch die versammelte Gesellschaft, und der ältere Herr von gestern steht auf, geht auf mich zu und reicht mir die Hand.

»Mein aufrichtiges Beileid!«

Wir schütteln uns die Hände, und er bietet mir einen Stuhl an. Schweigen. Er sagt etwas zu seiner Frau, und sie steht auf und kommt bald mit einem Glas Tee für mich zurück aus der Küche. Ich trinke und warte. Alle sehen mich an. Dann hebt Kemals Onkel ebenfalls sein Glas und einige der Verwandten tun es ihm nach. Die Cousins stehen unschlüssig in der Tür.

»So, junger Mann. Was haben Sie uns zu sagen.«

Endlich klingelt es. Der Hausherr schaut auf, und Adidas schnickst zur Tür. Ich höre einen Wortwechsel im Flur, und dann betreten Sonja, der Kleine und Kemal das Wohnzimmer. Kemal tritt auf seinen überraschten Onkel zu, und sie umarmen sich. Beiden stehen die Tränen in den Augen, und ich sehe diskret zu Seite. Sonja trägt Kopftuch und lächelt mich an. Der Junge hält mit der freien Hand fest ihre Hand.

»Wo ist Opa?«

Alle sehen ihn an. Keiner sagt etwas. Sonja lässt ihn los, und er geht zum Onkel.

»Onkel Machmut, wo ist Opa?«

Nun fängt die Tante an zu weinen und zieht ihn zu sich heran. Sie umarmt ihn und streicht ihm über seinen blonden Schopf. Der Kleine fängt auch an zu weinen. Ich nehme ihm sein grünes Buch ab und warte, bis sie sich beruhigt haben.

»Sehr geehrter Herr Demirkan«, beginne ich zögernd. »Würden Sie nun bitte den letzten Willen des teuren Verstorbenen verlesen?«

»Wie kommen Sie dazu, sich hier einzumischen?«

Irgendwie kenne ich das schon.

»Bitte!«, sagt Kemal und lässt ihn nicht aus den Augen.

Der alte Herr sieht mich an, dann seine Frau mit dem Kleinen und wieder Kemal. Dann seufzt er tief. Wir haben gewonnen. Er holt ein Blatt Papier aus der Anzugtasche und setzt sich eine Lesebrille auf. Ich bin sicher, er kennt es auswendig. Dann liest er es vor, auf Türkisch natürlich, aber ich kann mir denken, was drinsteht. Die Anwesenden hören gebannt zu und schnappen an ein, zwei Stellen hörbar nach Luft. Dann ist es geschafft, und er faltet das Dokument umständlich zusammen und steckt es wieder ein. Jetzt kommt's drauf an. Er steht auf und geht auf Sonja zu. Sie senkt den Blick, und er nimmt sie in die Arme.

»Willkommen in der Familie!«

Seine Frau sieht mich mit leuchtenden Augen an, und irgendjemand beginnt leise zu klatschen. Nach und nach fallen die anderen ein. Am Schluss auch Adidas. Kemal strahlt mich an.

»Hier ist es.«

Ich überreiche ihm den Kinderkoran. Schönes Buch. Ich habe die halbe Nacht mit Kemal und Sonja darin geblättert. Er klappt es auf und nimmt das leuchtend rote Sparbuch heraus, das der teure Verstorbene mit Klebeband im Umschlagdeckel befestigt hat.

»Das hat der Großvater ihm geschenkt«, sagt Kemal. Sonja hat mir erklärt, dass ein Sparbuch ein Inhaberdokument ist. Das heißt, wer's hat, dem gehört's. Mitsamt den fünfundvierzigtausenddreihundertundachtzig Euro fünfzig. Ich habe zwar nichts von dem verstanden, was Herr Demirkan vorgelesen hat, aber ich schätze, dass Opa etwa die Hälfte davon seinem angeheirateten oder doch zumindest beinahe angeheirateten Lieblingsenkel vermacht und ihm das Dokument mit dem Kinderkoran zugesteckt hat, um die Familie ein wenig zum Nachdenken zu bewegen. Adidas und ich ziehen uns in den Flur zurück. Er telefoniert schon.

»Alles klar?«

»Alles klar, Fenek. Er sitzt in zehn Minuten bei Jussuf.«

Wir hauen uns auf die Schultern, und ich ziehe leise die Tür hinter mir zu. Ich schätze, ich habe lebenslang Döner umsonst bei Kemal. Es hätte schlimmer kommen können.

KEMALS BESTER DÖNER

ZUTATEN

(für vier Personen)

4 Döner-Fladenbrote
1 kg Lammfleisch von der Keule oder 1 kg Putenfleisch
2 Knoblauchzehen
8 EL türkischer Joghurt
einige Weißkohl- und Rotkohlblätter
Salatgurke
Tomaten
grüner Salat oder Eisbergsalat
gekörnte Brühe
1 EL getrockneter Thymian
½ TL schwarze Pfefferkörner
Zwiebel
Salz
gemahlener Pfeffer

ZUBEREITUNG

Bei der Verwendung von Lammfleisch müssen zunächst Sehnen und Fett entfernt werden (bei Putenfleisch unnötig). Das Fleisch wird in dünne Streifen geschnitten, mit Salz, Pfeffer und Thymian gewürzt und etwa zwei Stunden zum Durchziehen beiseite gestellt.

Derweil werden Kohlblätter, Gurke und Salat in feine Streifen geschnitten, mit gekörnter Brühe bestreut und durchmischt; die Tomaten halbiert und in Scheiben geschnitten; die Zwiebel gewürfelt. Die gepellten Knoblauchzehen schneidet man in grobe Stücke und zerstößt sie mit den schwarzen Pfefferkörnern und einem halben Teelöffel Salz in einem Mörser. Diese Mischung wird anschließend mit dem Joghurt verrührt. Die Fladenbrote bei 150 Grad im Backofen aufbacken.

Das Fleisch in einer beschichteten Pfanne ohne Fett unter ständigem Wenden braten bis es bräunt. Die Fladenbrote aufschneiden, mit Fleisch, Joghurt und Salaten füllen – fertig.

Jahrestag

von Barbara Brecht-Hadraschek

Sie nahm die Eisbeine und legte sie in einen Topf mit kochendem Wasser. Anschließend raspelte sie eine Möhre, schälte eine Zwiebel und gab beides mit einigen Gewürzen zu dem Fleisch. Zwei Stunden Garzeit stand in dem Kochbuch. Und sie hatte nur noch eine Stunde, bis Hans nach Hause kam. Es hatte sich natürlich als äußerst schwierig erwiesen, Eisbein zu bekommen. Sie hatte auf dem Schwarzmarkt am Potsdamer Platz eine alte Perlenkette ihrer Mutter gegen einige Stangen *Lucky Strikes* eingetauscht – und war damit losgezogen, um alle Zutaten für das Dinner zu ihrer beider Jahrestag zu organisieren.

Sie hackte eine weitere Zwiebel, gab diese mit einigen Apfelstücken in einen Topf und schwitze alles zusammen mit etwas Schmalz an. Dann fügte sie etwas Saft, Gewürze und das Sauerkraut hinzu. Es würde pünktlich gar sein. Für das Obst, den Schweineschmalz und das Erbenspüree hatte sie sich sogar die Mühe gemacht und war auf große Hamsterfahrt nach Beelitz gefahren. Hier hatte sie bei einer Tante von Hans gegen einige gute Stücke aus dem Tafelsilber auch noch Kartoffeln, Eier und einiges mehr besorgt. Sie hoffte, Hans würde den Verlust seiner Familienerbstücke nicht zu früh bemerken und misstrauisch werden.

Einiges hatte sie vor einer Woche am Potsdamer Platz *bestellen* müssen. Schließlich sollte alles perfekt sein an ihrem Jahrestag. »Mädel, det kost dir wat un det dauert een paar Tage!«, hatte der Junge gesagt, als er sich ihre Wünsche notiert hatte. Dabei hatte er lässig seine Schiebermütze nach hinten geschoben und ihr mit den Fingern vorgerechnet, was sie beim nächsten Mal mitbringen sollte. Einige Stangen *Luckys* hatte der Spaß gekostet. Es war dennoch ein gutes Geschäft gewesen. Sie lächelte. Schließlich winkte ihre Befreiung. Danach war sie, die Schwarzmarktbeute sicher verpackt, mit der S-Bahn zurück bis zum Alexanderplatz gefahren und von dort noch einige Stationen mit der Tram bis in die Greifswalder Straße. Von hier waren es nur noch wenige Meter bis zu ihrer kleinen, düsteren Zweizimmerwohnung neben dem alten Friedhof. Sie teilten sich die Wohnung mit ihrer Vermieterin, Frau Rackwitz, die heute früh losgefahren war, um eine alte Tante am anderen Ende der Stadt zu besuchen. Sie würde erst morgen wiederkommen.

Normalerweise stand die nette alte Dame immer an der Tür und wartete schon auf Silje, um ihr von mehr oder minder brisanten Neuigkeiten zu erzählen. Irgendetwas Berichtenswertes gab es immer. Gleich morgens setzte sich die alte Dame an den winzigen Küchentisch, der Arbeitsplatte, Frühstücksplatz und ihr Büro in einem war, nahm sich den *Berliner Kurier* und arbeitete ihn bei einer Tasse Muckefuck gründlich durch. Sie schob ihre kleine runde Lesebrille auf der knubbeligen Nase zurecht, sortierte ihr Taschentuch im Ärmel ihres altmodischen Kleides und begann zu lesen. War Silje ebenfalls in der Küche, wurden besonders interessante Passagen laut vorgetragen und kommentiert. Als Silje vor einigen Wochen mit besonders viel Schwarzmarktbeute nach Hause gekommen war, hatte

Frau Rackwitz wieder in der Küche über ihrer Zeitung gesessen. »Frau Friedrich, Sie haben doch wohl kein Mehl gekauft, oder? Die Polizei warnt nämlich! Hören Sie mal: ›Einer Dahlemer Firma wurden acht Sack Weizenmehl zu je 40 Kilogramm in Papiersäcken mit der Aufschrift ‚N. F. Armee' gestohlen. Dieses Mehl wurde der Firma zu Zwecken der Seuchenbekämpfung zur Verfügung gestellt und ist hochgradig giftig‹ – stellen Sie sich das mal vor, Frau Friedrich. Wem soll man denn heute noch vertrauen? Eine Schande ist das.«

Silje lächelte bei dem Gedanken an die ständig in Sorgenfalten gefurchte Stirn der alten Dame und griff nach der Schüssel mit den Erbsen, um das Püree vorzubereiten. Ihr Berliner Menü war ein wirklich sündhaft luxuriöses Vergnügen in diesem Sommer. Vielleicht würde Hans argwöhnisch fragen, wieso sie diesen Aufwand trieb. Sie würde ihn an ihren Jahrestag erinnern. »Vor sechs Jahren bist du in meinen Laden spaziert und ich habe mich in dich verliebt«, würde sie sagen. Sie hoffte, dass ihn das besänftigen würde. Vielleicht würde er sogar verlegen lächeln, weil er den Jahrestag vergessen hatte. Aber wahrscheinlich würde er doch nur missmutig wie immer sein und nörgeln, dass sie die Zigaretten für die Perlenkette auch sinnvoller hätte anlegen können. Obwohl es die Perlenkette *ihrer* Mutter war. Bei diesem Gedanken nahm sie sich eine Zigarette und zündete sie an. Ein dicker Kloß steckte jetzt in ihrem Hals und wollte nicht mehr verschwinden. Dabei war Hans so nett gewesen, als sie ihn kennengelernt hatte, damals, 1940 in Oslo.

Sie war Verkäuferin in einem edlen Pelzgeschäft und die deutschen Soldaten waren ihre besten Kunden gewesen. Norweger hatten kein Geld mehr für Pelze. Aber die Deutschen, die 1940 an den Küsten Norwegens gelandet waren, hatten es. Sie kauften alle Geschäfte leer und schickten die Beute heim ins Reich. Sie umwarben die norwegischen Frauen, die dank Himmlers abstrusen Rassentheorien arischer zu sein schienen als die meisten Deutschen.

Was in anderen besetzten Ländern verboten war, wurde in Norwegen seitens der Besatzer freundlich geduldet. Einige ihrer Freundinnen gingen bald mit den jungen Soldaten aus. Es hatte durchaus Vorteile, einen deutschen Freund zu haben. Was man da für Spaß haben konnte! Man konnte tanzen gehen, in Restaurants und in Kinos für die Soldaten. Und wieso sollte sich ein junges Mädchen auch nicht amüsieren dürfen, wo der Feind nun schon mal da war – und wider Erwarten eine Menge Charme versprühen konnte? Ihre Mutter hatte das natürlich anders gesehen und jedes Mal mit ihr gestritten, wenn Hans sie nach Hause gebracht hatte. »Silje«, hatte sie bittend gesagt, »wegen den Deutschen ist unser König im Exil!« Und Siljes Bruder Kristoff hatte kein Wort mehr mit ihr gesprochen und sich bald darauf der *Hjemmefront* angeschlossen, der norwegischen Widerstandsbewegung. Bis heute weigerte er sich, auf ihre Briefe zu antworten. Beklommen strich sie über die karierte Wachstuchdecke auf dem Küchentisch, griff nach dem Aschenbecher und drückte dann die Zigarette aus.

Hans war kein Nazi gewesen. Er kam aus Berlin, war Großstädter, witzig, charmant, großzügig und lästerte über den dicken Göring und den humpelnden Goebbels. An einem sonnigen Junitag war er in ihren Laden geschlendert, in dem sie als Verkäuferin angestellt gewesen war, und hatte für seine Mutter einen Pelzmantel kaufen wollen. Ein Blick aus dem Schaufenster hatte ihr zwei weitere deutsche Soldaten gezeigt, die wie Lausbuben grinsend und witzelnd dastanden und beobachteten, wie sich ihr Freund beim Anbandeln so durchschlug. Nachdem sie Hans einige Pelze gezeigt hatte, schien er zu glauben, den nächsten Schritt wagen zu können: »Darf ich Sie zu einem Kaffee einladen?«

Natürlich lehnte sie ab. Doch er kam jeden Tag wieder, schien sich nicht recht entscheiden zu können, welchen Pelz er für seine Mutter erstehen sollte und fand immer neue Ausreden, im Laden herumzulungern und mit ihr zu schäkern.

Schließlich hatte sie nachgegeben.

Bei dieser Erinnerung schüttelte Silje unwillig den Kopf und begann die Vorspeise vorzubereiten, Pilzsuppe. Für die Pilze war sie gestern in den Grunewald gefahren. Pilze suchen war dieses Jahr eine gute Möglichkeit, die leeren Vorratskammern aufzufüllen. Man musste natürlich aufpassen, dass keine giftigen darunter waren. Es gab überall in den Bezirken Pilzberatungsstellen, bei denen man seine Ausbeute von Sachverständigen begutachten lassen konnte. Leichtsinnigerweise machten das nicht alle Großstädter. Hastig begann sie die Pilze zu putzen.

Als sie das erste Mal gemeinsam ausgegangen waren, hatte Hans sie in ihrer Wohnung abgeholt. Er war groß und sportlich gebaut und hatte braunes, dichtes Haar. Fast schüchtern stand er damals an der Tür und überreichte ihrer Mutter einen Strauß Blumen, den diese würdevoll entgegennahm, nicht ohne lang genug zu zögern, um ihn ins Schwitzen zu bringen. Etwas Widerstand musste sein – Silje grinste bei diesem Gedanken. In seiner Uniform hatte Hans schmuck ausgesehen und ihr damals gut gefallen. In Oslo hatte Hans den Charme des Siegers ausgestrahlt – und die Ausgelassenheit eines Jungen, der das erste Mal von zu Hause fort war und einen draufmachen konnte, ohne dass Mutter oder Vater streng dreinblickend an den Ernst des Lebens erinnerten. Er hatte auch bisher Glück gehabt. Frisch eingezogen – und dann gleich Norwegen. Keine Kampfhandlungen, sondern Skifahren in den Bergen und Tanztee in Oslo mit blonden Norwegerinnen, die am Feind Gefallen gefunden hatten. Nachdem Silje ihm nach Berlin gefolgt war, hatte er allerdings weniger Glück gehabt. Die letzten Kriegsjahre war er an der Ostfront stationiert gewesen. Hans hatte nie über diese Zeit gesprochen. Aber seit damals hatte er sich verändert.

Sie zündete sich eine weitere Zigarette an und öffnete nervös das Fenster zum Innenhof. Hans sollte nicht riechen, wie viel sie schon geraucht hatte. Er mochte es nicht, wenn sie rauchte. Auch heute Morgen hatte er wieder unwirsch am Tisch gesessen und missbilligend beobachtet, wie sie sich eine Zigarette anzündete. Wieso sie immer so viel rauche? Erstens rauche eine anständige Frau nicht – Silje äffte bei diesem Gedanken Hans' Mimik nach – und zweitens seien Zigaretten harte Währung auf dem Schwarzmarkt. Was man dafür alles bekommen hätte! Scharf blies sie den Rauch aus, wischte sich die Hände an der Schürze ab und ging zum sicher hundertsten Mal in den letzten Tagen zu ihrer Schmuckschatulle. In der Schatulle hatte nicht nur die alte Perlenkette ihrer Mutter gelegen, sondern in einem zweiten Fach war auch ihr alter norwegischer Pass versteckt. Sie hatte nie ihren neuen Namen »Friedrich« eintragen lassen und im richtigen Moment behauptet, ihren Pass nicht mehr zu besitzen. So stand dort noch immer »Silje Halberg«. Der Pass war ihr Schlüssel zur Heimat, zur Rückkehr in ihre Familie und zu einem Neuanfang. Sie hatte Hans nie davon erzählt. Hundert Mal hatte sie den Pass in den Händen gehalten und hundert Mal hatte sie ihren Schatz wieder weggeräumt. Heute würde sie ihn nur noch einmal zurücklegen. Danach würde sie ihn einstecken und Berlin für immer verlassen.

Silje öffnete die Schatulle; sie war leichter als sonst, denn die Kette lag nicht mehr darin. Sie stutzte. Das zweite Fach war nicht richtig geschlossen. Sie war sich sicher, dass sie das Fach immer sehr sorgsam zuklappte, bis der Mechanismus einschnappte. Ihr Herz klopfte. Sie öffnete das Fach ganz. Erleichtert machte sie es wieder zu. Der Pass lag noch darin. Ob Hans sich an der Schatulle zu schaffen gemacht hatte? Aber wieso hätte er das tun sollen? Nervös ging sie noch einmal den letzten Abend durch. Hatte sie ihm denn einen Grund zum Misstrauen gegeben? Nein, sicherlich nicht. Sie schloss die Schatulle wieder, ging in die Küche zurück und zerstampfte die weich gekochten Erbsen. Sie hatte nicht mehr viel Zeit.

Das Püree stellte sie auf dem Herd warm. Sie warf einen Blick in den Topf mit den Eisbeinen und schmeckte das Sauerkraut ab. Jetzt fehlte nur noch das Panaschee. Dafür nahm sie etwas Speck und eine Zwiebel, schnitt beides in Würfel und begann alles in der alten verbeulten Pfanne von Frau Rackwitz goldbraun anzubraten. Viele Norweger hatten mit den Deutschen gute Geschäfte gemacht – büßen hatten dann vor allem die Frauen gemusst, die sich in einen der Soldaten verliebt hatten, dachte Silja bitter. Ihre Mutter hatte ihr in Briefen von den Übergriffen in Oslo und in anderen norwegischen Städten berichtet. Malin, ihre beste Schulfreundin, hatte es besonders übel erwischt. Eine Gruppe von wütenden Männern und Frauen hatte sie an den Haaren aus ihrer Wohnung gezerrt, ihr draußen brutal den Kopf geschoren und auf den kahlen Schädel ein Hakenkreuz gemalt. So entstellt hatte Malin den ganzen Tag auf der Straße stehen und sich beschimpfen und bespucken lassen müssen. Silje seufzte – das war ihr hier in Berlin erspart geblieben, immerhin. Heute jedoch waren Malins Haare wieder nachgewachsen und sie hatte Lars geheiratet, einen gemeinsamen Schulfreund, der bei der *Hjemmefront* gearbeitet hatte. Er hatte ihr die deutsche Liaison nicht nachgetragen und sogar ihr Kind angenommen, das sie als Erbe der Besatzung in sich getragen hatte. Deshalb, so hoffte Silje, würde auch sie nun nach Norwegen zurückkehren können. Ihre Mutter, die mittlerweile schwer krank war, bat sie in ihren Briefen ständig darum. Die alte Frau wollte ihre Familie wieder beisammen haben.

Es gab nur ein Hindernis: Hans. Weder wollte er sich scheiden lassen, noch wollte er sie überhaupt gehen lassen, nicht einmal für eine Weile. Und das, obwohl es keinen Funken Liebe mehr zwischen ihnen gab – im Gegenteil. Silje hatte ihn angeschrien, dass sie einfach gehen werde, er könne sie nicht einsperren. Doch er hatte nur kurz gelacht und gesagt: »Du glaubst doch nicht, dass ich dich gehen lasse. Den Norwegern werde ich schon stecken, dass du ein Deutschen-Flittchen gewesen bist, dass du mit den Nazis sympathisiert hast. Ich habe einflussreiche Freunde bei der KPD. Den Genossen muss ich nur einen Tipp geben, dass du Kommunisten denunziert hast, und du bist schneller im Knast als du nach einer Ausrede suchen kannst.« Danach war er schnell wieder liebevoll geworden und hatte sich für seine harten Worte entschuldigt. Schließlich wisse er doch, dass sie ihre Familie liebe. Dennoch müsse sie verstehen, dass er sie nicht gehen lassen könne. »Ich liebe dich doch.«

Ein kalter Schauer lief ihr über den Rücken. Er wollte sie besitzen, nicht lieben. Sie war seine Trophäe – es schien ihm eine innere Genugtuung zu sein, ständig allen zu zeigen, was er für eine Eroberung gemacht hatte im Krieg. Hans behandelte sie sowieso eher wie eine Kriegsbeute, nicht wie eine Ehefrau, dachte sie bitter. Ob man ihm die Lügen über sie abnehmen würde? Erst letzte Woche hatten sie den alten Herrn Berger aus dem Nachbarhaus abgeholt, weil er angeblich ein hohes Tier in der NSDAP gewesen war. Hans war gleich nach dem Krieg in die KPD eingetreten und hatte sich hier zielstrebig eine Basis für seine Karriere aufgebaut. Er wollte es endlich zu was bringen und hatte schnell verstanden, dass das mit dem richtigen Parteibuch gut funktionierte. Endlich war seine bescheidene Herkunft etwas gewesen, auf das er im richtigen Sektor – hier in Ostberlin – stolz sein konnte. Mittlerweile war er ein echter Bilderbuch-Kommunist geworden, dachte sie bitter. Besonders fürchtete sie sich davor, dass Hans seine Drohung wahr machen und die norwegischen Behörden von ihrer Eheschließung informieren würde. Norwegerinnen, die im Krieg einen der Besatzer geheiratet hatten, wurde heute die norwegische Staatsbürgerschaft aberkannt – und sie war sich auch nicht sicher, ob man sie, wenn nicht in Deutschland als Nazi, dann doch in Norwegen als Kollaborateurin inhaftieren würde. Aber mit ihrem alten Pass würde sie dort jedoch ohne Spuren ihrer deutschen Vergangenheit ein neues Leben anfangen können.

Sie ging in ihr Zimmer, um sich umzuziehen. Heute Abend würde sie ihr blaues Sommerkleid tragen. Im kleinen Flur war ein Spiegel, der schon etwas milchstichig war und einen großen Sprung hatte. Hier zog sie mit zitternden Händen die fein gezupften Augenbrauen nach und legte roten Lippenstift auf. Geschickt kaschierte sie das fast verblasste Veilchen am rechten Auge – eine Erinnerung an einen sehr heftigen Streit mit Hans, bei dem es wieder um ihre Rückkehr nach Norwegen gegangen war. Ihr hellblondes Haar bürstete sie langsam und sorgfältig und zupfte es in Form. Sie blickte sich kurz in die

Augen und atmete tief durch. Hans war so eifersüchtig geworden. Kaum einen Augenblick ließ er sie aus den Augen. Nein, selbstkritisch musste sie zugeben, dass er schon damals so besitzergreifend gewesen war. Sie hatte es nur nicht bemerkt, sich sogar geschmeichelt gefühlt, als er einmal seinem Freund Fritz einen Kinnhaken verpasst hatte, nachdem dieser angeblich zu lange mit ihr gescherzt hatte. Hans hatte in Oslo auch einen Hang zur Großspurigkeit an den Tag gelegt, den sie aber seinem jugendlichen Überschwang zugeschrieben und verliebt belächelt hatte. Er hatte ihr häufig von seinem Feinkostlädchen in Berlin erzählt – und wie schön es wäre, wenn sie dieses nach dem Krieg gemeinsam zur ersten Adresse in Berlin machen würden. Delikatessen-Friedrich, so hatte das Geschäft heißen sollen. Die feine Gesellschaft würde dort ein und aus gehen, so hatten sie gemeinsam geträumt. Immer wieder hatten sie darüber geredet und an diesem Traum weitergesponnen, wenn sie spazieren gingen oder am Holmenkollen den Skispringern zusahen.

Die Realität in Berlin hatte sie dann völlig aus der Bahn geworfen. Sie hatten gleich in Hamburg geheiratet und waren dann frisch verliebt in die Flitterwochen nach Berlin gefahren. Dort sollte Silje ihre Schwiegermutter Marta Friedrich kennenlernen, die den Laden in Hans' Abwesenheit führte. Als sie das Geschäft in der Wisbyer Straße betrat, traute sie ihren Augen kaum. Es dämmerte draußen, der kleine Raum war ziemlich duster, es roch muffig nach alten Jutesäcken, die vielen Regale bogen sich unter Konserven und Haushaltskrimskrams. Hinter der Theke stand eine ältliche, füllige Frau, die ihre Haare unordentlich zu einem Dutt gesteckt hatte. Einige Strähnen hingen ihr ins Gesicht, das über beide Wangen strahlte, als sie ihren Sohn in die Arme schließen konnte. Schließlich hatte sie sich zu Silje umgedreht und sie sehr genau gemustert, bevor sie ihr höflich die Hand gegeben hatte. »Sie sind also Silje, Hans hat mir ja schon so viel von Ihnen erzählt.«

Hans knuffte seine Mutter in die Rippen und lachte. »Aber Mutti, Silje ist doch meine Frau, ihr müsst euch doch duzen!«

Silje und Marta hatten einander unsicher beäugt – es war Abneigung auf den ersten Blick gewesen.

Abends brach sie in Tränen aus, als sie nach einem nicht enden wollenden Abendessen mit der Schwiegermutter endlich in Hans' Zimmer allein waren. Doch Hans hatte nur gelacht. »Mädel, die einzige Delikatesse, die du für mich in nächster Zeit kennen und zubereiten musst, ist Eisbein mit Sauerkraut. Das ist eine echte Berliner Delikatesse. Vergiss den Rest, bis der Krieg vorbei ist!«

Doch Silje war nicht zu beruhigen gewesen, hatte auch nicht verstanden, was die Sache mit dem Sauerkraut mit ihrem Unglück zu tun haben sollte, und Hans war schnell wütend geworden. »Ich hab' dir doch immer gesagt, dass man noch einiges investieren muss. Aber warte nur, wenn der Krieg erstmal vorbei ist, dann kommen wir ganz groß raus.« Doch darum war es ihr gar nicht gegangen. Er hatte sie belogen, sie von ihrer Familie entfremdet. Ein Zurück in ihre Heimat hatte es nicht mehr gegeben. Nicht damals im Krieg.

Sie strich sich eine Haarsträhne aus der Stirn und lächelte grimmig. Sein Eisbein sollte er noch einmal bekommen. Und mehr als das.

Entschlossen widmete sie sich den Schrippen: Sie hatte sie heute Morgen selbst gebacken. Silje legte das frische Gebäck sorgsam in einen Brotkorb, den sie mit einem hübschen Deckchen mit norwegischen Stickereien ausgeschlagen hatte. Das Gebäck war für Hans, der frische Schrippen über alles liebte. Sie hatte einen winzigen Topf Schweineschmalz aus Beelitz mitgebracht. Das Mehl für die Schrippen war ein Geschenk des Schicksals gewesen. Vor zwei Wochen war sie wie so oft nach einem Streit mit Hans auf den alten Friedhof geflohen. Hier hatte sie es sich auf einer Bank gemütlich gemacht. Sie saß dort, lehnte ihren Kopf zurück, entspannte sich langsam und summte leise vor sich hin, während sie mit dem Fuß im Takt wippte. Es war ruhig und friedlich hier, eine grüne Oase mitten in der zertrümmerten Stadt. Der Friedhof war schon sehr alt, nur noch wenige kunstvoll geschmiedete Eisengitter schmückten die Gräber und es gab einige prachtvolle Mausoleen, die eine kleine Straße mit grünen

Vorgärten bildeten. An einem dieser Mausoleen bemerkte sie auf einmal Willi, einen unglaublich mageren Nachbarsjungen, der mit seiner Mutter und seinen fünf Brüdern im Hinterhaus wohnte. Erst letzte Woche hatte sie beobachtet, wie Willi und drei seiner Brüder einen Kohlenlaster um einige Briketts erleichtert hatten. Als der LKW bei ihnen in die Straße einfuhr und an der Ecke abbremsen musste, waren Willi und ein weiterer Junge hinten aufgesprungen, auf den Kohleberg hochgeklettert und begannen von dort Briketts zu ihren Komplizen runterzuwerfen. Als der Fahrer merkte, was los war und anhielt, um der Sache Einhalt zu gebieten, sprangen die beiden auf die Straße und rannten mit ihren Brüdern mit dick gefüllten Pullovern voller Kohle davon. Der LKW-Fahrer schüttelte daraufhin fast amüsiert den Kopf und grinste zu Silje, die das Ganze vom Bürgersteig aus beobachtet hatte. Sie hatte nur zurückgegrinst und die Achseln gezuckt. So was lernten die Berliner Kinder heute noch vor dem Alphabet.

Jetzt machte sich Willi am Eingangsgitter der Gruft zu schaffen. Silje hielt die Augen fast geschlossen und blinzelte neugierig, um zu sehen, was der kleine Junge dort trieb. Doch Willi schien sein Vorhaben bereits in die Tat umgesetzt zu haben. Er sah sich noch einmal nach allen Seiten um, bemerkte sie zwar, ging aber wohl davon aus, dass sie schlief und verschwand blitzschnell durch den Vordereingang an der Greifswalder Straße.

Nach einer Weile hatte sie sich ebenfalls vorsichtig nach allen Seiten umgesehen und war langsam zu dem tempelartigen Gebäude spaziert, hatte die Gittertür geöffnet und den kleinen Raum betreten. Es roch muffig nach altem Gemäuer. Ihr Herz hüpfte, als sie die halb geöffnete Tür am Boden sah. Was hatte der kleine Willi nur angestellt? Die Eisentür schien aufgebrochen worden zu sein und lag lose auf dem Loch in der Mitte des Raums. Vorsichtig näherte sie sich und versuchte, einen Blick nach unten zu werfen, doch dort war es viel zu dunkel, um etwas zu sehen. Sie würde mit einer Taschenlampe wiederkommen müssen.

Gesagt, getan. Eine Stunde später war sie wieder in der Gruft. Die Taschenlampe hatte sie sich von Frau Rackwitz geliehen. Da das Licht in ihrem Keller immer noch nicht funktionierte, hatte sie keine weiteren Erklärungen abgeben müssen. Sie leuchtete in den dunklen Raum und war doch erleichtert, dass alle Särge noch unversehrt zu sein schienen. Mehrere Säcke und Kisten lagen daneben, die offensichtlich erst in letzter Zeit hierher gebracht worden waren. Sie klappte die Eisentür ganz auf und sah, dass eine Leiter an die Öffnung gestellt worden war. Langsam kletterte sie in das Grab und sah sich um. Die Säcke trugen die Aufschrift »N. F. Armee« und schienen alle mit Mehl gefüllt zu sein; die Kisten daneben enthielten Zigaretten und alte Uniformen mit Naziabzeichen. Silje wusste, dass vor allem die Amerikaner solche Mitbringsel liebten und viel dafür bezahlten. Willi schien einer Diebesbande anzugehören, zumindest machte er lukrative Schwarzmarktgeschäfte. Sie pfiff bewundernd durch die Zähne und grinste. Irgendwie musste man ja sieben Mäuler satt kriegen. Neben den Säcken lag eine alte Zeitung, in diese schlug sie eine ordentliche Portion Weizenmehl ein, nahm sich eine Zigarettenschachtel und machte sich vergnügt auf den Heimweg. Sollte Willi sein Geheimnis behalten. Sie hatte sich für das kleine Abenteuer belohnt und war mehr als zufrieden.

Im Türschloss rasselte ein Schlüsselbund, und Silje schreckte aus ihren Gedanken hoch: Hans! Knarrend schloss sich die Tür und ihr Mann stand in der Küche. Neugierig schaute er über ihre Schulter. »Silje! Ich habe eine Überraschung für dich. Halte dir mal die Augen zu.«

»Was ist es denn?« Silje lächelte unsicher, legte ihre Hände auf die Augen und versuchte, durch die Finger zu linsen.

»Na, wer wird denn so neugierig sein«, klang seine Stimme jetzt ruhig. Er war direkt hinter ihr, schloss seine Hände um ihre Hüften, wiegte sie hin und her und schien dann mit seiner Hand etwas auf den Küchentisch zu legen. »Jetzt darfst du die Augen wieder aufmachen.«

Silje öffnete die Augen. Eine kleine Pralinenschachtel lag vor ihr. Er drehte sie um, küsste sie eine Spur zu hart auf den Mund und sagte: »Alles Gute zum Jahrestag!«

»Und ich dachte, du würdest ihn vergessen. Danke, das ist sehr lieb von dir. Aber woher hast du, wie hast du …«

Hans verzog keine Miene, als er sie ansah. »Mir war unser Jahrestag eben einiges wert.« Er sah sich in der Küche und fügte hinzu: »Dir offensichtlich auch.«

Silje schluckte, ihr Hals war ganz trocken. »Ja, da hast du recht. Hans, sieh mal, was ich Schönes für den Jahrestag koche, die Eisbeine sind fast fertig.«

Hans machte jetzt einen Topf nach dem anderen auf und schnupperte genüsslich den ungewohnten Duft. »Das sind ja Delikatessen, die du mir hier vorsetzt.« Bei der Pilzsuppe zuckte er nur kurz, drehte sich um und lachte etwas zu laut. »Soso. Pilze gibt es auch. Ich hoffe, du hast die richtigen erwischt.«

Sie schluckte und überspielte es mit einem Lächeln. »Setz dich doch schon mal, ich trage gleich die Suppe auf.«

Den kleinen Holztisch in ihrem gemeinsamen Zimmer hatte sie schon festlich eingedeckt, Wildblumen und Efeu aus dem Wald schmückten die weiße Leinendecke. Dort saß jetzt Hans und beobachtete sie. Silje zündete eine Kerze an, stellte das Töpfchen Schweineschmalz und die Brötchen auf den Tisch und trug die Suppenterrine herein. Langsam schöpfte sie mit der Kelle etwas Suppe auf die Teller. Beide sahen sich in die Augen, während sie den ersten Löffel in den Suppenteller tauchten. »Guten Appetit, Hans.«

Doch Hans legte den Löffel entschlossen zur Seite. »Ich will keine Pilzsuppe. Iss du sie alleine.«

»Wieso denn nicht? Die Suppe ist gut, ich habe die Pilze selbst im Grunewald gesammelt. Sie sind in Ordnung.«

Er rieb seine Hände gegeneinander, runzelte die Stirn und sagte dann ruhig: »Für wie blöd hältst du mich eigentlich? Unser Tafelsilber war zwölfteilig, und als ich gestern Mittag danach sah – ich wollte schauen, was ich für die Pralinen tauschen könnte – waren nur noch sechs Messer und Gabeln im oberen Fach. Das Fach darunter ist leer. Was hast du damit gemacht? Hast du dir damit den falschen Pass besorgt?«

Silje stockte der Atem. Also hatte sie sich doch nicht getäuscht. Er war an ihrer Schatulle gewesen, hatte den Pass gefunden. »Unsinn«, sagte sie eine Spur zu laut. »Das ist mein alter Pass, den ich wiedergefunden habe. Er ist nur ein Erinnerungsstück. Wieso sollte ich mir einen neuen Pass machen lassen? Außerdem mag ich es nicht, wenn du in meinen Sachen rumschnüffelst. Ständig bist du so misstrauisch. Ich habe mir so viel Mühe gegeben mit dem Essen. Deine Verwandten in Beelitz haben das Tafelsilber, bedank dich bei ihnen für ihre tolle Familiensolidarität. Ein paar Eier, ein wenig Obst und ein bisschen Mehl, mehr habe ich dafür nicht bekommen. Und dafür muss man heutzutage noch dankbar sein.« Silje schüttelte unwillig den Kopf und schlug dann einen versöhnlichen Ton an. »Hans, bitte, lass uns den schönen Abend nicht mit einem Streit verderben.«

Hans stand abrupt auf, ging aus dem Zimmer und kam kurz darauf mit zwei Bierflaschen wieder. »Na gut. Wohlsein.« Er öffnete die beiden Bierflaschen, gab ihr eine davon und stieß mit ihr an. »Fang schon mal an!« Dann richtete er es sich auf seinem Stuhl ein und begann, eine Schrippe mit Schmalz zu beschmieren. »Dunkles Brot würde da ja eigentlich besser passen«, brummte er dabei. Dennoch biss er genüsslich in das Brötchen, verspeiste es schnell und war schon dabei, eine weitere Schrippe vorzubereiten.

Silje sah ihm einen Moment dabei zu. »Das ist wirklich zu lächerlich, iss doch bitte jetzt mit mir gemeinsam die gute Suppe.«

Nachdem er die beiden Schrippen verspeist hatte, streckte er seine Beine aus, nippte an seinem Bier und sah sie dann durchdringend an. »Den Pass wirst du mir geben, Silje. Hol ihn mir.«

Sie wurde bleich. »Hans, was soll das? Er ist nur eine Erinnerung, deshalb ist er in meiner alten Schmuckschatulle. Ich möchte ihn dir nicht geben.«

»Hol ihn mir, jetzt. Oder soll ich es tun? Du glaubst doch nicht wirklich, dass ich dir deine Geschichte abnehme. Abhauen willst du! Aber das könnte dir so passen. Du wirst schön hier bei mir bleiben.«

Silje entschloss sich spontan, die Taktik zu ändern. Warum sollte sie es ihm nicht sagen? Zumindest einen Teil der Wahrheit. War sie ihm das nicht schuldig? »Hans, lass uns nach dem Essen darüber reden, ja?«, sagte sie sanft. »Es stimmt, ich wollte weggehen. Aber nur kurz, um meine Mutter zu besuchen, weil es ihr so schlecht geht. Aber ... «

»Ich hab's gewusst.« Er schlug mit der rechten Hand auf den Tisch. »Ha!« Dann drehte er sich ihr ganz zu und starrte sie an. Seine Augen flackerten. »Ich werde den Pass jetzt holen. Dann werde ich ihn verbrennen. Und dann ist die Sache erledigt." Hans versuchte aufzustehen, schien aber Mühe zu haben, sein Gleichgewicht zu halten. Verärgert drehte er sich um und ging zu dem Schrank, in dem die Schatulle war. »Das haben wir gleich.«

»Hans!« Sie spürte, wie ihr das Blut aus dem Gesicht wich, stürzte zu ihm und versuchte, seinen Arm festzuhalten. Hans aber lachte nur, öffnete unbeirrt den Schrank und nahm die Schatulle heraus. Silje krallte sich fest an seinen linken Arm und versuchte, ihm die Schatulle aus den Händen zu reißen, doch es gelang ihr nicht; Hans hatte ihr zu schnell den Rücken zugedreht. Schon öffnete er das zweite Fach und holte den Pass heraus. Er kicherte nun wie ein kleiner Junge, der seinem Lehrer Reißzwecken auf den Stuhl gestreut hat. »Der Herd muss doch sicher noch mal angefeuert werden, oder?«, flötete er, wedelte mit dem Pass hoch über Silje in der Luft und tanzte um sie herum.

Siljes Wangen brannten; und jetzt gab es für sie kein Halten mehr. Sie nahm ihre ganze Kraft zusammen und schlug verzweifelt auf Hansens Arme ein. »Du elender Mistkerl!«, keuchte sie.

»Jetzt reicht es mir.« Hans zerrte sie an den Tisch mit der Pilzsuppe und knallte ihr den Löffel hin. »Iss jetzt die Suppe. Dann weiß ich, ob sie genießbar ist.« Sein Atem ging stoßweise und er öffnete seinen Hemdkragen. »Danach wirst du den Pass verbrennen.«

Er war jetzt schweißnass und wischte sich mit einer Stoffserviette immer wieder die Stirn trocken. Silje lächelte und begann, die Suppe auszulöffeln. Dabei beobachtete sie genau, was Hans tat. Der wurde zusehends nervöser und klopfte ungeduldig mit dem Pass auf den Tisch. Gequält grinste er, da er immer wieder von einem heftigen Husten geschüttelt wurde. »Was ...?!«, keuchte er. Dann hielt er inne und sah Silje verwundert an. Sie nickte, nestelte in der Tasche ihres blauen Sommerkleides nach einem Stück Papier, zog es heraus, faltete es auseinander und reichte es ihm. Es war ein Zeitungsausschnitt aus dem *Berliner Kurier*.

»Was soll das?«, blaffte er, während der Schweiß ihm nun in Strömen die Stirn herabrann.

Sie zeigte wortlos auf eine Meldung, und schließlich nahm er seinen Blick von ihr und las leise vor: »Dieses Mehl wurde der Firma zu Zwecken der Seuchenbekämpfung zur Verfügung gestellt und ist hochgradig giftig.«

Seine Augen weiteten sich vor Entsetzen, als er langsam verstand, während sein Blick über die übrig gebliebenen Schrippen und die Pilzsuppe wanderte. Dann begann er krampfartig zu zittern.

Silje nahm ohne etwas zu sagen den Pass aus seinen kraftlos gewordenen Händen und legte ihn in die Schatulle zurück. Dann nahm sie den Zeitungsausschnitt und las weiter: »Vor Ankauf und Verarbeitung wird dringend gewarnt, da der Verdacht besteht, dass die gestohlene Ware auf dem Schwarzmarkt auftauchen wird. Der Genuss führt unmittelbar zum Tod.«

Sie blickte ihn, der nun zuckend und stumm am Boden lag, ein letztes Mal an und verließ dann das Zimmer.

Auf dem Weg nach unten begegnete sie Willi. Silje schaute ihn erleichtert an, blickte sich um und sagte dann verschwörerisch: »Willi, mein Mann scheint etwas Falsches gegessen zu haben, ihm geht es sehr schlecht. Ich glaube, er braucht Hilfe.« Willi warf einen kurzen Blick in die Wohnung und nickte wissend, als er wieder auf den Hausflur kam. Dann kramte er in aller Ruhe in seinem alten

Armeerucksack und holte schließlich eine ziemlich zerknautschte Zigarettenschachtel hervor. Galant hielt er ihr die Packung hin. »Willste eene?«

Gemeinsam setzten sie sich auf die Treppenstufen und rauchten friedlich. Silje begann leicht zu frösteln, und Willi legte, ganz Gentleman, seine kleine Jacke um sie. Nach einer Weile blickte sie den Jungen an und sagte: »Danke, Willi. Wenn du neulich Abend nicht noch vorbeigekommen wärst und mich gewarnt hättest, hätte ich das Mehl aus der Gruft sicher für einen Kuchen verwendet. Ich verdanke dir mein Leben. In jeder Beziehung.«

Willi lächelte und nickte ernst: »Ja, mit det Zeugs vom Schwarzmarkt musste uffpassen – wat eem da allet anjedreht wird, wenn man sich nich auskennt!« Er machte eine Pause und fügte dann hinzu: »Vakoofen tun wa det Mehl natürlich nich mehr, seit wa die Warnung jelesen ham, ick will ma ja schließlich meene Kunden behalten. Aba vanichten wollt ick det ooch nich, man weeß ja nie, wofür det noch ma jut is.« Er schaute sie an und grinste. »Dann hol ick jetz ma n Doktor Mühlenhaupt. Wat ne Meldung fürn *Kurier*: Die Schrippen waren sein Tod. Schwarzmarkt-Mehl tötet Mann im sowjetischen Sektor. Er hinterlässt eine trauernde Witwe.« Betont langsam schlenderte Willi los.

Silje lächelte dankbar, kuschelte sich in die kleine Jacke, nahm die letzte *Lucky* aus der Packung und begann zu rauchen.

SILJES EISBEIN MIT SAUERKRAUT

(ohne tödliche Schrippen)

FÜR DAS EISBEIN

4 gepökelte Eisbeine (je 600 g)
1 Möhre, 1 Zwiebel
1 Lorbeerblatt, 6 Pimentkörner, Zucker

FÜR DAS SAUERKRAUT

750 g Sauerkraut
1 große Zwiebel, 2 Äpfel, 100 g Schmalz, 1 Glas weißer Traubensaft, ½ TL Kümmel, 1 Lorbeerblatt, 4 Wacholderbeeren, etwas weißen Pfeffer, ¼ Flasche Champagner oder 1 Flasche Weißbier, Eisbeinbrühe, 50 g Butter

ZUBEREITUNG

Die Eisbeine waschen und in einem Topf mit reichlich Wasser ohne Salz zum Kochen bringen. Möhren schrappen, Zwiebeln abziehen, beides mit den Gewürzen in den Topf geben und etwa 2 Stunden gar kochen. Durch Zugeben einer Prise Zucker erhält das Pökelfleisch außerdem eine schöne, rosarote Farbe. Das Fleisch schön weich kochen, damit es sich gut vom Knochen löst. Für das Sauerkraut Zwiebeln pellen, Äpfel schälen und entkernen, beides in Scheiben schneiden und in einem Topf mit Schmalz anschwitzen, schließlich das Glas Traubensaft darüber geben und fast einkochen lassen. Das Sauerkraut mit den Gewürzen dazugeben und Champagner oder Weißbier angießen. Eventuell auch etwas Eisbeinbrühe hinzugeben.Dazu gibt es Erbsenbrei von geschälten gelben Erbsen, die tags zuvor eingeweicht wurden. Auch hierzu sollte man etwas Eisbeinbrühe verwenden. Ganz wichtig ist das Panaschee: Es besteht aus Speck und Zwiebeln, beides wird in Würfelchen geschnitten, goldbraun gebraten und über den Erbensbrei gegossen.

Quelle: »Köstliches aus der alten Berliner Küche. Gerichte und Geschichte aus Berlin und der Mark Brandenburg« von Bernhard Schambach

Kevins Eier

von Anja Feldhorst

Als Jaqueline Glemmer, Star der Daily Soap »Schlachthof des Schicksals«, das Untergeschoss des »Quartier 205« durchquerte, kramte Johanna gerade in ihrer Geldbörse nach Kleingeld. Tiffany stieß sie mit dem Ellbogen in die Seite. »Kiek ma! Det is die Glemmer.« Sie knallte die beiden Milchshakes, die sie in den Händen gehalten hatte, auf den Tresen vom »Smoothees« und rannte hinter der Schauspielerin her, die inzwischen außer Sichtweite war. Johanna starrte ihrer Freundin einen Moment nach, dann zählte sie hektisch ein paar Münzen ab, warf sie neben die Shakes auf die hölzerne Tresenplatte und setzte ihre fünfundneunzig Kilo in Bewegung. Sie schnaufte wie eine Dampflok kurz vor der Explosion des Kessels, während sie über den grauen Granit Richtung Friedrichstadtpassagen donnerte. »Wenn die mir keen Autojramm mitbringt, denn is det mit die Freundschaft Jeschichte.«

»Ick find det so super süß, wie de in die Folge mit den Schönheitschirurgen so in den rosa Kittel anne Wurstmaschine stehs un wie der dir da sieht un sagt, du hätts sone adelije Neese, wa?« Tiffany strahlte Jaqueline Glemmer an.

»Ja, danke.« Jaqueline lächelte bereits seit zwei Minuten unverbindlich. Sie schielte verstohlen auf ihre Armbanduhr. »Möchtest du vielleicht ein Autogramm?«

»Det wär geil.« Tiffanys Blick klebte sehnsüchtig an Jaquelines *Thomas-Sabo*-Ohrringen.

Das Starlet kramte in ihrer mit türkis glitzernden Strasssteinchen bestickten Handtasche nach einer Autogrammkarte und einem Stift. Die Einzige, die sie fand, hatte ein Eselsohr. Sie strich die Ecke glatt und presste die Karte gegen einen Laternenpfahl, um zu unterschreiben. Mit gespannter Aufmerksamkeit verfolgte Tiffany jede ihrer Bewegungen. »Deene Tasche is so wat von Wahnsinn. Wo hasse die denn her? Det Ding hat bestimmt n Schweinejeld jekostet. Mann, wenn ick die Kohle hätte, denn würd ick mir ooch sone Tasche koofen. Die is ja sooo…« Mit lautem Knattern startete ein am Bordstein parkender VW-Bus.

Jaqueline zuckte zusammen und statt mit einem schwungvollen Bogen endete ihr Name nun in einem langen Strich, der sich quer über das Foto zog. »Mist«, zischte sie leise. In diesem Moment schwang die Seitentür des VW-Busses krachend nach hinten. Zwei behandschuhte Hände griffen nach ihr und zogen sie in das Innere des Wagens.

Tiffany brüllte auf und stürzte sich auf ihr Idol. Mit der einen Hand packte sie Jaqueline am Arm, um sie zurück auf die Straße zu zerren, mit der anderen versetzte sie dem Angreifer einen Schlag auf die Nase. »Lass los, du Arsch!«

Ein maskierter Kerl mit dem Kreuz eines Preisringers sprang aus dem Wagen und versuchte, Tiffany von Jaqueline wegzureißen. Doch die hielt das Starlet fest umklammert. Mit plateauschuhbewehrten Füßen trat sie wild in Richtung Preisringer, der ausholte und Tiffany einen sauberen rechten Haken versetzte. Tiffany schwankte und verkrallte sich in Jaquelines langem, blondem Zopf. Jaqueline schrie schrill auf. Ein zweiter Faustschlag brachte sie zum Schweigen. Ein kräftiger Stoß und die beiden ineinander verknäulten Mädchen stürzten mit lautem Poltern auf die Ladefläche des Bullis.

Als Johanna endlich dazukam, war es bereits zu spät. Sie rannte durch die offene Glastür auf den Riesenkerl zu, doch eine Faust von der Größe eines Straußeneis stoppte sie mit einem Treffer in den Magen. Sie knickte wie ein Strohhalm ein und erbrach sich. Bevor sie sich wieder aufrappeln konnte, war der Mann in den Wagen gesprungen, hatte die Seitentür zugeworfen und der Transporter war mit Tiffany und Jaqueline davongerast.

×××

Oma Krawutke schloss die Wohnungstür hinter den beiden Polizeibeamten und ging zurück in die Küche. Johanna hockte auf der Eckbank. Sie war noch immer ziemlich blass, aber sie weinte nicht mehr. Nur hin und wieder schniefte sie leise. Oma Krawutke goss ihr noch einen Kognak ein.

»Mann, ham die Bullen doof jefragt.« Johanna verzog die Mundwinkel und imitierte den freundlich unterkühlten Ton, in dem Kriminalhauptkommissar Brinkheim sie die letzten zwei Stunden befragt hatte. »Ah ja, einen Ex-Freund hat Ihre Urenkelin, Kevin Repka, mit dem sie Streit hatte, ah ja und ein Kind mit ihm. Ah ja, und das Kind ist auf einer Fahrt mit der Kindertagesstätte.« Obwohl Oma Krawutke zum Heulen war, musste sie kichern. Johanna räusperte sich: »Ah ja, und bis heute haben weder Sie noch Frau Krawutke Frau Glemmer persönlich gekannt.« Sie verdrehte die Augen. »Wat denkt der Idiot sich, wen wa so kennen. Uffm Arbeitsamt jetroffen, wie se n Harz-IV-Antrag jestellt hat oda wat?« Johanna holte tief Luft. »Ach Mensch, Oma, det is allet so schrecklich.« Ihre Stimme drohte zu kippen.

Oma Krawutke setzte sich neben Johanna auf die Bank und griff nach deren Hand.

»Kleene, det wird schon. Die Polizei findet die Entführer un janz schnell is Tiffy wieda da.«

Johanna schniefte leise »Wenn de meenst.« Sie nahm einen Schluck Kognak, verzog das Gesicht und schüttelte sich. »Vielleicht sollten wa Kevin anrufen. Der muss det doch wissen.«

Oma Krawutke tätschelte Johannas Arm. »Ach nee, Kleene. Reicht doch wenn wa uns sorjn.«

×××

Tiffany hatte höllische Kopfschmerzen und einen metallischen Geschmack im Mund. Vorsichtig öffnete sie die Augen. Die Glühbirne, die an der niedrigen Betondecke baumelte, reichte kaum aus, den Raum zu beleuchten. Viel mehr als diese Funzel hatte der aber ohnehin nicht zu bieten: eine alte Matratze, auf der Tiffany lag, zwei große Waschbecken aus Granit auf Betonfüßen an der Wand gegenüber, einen gusseisernen Ascheimer mit Deckel und eine Rolle Werra-Krepp-Klopapier rechts daneben. Die zwei kleinen Fenster knapp unter der Zimmerdecke waren von außen mit dicker schwarzer Plane verklebt. Stöhnend richtete Tiffany sich auf, jeder Knochen in ihrem Körper schien über eine ganz eigene Art von Schmerz zu verfügen.

Neben dem Betonfuß des rechten Waschbeckens lag ein leise wimmerndes Häufchen, über dessen obere Hälfte ein Jutesack gestülpt war und dessen Hände fest in eine türkis glitzernde Handtasche verkrallt waren. Tiffany robbte zu Jaqueline und zog an dem Knoten, der den Jutesack an seinem Platz hielt. Plötzlich kam Leben in das Häufchen. Jaqueline schlug und trat um sich, soweit es Sack und Handtasche zuließen.

»Ey, lass den Scheiß. Ick will dir det Ding da losmachen.«

Aber Jaqueline tobte weiter. Tiffany packte sie am Arm und schüttelte sie. »Is jetz jut, ja? Ick bin's, Tiffy. Reiß dir ma zusammen«, schnauzte sie. »Au vadammt!« Sie rieb sich die rechte Wange. Dann holte sie tief Luft und brüllte los: »Hör uff. Ick mach dir jetz los. Un wenn de nich stillhälts, denn vadresch ick dir, dass de nich mehr weeßt, wo oben un unten is.«

Jaqueline erstarrte mitten in einem Tritt.

»Jut. Denn lass ma kieken.« Tiffany hielt das eine Ende des Knotens fest und versuchte, die Schlaufe zu lockern.

Ein halbes Dutzend Flüche später löste sich der Knoten und sie zog Jaqueline den Sack vom Kopf. »Au Mann, die ham dir ja son Klebeband vapasst wie im Kino. Det tut jetz bestimmt weh. Ick mach det aba janz langsam, wenn ick det zu schnell mach, hängt hintaher nochn Stück vonne Lippe dran. Un det wär blöd, wo wa doch hier keen Vabandszeug ham.«

Vorsichtig zupfte Tiffany an dem silbernen Klebeband. Jaqueline grunzte gequält. Tränen traten ihr in die Augen. Schließlich hielt Tiffany den Streifen in der Hand. Auf der Innenseite schimmerte ein Abdruck von Jaquelines pinkfarbenem Lippenstift.

»Ick gloobe, wejen dem Lippenstift hat det nich so doll jeklebt, Jott sei dank. Jeht's dir sons jut?« Tiffany wollte Jaqueline eine blonde Strähne aus dem Gesicht streichen, aber Jaquline stieß ihre Hand weg. »Lass das. Wegen dir sitz ich doch überhaupt nur hier«, kreischte sie.

»Wat? Du ticks wohl nich janz sauber.«

»Hättest du mich nicht so schwachsinnig zugetextet, hätte ich längst im Taxi gesessen, bevor die Entführer gekommen wären.« Jaquelines Augen schimmerten feucht.

»Ey! Ick vasuche dir zu retten unter Einsatz von mein Leben, un du mauls hier rum. Wer weeß, vielleicht hätten se dich schon längs umjebracht, wenn da nich Zeujen so wie icke jewesen wärn. Oh, Mann, det tut vielleicht weh.« Tiffany stöhnte und griff sich an die Stirn.

»Aber wenn du mich gar nicht retten wolltest, sondern dazugehörst und mich jetzt aushorchen sollst«, wimmerte Jaqueline. Sie krabbelte auf allen vieren zur Matratze, legte sich hin und drehte Tiffany den Rücken zu.

»Biste bescheuert oda wat? Statt hier rumzuheulen, sollten wa lieba ma überlejen, wie wa hier rauskommen.« Sie ging zu Jaqueline und griff nach der Handtasche, die Jaqueline neben sich gelegt hatte. Blitzschnell drehte sich Jaqueline um und riss Tiffany die Tasche aus der Hand. »Pfoten weg, das ist meine. Mich beklaust du nicht«, schnauzte sie.

»Du bis echt nich mehr janz dicht.« Tiffany stöhnte. »Ick wollte bloß kieken, ob de nochn Handy inne Tasche has. Meins hab ick irjendwo valoren. Wahrscheinlich wie der Typ mich k.o. jeschlagen hat.«

»Ich guck selbst nach.« Jaqueline rückte ein Stück von Tiffany weg und öffnete die Tasche.

»Mir auch ejal. Mann, brummt mir der Schädel.« Mit den Fingerspitzen massierte Tiffany ihre Schläfen.

»Nichts. Mein Handy ist weg, genauso mein Filofax und mein Kugelschreiber. Schminkzeug, Schlüssel und Portemonnaie sind noch da. Oh, die Schweine haben mir mein ganzes Geld geklaut.«

»Wat dachtes du denn?« Tiffany lehnte sich mit dem Rücken an die Wand und murrte leise vor sich hin.

Jaqueline rollte sich wieder auf die Seite, schob sich die Handtasche unter den Kopf und schloss die Augen. Bis auf ihre gleichmäßigen Atemzüge, durch gelegentliche Schluchzer unterbrochen, und Tiffanys mantraartiges Gemurmel war es totenstill in dem Raum.

×××

Ein Schlüssel drehte sich im Schloss, dann wurde die Stahltür aufgerissen. Helles Licht drang durch die Türöffnung. Tiffany, die Rücken an Rücken mit Jaqueline auf der schmalen Matratze gelegen hatte, schreckte aus einem unruhigen Schlaf hoch. Der bullige Typ, der Tiffany bewusstlos geschlagen hatte, betrat den Raum, eine kleine, magere Gestalt schob sich hinterher. Beide waren wie bei dem Überfall maskiert und trugen Handschuhe. Der Bullige hielt eine Pistole, der Kleine eine Rosenschere. »Ick kann det nich. Det is bestimmt Körpervaletzung«, jammerte er.

»Hättste die Lösejeldforderung nich auf AB jequatscht, würden uns die Bullen ernst nehmen und wir brauchten den Mist hier nich«, bellte der Bullige.

»Aber wat hätt ick denn machen sollen. Is doch niemand ranjejangen. Un ick dachte …«

»Hör uff zu denken, det besorg icke. Mach du bloß, wat man dir sagt.« Der Bullige wurde lauter: »Jetz mach schon.«

Stumm verfolgte Tiffany den Disput, Jaqueline hockte mit angezogenen Knien wie erstarrt neben ihr. Der Bullige ging einen Schritt auf Jaqueline zu und richtete die Pistole auf sie: »Los uffstehn.«

Tiffany sprang auf und schrie: »Nich, det könnta doch nich machen. Ick hab det jesehn in ›Bound‹. Wenn die ne Blutvajiftung kriegt.«

»Halt's Maul!«, brüllte der Bullige. Er holte aus und schlug ihr mit der flachen Hand ins Gesicht. Sie stürzte zur Seite. Tränen stiegen ihr in die Augen und purzelten über ihre Wangen. Leise schluchzte sie vor sich hin.

Der Bullige dirigierte Jaqueline mit der Pistole zu den Waschbecken und fuhr seinen Kumpel an: »Los, du Warmduscher. Det muss sein. Haste doch inner Zeitung jelesen, die Bullen vaschaukeln uns. Also mach schon.« Der Kleine nickte matt und löste den Riegel. Mit einem lauten Klack sprang die Schere auf.

×××

Es schellte Sturm. Es war kurz nach halb acht am Morgen und Oma Krawutke hatte sich gerade Kaffee eingegossen. Sie stellte die Tasse auf dem Küchentisch ab und schlurfte müde zur Tür. Die vergangene Nacht hatte sie nicht einschlafen können. Sobald sie die Augen schloss, sah sie ihre Urenkelin gefesselt, verprügelt, tot.

Oma Krawutke öffnete die Wohnungstür und Johanna stürzte, mit einer Zeitung wedelnd, an ihr vorbei in die Küche.

»Oma, die tun überhaupt nüscht, die Bullen.« Johannas Stimme überschlug sich fast. »Kiek ma, wat hier steht.« Sie knallte die *BZ*, die Berliner Variante der *Bild*-Zeitung, auf den Küchentisch. »Jaqueline Glemmer hat sich in ihre Finca auf Mallorca zurückgezogen. Sie ist erschöpft von den Dreharbeiten der letzten Monate und braucht eine kreative Pause, sagt ihr Vater und Manager Axel Glemmer.« Schnaufend plumpste Johanna auf die Eckbank. »Oma, ick dachte, die jeben ne Suchmeldung raus, so vonwejen Zeujen und Mithilfe vonne Bevölkerung. Aber die tun jar nüscht.« Beim letzten Satz hatte sie angefangen zu heulen. Oma Krawutke schob Johanna die Kaffeetasse hin und strich ihr über die verwuschelten Locken. »Is jut. Ick ruf ma bei den Kommissar an und frag, wat jetz is. Wollt ick sowieso machen.« Sie ging in den Flur zum Telefon. Nicht mal zwei Minuten später kam sie zurück: »Der is nich da, der kommt ers mittags, sagt die Sekretärin.«

»Oma, det is jelogen. Die Bullen vascheißern einen doch immer, Oma. Die sagen doch nie die Wahrheit.« Johanna wurde wieder lauter.

»Ick weeß, ick weeß, Kleene. Aber wat sollen wa machen?«

»Wir jehn da jetz hin un bleiben so lange da sitzen, bis die uns wat sagen.« Johanna knallte ihre Kaffeetasse auf den Tisch und stand auf.

×××

»Tut mir leid, dass Sie so lange warten mussten. Warum haben Sie nicht vorher angerufen. Meine Sekretärin hätte Ihnen sagen können, dass ich bis mittags außer Haus bin.« Kriminalhauptkommissar Brinkheim stützte die Ellbogen auf der Schreibtischplatte auf, sah Oma Krawutke in die Augen und versuchte so etwas wie ein Lächeln.

Oma Krawutke brummte etwas Unverständliches und Johanna, die rechts von ihr saß, lief rot an.

»Ich kann Ihnen nicht viel mehr sagen als beim letzten Mal. Die …« Brinkheim wurde kreideweiß, mit einem Stich ins Grünliche, sprang auf und rannte, die Hand auf den Mund gepresst, zur Tür hinaus.

»Mann, ick will nich wissen, wat dem jetz hochjekommen is.« Johanna grinste.

»Hauptsache det dauert ne Weile«, sagte Oma Krawutke und stupste Johanna an. »Los, jeh ma Schmiere stehn anne Türe.« Dann beugte sie sich vor und zog mit spitzen Fingern die Aktenmappe, die der Kriminalhauptkommissar zu Beginn des Gesprächs vor sich auf dem Schreibtisch platziert hatte, zu sich heran.

»Oma, biste varückt?«

»Quatsch nich, jeh lieba kieken, ob eener kommt.«

Johanna bewegte sich nicht von ihrem Platz. »Zeig ma, wat is n dette?« Sie schob zwei eng beschriebene Bögen Computerpapier zur Seite und angelte nach den darunterliegenden Fotos. Sie wurde blass. »Oma, det is furchtbar, kiek ma.« Sie hielt Oma Krawutke eins der Bilder hin. Oma Krawutke beugte sich vor.

»Wat is denn da dran furchtbar? Det sin doch bloß Haare.«

»Oma, det sin nich bloß Haare.« Johannas Stimme wurde schrill.

»Psst.« Oma Krawutke legte den Zeigefinger an die Lippen.

Johanna sah kurz zur Tür, dann kreischte sie weiter: »Det is der Zopf von Jaqueline Glemmer. Det sieht man doch janz deutlich an die kleenen Rasta-Strähnchen und die rosa Perlen.«

»Mach nich son Theater. Lies ma lieba, wat hier steht.« Oma Krawutke gab Johanna die beiden Computerausdrucke.

»Det die sich imma so kompliziert ausdrücken müssen uffm Amt. Also anscheinend ham die Entführer den Zopf heute morgen bei Jaqueline ihrn Vatta in Briefkasten jesteckt. Mit ne Lösejeldforderung.«

»Ick gloobe, wir sollten mit den Herrn ma reden. Kiek ma nache Adresse, Jo.«

Johanna überflog noch einmal die Papiere. »Hier is wat. Kaulsdorf, inne Jägerstraße. Am Arsch der Welt.«

»Sei still, da kommt eener«, zischte Oma Krawutke, »un merk dir die Adresse.«

Schnell stopfte Johanna Papiere und Foto in die Akte und schob sie zurück an ihren Platz.

»Entschuldigung«, krächzte es heiser von der Tür. »Ich fürchte, ich habe mir den Magen verdorben. Ich rufe Sie an, sobald ich neue Informationen habe.« Kriminalhauptkommissar Brinkmann stützte sich am Türrahmen ab. Er war immer noch sehr blass und sein Gesicht schimmerte feucht.

»Na denn jute Besserung.« Oma Krawutke stand auf, warf Brinkheim noch ein unschuldiges Lächeln zu und verließ mit Johanna im Schlepptau das Büro.

×××

Jaqueline hockte auf der Matratze und heulte Rotz und Wasser. Tiffany saß neben ihr und hielt sie im Arm. »Det is so furchtbar. Un det dauert, bis det nachwächst. Aber du siehs immer noch supa aus. Ehrlich.« Sie strich Jaqueline über die gestutzten Zotteln.

»Es geht gar nicht so sehr ums Aussehen«, schluchzte Jaqueline, »aber der Zopf war doch mein Markenzeichen. Wenn die mich nun aus der Serie rauswerfen, weil der Zopf weg ist?« Das Schluchzen schwoll an und ging in einen heftigen Weinkrampf über.

In Jaquelines Schniefen mischte sich das Geräusch herannahender Schritte. Die Tür öffnete sich. Der Kleine stand im Türrahmen, richtete die Pistole auf die Frauen und murmelte. »Det tut mir leid mit die Haare, die waren echt toll. Aber jing nich anders. N Finger wollt ick nich nehmen. Habt ihr Hunger? Ick könnt Döner holen.«

»Jute Idee. Wat meinste denn, wat wir hier so essen. Den Kalk vonne Wände oda wat.« Tiffany klang barscher, als sie es beabsichtigt hatte. »Un wenn de schon unterwegs bis, kiek doch ma, ob de meen kleen Rucksack irjendwo findes. Da is ne Bürste un n paar Spangen drin. Dann könnt ick wieda n Mensch aus Jaqueline machen.«

Der Kleine starrte auf seine Füße. »Der Rucksack is oben. Ick bringn dir runter.« Er drehte sich um und schloss die Tür hinter sich. Wenige Minuten später kam er mit Tiffanys Webfellrucksack, der wie ein kleines Schaf aussah, wieder. Er warf ihn in Richtung Matratze. Tiffany fing ihn auf, bevor er auf den Betonboden knallte. »Haste Angst vor mir oda wat sollte dette?«

»Besser keen Risiko einjehn, sagt Brutus. Ick jeh denn ma wat zu essen holen.«

Während der Kleine die Tür hinter sich abschloss, kippte Tiffany den Inhalt ihres Rucksacks auf die Matratze. Sie sortierte ein Dutzend unterschiedlicher bunter Spangen und Haargummis aus und nahm die Bürste. Sie bat Jaqueline, ihr den Rücken zuzudrehen, dann griff sie flink eine Strähne von Jaquelines blondem Haar, bürstete sie durch und steckte sie mit einem Spängchen fest. »Eijentlich wollt ick ja ma Friseurin werden, aber denn hab ick die Kleene jekricht un det wart ers ma jewesen, wa?«

»Du hast ein Kind? Du bist doch nicht älter als ich?« Jaqueline drehte den Kopf und glotzte Tiffany an.

»Halt doch ma still. Ick kann dir nich frisiern, wenn de so zappels.« Tiffany schob Jaquelines Kopf wieder in Position.

»Und was ist mit dem Vater?«, fragte Jaqueline mit starren Blick auf die schmuddelige Matratze. »Au, ziep doch nicht so.«

»Ach, Kevin, det is son Idiot. Ick hab mir jetrennt, un wat macht det Weichei, rennt zu Mutti. Jetz wohnt er wieda bei Mutti un hilft inne Kneipe. Der is nämlich Koch. Un der macht die besten süßsauren Eier, die et jibt.«

Jaqueline verzog das Gesicht.

»Die sin echt voll lecker. Un wat total witzig is, dass wa uns wejen die Dinger kennjelernt ham. Ick war mit meine Oma, is eigentlich meine Uroma, aber ick sag immer Oma, son ollet Schloss gucken. Un denn ham wa Hunger jehabt un da war die Kneipe von Kevin seine Mutter, det hab ick aba da noch nich jewusst, jedenfalls sin wa da rinn. Un ick bestell süßsaure Eier. Aber die serviern mir bloß hartjekochte Eier in sone komische Pampe. Det is aber nich det richtije Rezept. Halt doch ma still, sons wird det nüscht.«

Jaqueline stöhnte leise. Tiffany zwirbelte unbeeindruckt eine Strähne nach der anderen und steckte sie fest. »Die Eier musste in die Essig-Zucker-Soße kochen, weeßte, wie valorene Eier. Und ick sag der Bedienung n paar Takte. Da holt die den Koch ausse Küche. Und der war so voll süß, so mit so blonde Haare un so tolle blaue Oogen, un grinst so frech un fragt, wat ick denn will. Un ick sach det mit die valorenen Eier. Un der grinst imma noch un den jeht der inne Küche un macht mir richtije süßsaure Eier un die warn voll lecker. Un seitdem sin wa zusammen. Also bis vor drei Monate. Aba det is allet Kevin seine Schuld. Un det weeß der ooch. Wo wa noch zusammen waren, hat der sich jar nich um die Kleene jekümmert un nur rumjehangen. Un jetz, wo ick n rausjeschmissen hab, issa der liebste Papa vonne Welt un voll eifersüchtig. Ruft dauernd Jo an, det ist meine beste Freundin, un fragt, ob ick schon n Neuen hätte. Det nervt echt voll. Un Jo sacht imma, ick soll mir det doch noch ma überlejen, wejen meene Püppi. Aba ick mach det nich. Det …«

»Sei mal ruhig«, fuhr Jaqueline ihr über den Mund.

»Wat is …?«

»Pssst.«

Tiffany lauschte. Im Raum war es still, nur in der Ferne toste der Verkehr. In den Verkehrslärm mischte sich ein dissonantes Glockenläuten.

»Ich fass es nicht. Wir sind in Biesdorf.«

»Wie kommste n da druff?«

»Die Kirchenglocken. Das sind original die Kirchenglocken von der Gnadenkirche in Biesdorf.«

»Det kannste untascheiden? Ick würd so wat nich hören.«

»Ich bin hier aufgewachsen. Und außerdem bin ich Sängerin. Ich kann selbstverständlich Kirchenglocken auseinanderhalten.«

»Wie du bis hier uffjewachsen? Sag ma, denn kennste Kevin ja vielleicht? Un det is die ›Biesdorfer Baude‹, die seine Mutter jehört. Det wär ja voll abjefahrn.« Tiffany kicherte. »So, jetz biste fertig. Kiek ma.« Sie kramte aus ihrem Tascheninhalt einen kleinen Handspiegel hervor und hielt ihn Jaqueline vor die Nase. »Mann, voll cool. Jetz siehste aus wie Buffy im Bann der Dämonen in die Folge ...«

»Halt doch endlich die Klappe.« Jaqueline starrte auf ihr Konterfei und schluchzte auf. »Das sieht total scheiße aus. Ich werde nie wieder eine Rolle kriegen. Scheiße, scheiße, scheiße!« Sie schleuderte den Spiegel gegen die Wand, wo er mit düsterem Klirren zerbarst.

»Ey, du bis wohl nich mehr janz dicht oda wat. Ick mach mir hier sone Mühe un du brülls rum. Wenn ick hier nich bald rauskomm, bejeh ick n Mord.«

»Mach doch. So, kann ich mich eh nirgends sehen lassen«, heulte Jaqueline und warf sich auf die Matratze.

»Is ja jut. Jetz reg dich nich so uff.« Tiffany hockte sich neben die von Weinkrämpfen geschüttelte Jaqueline und berührte sie zaghaft an der Schulter. »Lass ma überlejen, wie wa hier rauskomm, bevor wa völlig durchdrehn. Wenn wa in Biesdorf sin, könnten wa Kevin vielleicht ne Botschaft zukommen lassen. Bloß wie?« Tiffany schob den Zeigefinger zwischen die Zähne und nagte neben dem Fingernagel kleine Hautfetzchen ab. »Vielleicht könn wa den Kleenen bequatschen. Sag doch mal wat.« Sie stupste Jaqueline an. Ein Murmeln antwortete ihr. »Wat. Kannste ma lauter reden.«

Jaqueline drehte sich auf die Seite und sah Tiffany an. Ihre Augen waren vom Weinen rot und zugeschwollen. »Ich hab da vielleicht eine Idee«, sagte sie leise.

×××

Johanna starrte entgeistert auf das weit zurückgesetzte, kleine Einfamilienhaus, in dessen Vorgarten sich Schneewittchen, Bambi und mindestens zwanzig Zwerge tummelten und kaum Platz für eine Liege, einen Tisch und einen rotweißen Sonnenschirm ließen. »Ick hab jedacht, der wohnt inne Villa.«

»Hier jibt's keene Villen. Det is Kaulsdorf.« Oma Krawutke reckte sich, um einen besseren Blick auf den Garten zu erhaschen. »Ick klingel ma. Hoffentlich issa zu Hause.«

»Warte ma, Oma, da kommt wer.«

Ein bereits angegrauter Mittvierziger schlenderte in Shorts, mit nacktem, durchtrainierten Oberkörper, eine Zeitung unter dem Arm und ein Weinglas in der Hand, telefonierend auf die Liege zu.

»Traurig sieht der aba nich aus«, stellte Johanna fest.

»Is det denn der Richtije?«

»Det issa, hab ick inne Gala jesehn vonne Bambi-Valeihung.«

Johanna und Oma Krawutke beobachteten fassungslos Jaquelines Vater, der es sich inzwischen auf der Liege bequem gemacht hatte, leise in das Telefon sprach und hin und wieder hell lachte.

Eine elektronische Version des Hochzeitsmarsches übertönte plötzlich Axel Glemmers albernes Kichern.

Johanna zog ihr Handy aus der Hosentasche. »Hey Kevin – det is Kevin, Oma – wat? Nee, Tiffy hat keen Neuen, wie kommste denn da druff. Die hat ja wohl andre Sorjen im Moment? Wat? Warte ma – Oma, Kevin sagt, da hat wer Tiffys Eier bestellt, du weeßt schon, die süßsauren, un Kevin meint, det – hey, Oma, lass det.« Aber Oma Krawutke hatte Johanna schon das Handy aus der Hand gerissen.

»Pass uff, lass den Kerl nich ausse Augen. Wat? – Wat intressiert mich deene Mutta. Tiffy is in Jefahr. Sag ick doch. Schreib die Autonummer uff. Frag nich so ville, jetz is Eile jeboten. Ick erklär dir det später. Un halt den Kerl uff, wa kommen!« Oma drückte Johanna das Handy in die Hand. »Los, bestell ne Taxe, Jo.«

×××

Die »Biesdorfer Baude« lag gegenüber dem S-Bahnhof Biesdorf. Ein kleiner Bungalow mit Spitzdach, zur Straße hin war eine schmale, überdachte Terrasse durch einen Jägerzaun abgetrennt. Das Innere erstrahlte in rustikaler, auf Eiche getrimmter Kiefer. Die quadratischen Tische waren mit blauweiß gewürfelten Tischdecken eingedeckt und in der Mitte jedes Tisches thronten in einem Serviettenhalter ein halbes Dutzend Köstritzer-Bierdeckel und ein schmales, abgegriffenes Heftchen mit dem Speisen- und Getränkeangebot.

Johanna hockte auf ihrem Stuhl, die Ellbogen auf die Tischdecke gestützt und mampfte den Kartoffelsalat, den Kevin aus der Küche gebracht hatte.

Nachdem Kevin mit einen kurzen, aber um so heftigeren Tobsuchtsanfall Oma Krawutke und Johanna gezeigt hatte, was er davon hielt, »geschont« zu werden, wo doch seine Tiffy in Lebensgefahr schwebte, hatte er die Scherben des zu Bruch gegangenen Suppentellers aufgefegt und war in der Küche verschwunden, um mit Kartoffelsalat und Würstchen seine Versöhnungsbereitschaft zu signalisieren.

Nun hockten alle drei am Personaltisch neben der Küchentür und Kevin schilderte minutiös die Szene, die sich vor einen knappen halben Stunde in der »Biesdorfer Baude« abgespielt hatte.

»Un der is inne Baude jekommen un hat süßsaure Eier bestellt, aba mit valorne Eier, nich mit hartjekochte, zum Mitnehmen. Ick hab sofort jewusst, dass det von Tiffy kommt, det hat sons noch nie eener bestellt. Un ick hab jedacht, die will mir quälen. Dabei wollte meene Zuckaschnute mir n Zeichen jeben. Det warn Hilferuf, ick sollse retten.« Kevins Blick verlor sich in den weißen Milchschlieren auf dem kalten Kaffee in seiner Tasse.

»Klar, wollte die n Zeichen jeben, meene Püppi is eben janz wat Schlauet.« Oma Krawutke strahlte.

»Jetz müssen wa nur noch rausfinden, wo se vasteckt sin«, nuschelte Johanna, den Mund voll Kartoffelsalat. »Dass de aba ooch nich hintaherjefahren bis, Blödmann.«

»Meene Mutta hätt mir umjebracht, wenn ick mitten in Mittagsjeschäft abjehaun wär.«

»Aber wo Tiffy doch in Lebensjefahr is.«

»Aber det hab ick doch nich jewusst, Mann.«

»Nu heul ma nich. Immerhin haste den Kerl jesehn un die Autonummer uffjeschrieben«, sagte Johanna, bevor sie ein frisch auf die Gabel gespießtes Wurststück in den Mund schob.

»Ick heule nich«, maulte Kevin.

»Hört uff zu streiten, Kinder. Tiffy ist jetz wichtijer.«

»Wir könnten doch der Polizei die Autonummer jeben. Die stellen den Halter fest un denn vahaften se den un befrein Tiffy un Jaqueline«, mümmelte Johanna.

»Nee, uff keen Fall.« Kevin schlug so fest auf den Tisch, dass die Teller hochhüpften. »Det kennt man doch ausm Fernsehen. Denn stürmen die mit ne Sondereinheit det Haus un erschießen aus Vasehn statt die Entführer die Geiseln un hinterher sagen se, det warn bedauerlicher Unfall. Ick will nich, det meene Kleene als bedauerlicher Unfall in n Plastiksack wegjeschleppt wird.«

»Johanna, jab's da nich ma son picklijen Kerl vom Zulassungsamt?«, mischte sich Oma Krawutke ein.

»Pft«, machte Johanna mit vollen Backen.

»Nu hör doch ma uff zu futtern. Det kannste später immer noch. Ruf den an, der sagt dir vielleicht die Adresse«, beharrte Oma Krawutke.

Johanna hatte endlich die Kartoffelsalatmassen besiegt. »Aber Oma, det is doch schon ewig her – un außerdem war der so wat von blöde.«

»Det is doch wohl scheißejal. Ruf da sofort an.« Kevin hielt Johanna sein Handy unter die Nase.

»Meenste vielleicht, ick kenn dem seine Nummer auswendig?« Johanna schob Kevins Hand weg und grub nach ihrem eigenen Telefon. Sie drückte die Kurzwahltaste und flötete Sekunden später zuckersüß: »Hallo, Martin, hier is Jo.«

×××

»Ick hab vielleichtn Kohldampf. Wo ich doch den Döner nach dem Kleenen schmeißen musste, damit der mir ooch gloobt, det ick ne hysterische Schwangere bin. Willste wirklich nüscht?« Tiffany hielt Jaqueline die weiße Plastikschale hin, in der noch ein verlorenes Ei in einer dicklichen gelben Soße zwischen Quetschkartoffelhäufchen schwamm.

»Nee. Ich esse keine tierischen Produkte, danke.« Jaqueline sah angewidert auf das Ei.

»Ick lass dir vonne Quetschkartoffeln üba.« Tiffany spießte das Ei auf die Plastikgabel und schob es sich in den Mund. Sie schmatzte laut, als sie versuchte, das Ei zu zerkleinern und zu schlucken, ohne daran zu ersticken. Sie goss mit einem großen Schluck Cola light nach, dann rülpste sie. »Det war jut. Ick hätt ja nich jedacht, dass det klappt. Aber der Kleene is echt ne Flasche. Fährt extra los un holt die Eier. Ick hab schon jedacht, wo de dem jesacht has, dass er inne Baude jehn soll, merkt der, dass wa n reinlejen wollen.«

»Nee, der hatte so eine Angst vor dir, als du getobt hast. Er hat wirklich geglaubt, dass du schwanger bist und dem Kind was passiert, wenn du nicht sofort süßsaure Eier bekommst.«

»Aba wenn de mit mir nich jeübt hätts, wär det nüscht jeworden. Jut, det Brutus nich inne Nähe war. Mann, bin ick satt.« Tiffany ließ sich auf die Matratze fallen, schloss die Augen und stöhnte. Jaqueline Magen knurrte laut. »Nu, nimm schon, die Eier sin ja raus«, sagte Tiffany und schielte unter halb geöffneten Lidern zu Jaqueline.

Die griff nach der Plastikschale und schaufelte die Quetschkartoffeln in ihren Mund. Tiffany setzte sich auf. »Ick hör Trampeln uffe Treppe.«

»Was?« Jaqueline schaufelte weiter.

»Schritte«, übersetzte Tiffany, als die Tür aufgestoßen wurde und mit lautem Krachen gegen die Betonwand schlug.

»Det darf doch nich wahr sein«, donnerte Brutus, »da bin ick ebent ma fürn paar Stunden weg un schon tanzen die Miezen dir uffe Neese rum.« Der Kleine schien noch kleiner als sonst, als er hinter Brutus in den Raum schlich. Brutus stürmte auf Jaqueline zu und schlug ihr die Plastikschale aus der Hand. Soße und Quetschkartoffeln spritzten über Jaquelines T-Shirt und die Matratze bis hin zu Tiffanys Jeans. Mit offenem Mund starrte Tiffany Brutus an. »Glotz nich so blöd.« Brutus trat Tiffany in den Magen. Sie stöhnte laut auf, krümmte sich zusammen und erbrach die verlorenen Eier.

»Nich Brutus«, piepste der Kleine, »die is doch schwanger.«

Tiffany wimmerte, Jaqueline hockte wie paralysiert an der Wand.

»Schwanger, sone Scheiße«, brüllte Brutus. »Ick muss jetz uffs Arbeitsamt un wenn ick wiedakomme, mach ick kurzen Prozess mit die Schlampe. Wenn die ers hin is, wird die Polizei schon kapiern, dass et uns erns is.«

×××

»Un hier soll det sein?« Kevin sah sich zweifelnd um. Der Stawesdamm war ein schmaler, ungeteerter Weg an der Rückseite eines alten Gewerbehofes. Schmutziggelbe, graffitiverschmierte Backsteinmauern, hohe Fabrikfenster und verwahrloste Obstbäume säumten die eine Seite. Auf der anderen lagen verwilderte Grundstücke, so dicht überwuchert, dass man die Ruinen der alten Gebäude nur mit Mühe zwischen dem Grün ausmachen konnte.

Oma Krawutke stützte sich auf ein rostiges Gartentor. Johanna sah ihr über die Schulter. »Da wohnt noch eener. Da steht n Auto. Kevin kiek ma, is det der?« Sie zeigte auf einen schwarzen Wagen, dessen Heck hinter einem kleinen, quadratischen Bungalow hervorlugte. Ein maroder Maschendrahtzaun lehnte sich müde gegen eine Linde und gab den Blick auf einen Trampelpfad frei, der zu dem Häuschen hin und offenbar einmal um es herum führte.

»Det jibt's nich. Der wohnt hier tatsächlich.« Kevin pfiff leise durch die Zähne. »Mann, wie im Film. Einsamet Haus, allet zujewachsen, drumrum bloß Ruinen.«

»Los, wa müssen det Jelände sondiern«, befahl Oma Krawutke.

»Lass mich ma.« Kevin streckte seine Hand nach der Klinke am Gartentor aus, zog sie aber sofort zurück, als Oma Krawutke danach schlug.

»Pfoten weg. Ick hab det Kommando. Ick jeh ma ne Runde umt Haus. Ihr wartet hier, bis ick wieda da bin.« Zwei Münder öffneten sich zum Protest. »Keene Diskussjon. Euch ham se schon jesehn un mich kennse noch nich. Un wer tut schon ner vahuschten Ollen wat an.« Bewaffnet mit Kunstledertasche und Gehstock stieß sie das Tor auf und marschierte los. Sie schlich vornüber geneigt, als habe sie Rückenschmerzen, den Trampelpfad entlang. Kurz vor dem Windfang des Hauses blieb sie stehen, sah sich um, dann schlurfte sie weiter und verschwand hinter dem Haus. Bald darauf tauchte sie wieder auf und huschte den Pfad zurück zu Kevin und Johanna.

»Aaalso.« Pause. Gespannte Blicke. Oma Krawutke holte Luft. »Da drin sitzt eener un kiekt fern. Sons war nüscht«

»Un Tiffy haste nich jesehn? Wat ham se mit meene Schnecke bloß jemacht?« Kevin trat heftig gegen den Stamm eines Haselbuschs.

»Hoffentlich ham se die beeden nich in son Sarg mit n Luftschlauch im Jarten vabuddelt.« Johanna suchte mit den Augen hektisch das Gelände ab.

»Hör uff mit die Spinnereien. Wir müssen irgendwie da rinnkomm.« Oma Krawutke gab Johanna einen Schubs Richtung Gartentor. Das Fundament des Hauses war dicht bewachsen. Sie schob an mehreren Stellen mit ihrem Gehstock das Brennnesselgestrüpp beiseite und legte schließlich ein altes Kellerfenster frei. Das Holz des Rahmens war rissig und schimmerte grauweißlich. Der Anstrich musste schon vor Jahrzehnten abgeblättert sein; bis auf ein paar Fetzen Lack von unbestimmbarer Farbe war der Rahmen nackt.

»Lass ma kieken.« Kevin trampelte mit seinen Turnschuhen die Brennnesseln platt und kniete sich vor das kleine Sprossenfenster. Eine der Scheiben war eingeschlagen, die übrigen drei von Staub, Spinnweben und Alter blind. Kevin griff mit der Hand durch die zerbrochene Scheibe. Er rüttelte heftig an dem Fenstergriff und mit einem lauten Knirschen löste sich die Verriegelung. Ein Heer kleinerer und größerer Spinnen huschte erschreckt ins Dunkel des Kellers.

»Igitt.« Johanna schüttelte sich.

»Stell dich nich so an, Kleene. Sei froh, dass det keene Ratten sin«, raunte Oma Krawutke ihr zu.

»Eben. Denn ma los, Jo.«

»Wie? Icke? Nee, nich mit det Jekrabbel. Du wills doch hier een uff Supamääan machen.« Johanna verschränkte die Arme vor der Brust und sah Kevin finster an.

»Jetz is aba jut mit die Zankerei. Da drinne sitzt meene kleene Tiffy, un ihr habt nüscht wie Blödsinn im Kopp.« Oma Krawutke schnappte nach Luft. »Jo, du schlängels dir jetz durch die Luke da. Kevin un icke sichern det Jelände.« Entschlossen drehte sie sich um und marschierte zum vorderen Teil des Hauses. Kevin grinste Johanna hämisch an und schlich sich hinter das Haus in die Nähe der offenen Terrassentür.

Johanna kniete sich vor das Fenster und sah hindurch. Der Kellerraum war in ein dämmriges Licht getaucht. An den Wänden lehnten Regale, die bei jeder Erschütterung zusammenzubrechen drohten. Spinnweben verklärten alte Farbdosen und Gerümpel wie mit Weichzeichner. Unterhalb des Fensters stand ein mit Lumpen beladener Campingtisch. Daneben stapelten sich ein halbes Dutzend Bierkästen.

»Et is für Tiffy«, murmelte Johanna vor sich hin, setzte sich und schob die Beine durch das Fenster. Auf die Ellbogen gestützt, arbeitete sie sich Zentimeter für Zentimeter vor und verfluchte sich leise, dass sie kein langärmeliges T-Shirt, sondern ihr bauchfreies *Angel*-Träger-Top angezogen hatte. Langsam rutschte sie tiefer. Der Fensterrahmen schrabte über den Reißverschluss ihrer Jeans und drückte in ihren Bauch. »Au, Mist, det is zu eng.« Sie stemmte ihren Oberkörper hoch und versuchte, sich zurückzuhieven, aber mit einem lauten Knarzen brach der Fensterrahmen, bog sich nach außen und verhakte sich in ihrer Gürtelschnalle. »Scheiße. Kevin«, rief sie leise. Nichts rührte sich. »Kevin«, rief sie etwas lauter. Dann: »Oma.« Aber außer dem Rascheln trockenen Laubs im Wind und dem Donnern des Verkehrs auf der nahen Bundesstraße hörte sie nichts. Sie beugte sich nach vorne, fasste nach dem Gürtel und versuchte, ihn zu öffnen, aber der Riemen bewegte sich keinen Millimeter, als sie daran zog. Sie schlug mit der Faust gegen den Fensterrahmen. Ein lautes Krachen, der Rahmen gab ein Stück nach und Johanna rutschte zwanzig Zentimeter tiefer. Sie kreischte auf, biss sich aber schnell auf die Lippen. Kevin spurtete um die Ecke: »Wat is?«

»Ick stecke fest«, wimmerte Johanna leise.

»So ein Scheiß.« Kevin unterdrückte ein Lachen, fasste Johannas Arme und zog.

»Au, pass doch uff, da hat sich wat in mein Bauch jerammt, n Splitter oda so.«

»Ick vasuchs langsam.« Kevin hockte sich hinter Johannas Kopf, griff unter ihren Achseln durch, verschränkte die Hände vor ihrer Brust und lehnte sich zurück. Er schwitzte und keuchte, aber Johannas Körper bewegte sich nicht. »Mann, mach doch ma Diät.«

»Ick denk nich dran, det jibt nurn Jojo-Effekt.«

«Jo mitm Jojo-Effekt.« Kevin gluckste, presste die Lippen aufeinander, sein Körper vibrierte, bei dem Versuch, das Lachen zu unterdrücken, schließlich prustete er los. Wie ein Echo antwortete aus dem Keller ein dumpfes Schnaufen.

»Kevin«, schrie Johanna, »da is wer im Keller. Hilf mir raus.«

»Vadammt.« Kevin zerrte vergeblich an Johannas Armen. »Det is zwecklos.« Er sprang auf und rannte zur Terrasse.

»O Mannomann. Brutus macht mich fertig. Wat mach ick bloß?«, kam es gedämpft von unten.

Zwei Hände umklammerten Johannas Fußgelenke und zogen. »Lass mich los«, brüllte Johanna und begann wild zu zappeln. Der Holzrahmen ächzte und knarrte. Johanna strampelte mit den Beinen und presste ihre Hände gegen die Mauer. Splitter bohrten sich in ihre nackte Haut. Das Mauerwerk knirschte und Mörtel bröselte auf ihren Bauch. Sie trat um sich und hörte von drinnen einen Schmerzensschrei. Plötzlich löste sich ein Backstein aus dem Fenstersturz und mit lautem Getöse donnerte Johanna mit Fensterrahmen und einem Teil der Mauer in die Tiefe.

Als Kevin und Oma Krawutke in den Kellerraum stürmten, hockte Johanna rittlings auf dem Kleinen und hatte ihm die Arme auf den Rücken gebogen. Der Kleine wimmerte schwach, rührte sich aber nicht.

»Saubere Landung.« Kevin grinste.

Oma Krawutke kramte in einem der Regale und förderte eine Rolle silberfarbenes Ducktape zutage. Sie drückte sie Kevin in die Hand: »Los, fesseln. Un denn rufste n Krankenwagen un die Polizei.«

Johanna sah sie erschrocken an: »Meinste ick hab den so schlimm erwischt, det der ins Krankenhaus muss?«

»Quatsch, der kommt schon wieda uff de Beene, aba wer weeß wiet Tiffy jeht. Aussadem müssen wa dir jegen Tetanus impfen lassen, det sieht nich jut aus.« Sie zeigte auf Johannas ramponierten Bauch. »Un jetz komm, Tiffy suchen.« Sie sauste in den Kellerflur und rief laut nach ihrer Enkelin. Vom anderen Ende des Gangs kam eine leise Antwort.

Entgeistert starrte Tiffany auf die Gestalt im Türrahmen. Johannas Jeans war voller Staub und Spinnweben, ihr Bauch und der Saum des T-Shirts blutverschmiert. Langsam erhob sich Tiffany.

»Tiffy!« Johanna fegte auf sie zu und schlang schluchzend die Arme um ihre Freundin. Oma Krawutke schubste Johanna sanft beiseite. Sie strich Tiffany über das Haar, ihre Unterlippe zitterte. »Püppi«, sagte sie leise. Tiffany schniefte. Jaqueline hockte auf der Matratze und rührte sich nicht, bis Johanna sich neben sie kniete. »Wa sin da un retten euch. Jetz wird allet jut.« Jaqueline sackte nach vorne gegen Johannas Schulter, Tränen liefen ihr über die Wangen. Johanna streichelte ihr sanft über den Rücken. Schließlich ließ Jaqueline sich von Johanna und Tiffany hochziehen, und die vier Frauen verließen den düsteren Keller.

Kevin stand breitbeinig über dem zu einem Paket verschnürten Kleinen, als Tiffany den Raum betrat, in der Hand schwenkte er einen alten Spaten.

»Kevin.«

Kevin drehte sich um und strahlte Tiffany an. Er ließ den Spaten fallen und breitete die Arme aus. Tiffany schob ihn beiseite. »Ick find det wirklich klasse, dass de mir befreit has, aba damit fang wa jar nich ers wieda an.«

Oma Krawutke hatte den Arm um die weinende Jaqueline gelegt und brachte sie an die frische Luft. Johanna und Tiffany folgten ihr. Johanna brabbelte unentwegt auf ihre Freundin ein. Kevin trottete, nachdem er die Kellertür hinter dem Kleinen verrammelt hat, bedröppelt hinterher.

»Stehn bleiben oda ihr seid tot«, brüllte es plötzlich vom Gartentor.

»Det is Brutus«, zischte Tiffany.

»Halt's Maul, Schlampe.« Brutus zielte mit der Pistole auf Tiffanys Kopf.

»Junger Mann …«

»Schnauze«, schrie Brutus und schwenkte mit dem Lauf der Waffe zu Oma Krawutke.

Reifen knirschten auf dem Schotter des Stawesdamms.

»Los, ins Haus«, donnerte Brutus. Langsam setzte sich die Gruppe in Bewegung. »Schneller!« Brutus fuchtelte mit der Waffe in der Luft herum. Hinter ihm kam in einer Staubwolke ein Wagen zum Stehen. Autotüren wurden aufgestoßen. »Lassen Sie die Waffe fallen!« Brutus wirbelte herum und feuerte. Der Polizist warf sich zur Seite. Ein weiterer Schuss krachte. Brutus schrie auf, fasste sich an die rechte Schulter, schwankte und stürzte zu Boden. Eine Polizistin rannte auf ihn zu, stieß mit dem Fuß die Pistole zu ihrem Kollegen, drehte Brutus auf den Rücken und legte ihm Handschellen an.

xxx

Johanna lag auf einer Bahre und maulte: »Det is echt nich schlimm, sin doch bloßn paar Kratzer, nüscht weita. Deswejen muss ick doch nich ins Krankenhaus.«

Tiffany stand neben Johanna und hielt ihre Hand. »Lass ma, ick komm mit. Die wollen mir ooch untersuchen.«

»Det muss ooch sein, Püppi.« Oma Krawutke sah Tiffany an, »du siehs aus wie n Teller bunte Knete im Jesicht.«

Jaqueline saß im Gras, ein Sanitäter hockte neben ihr und sprach leise auf sie ein.

Zwei Polizisten hatten den Kleinen notdürftig von den Klebestreifen befreit und mit Handschellen gefesselt. Nun führten sie ihn den Trampelpfad entlang zum Polizeiwagen. Ein silbergrauer Mercedes rumpelte den Stawesdamm entlang, kam mit quietschenden Bremsen zum Stehen und versperrte die Einfahrt. Ein sportlicher Mittvierziger in einem hellen Sommeranzug stieg aus und rannte auf Jaqueline zu.

»Papa«, sagte Jaqueline.

»Wat machs du denn hier, Atze? Hau schnell ab, die Sache is schiefjeloofen«, sagte der Kleine.

xxx

Johanna hatte sich in einen orangefarbenen Cocktailsessel der »Label 205«-Bar gequetscht und schlürfte zufrieden ihren *Strawberry Smoothee*, den Tiffany ihr spendiert hatte. Tiffany rekelte sich gegenüber auf einem schwarzen Zweisitzer. Ihre neue türkis glitzernde Handtasche hatte sie für alle gut sichtbar auf dem Sitz neben sich platziert. »Dass der olle Glemmer hinta die Entführung jesteckt hat, is echtn Hammer. Gloobste, dass der det wirklich nur jemacht hat, um se wieda inne Schlagzeilen zu bringen für ihre Karriere?« Johanna sah Tiffany an. »Also ick gloob det nich. Der wollte doch bloß die Kohle kassiern. Hatn Hals nich volljekriegt.«

Tiffany strich zärtlich über die kleinen Strasssteinchen auf ihrer Handtasche. »Ja, klar. Arme Jaqueline. Det haste davon, wenn de reich bis. Jut, det ick bloß euch hab un nich ooch noch so Unmengen an Knete. Obwohl, wenn ick mir det so übaleje …«

KEVINS SÜSSSAURE VERLORENE EIER

ZUTATEN

(für 2 Personen)

1 große Zwiebel
durchwachsener Speck
Öl
2–3 EL Mehl
30 g Butter
Wasser
Salz
Zucker
Essig
4 Eier

ZUBEREITUNG

Eine große Zwiebel wird in kleine Würfel geschnitten und mit neutralem Öl in einem Topf glasig gedünstet. Nach Belieben kann man auch Speckwürfel dazugeben.

Dann bereitet man aus den Zwiebeln, dem Speck, dem Mehl und der Butter eine Mehlschwitze und gießt mit Wasser auf. Es sollte so viel Flüssigkeit angegossen werden, dass die Eier in der Soße schwimmen. Mit etwas Salz, reichlich Zucker und Essig (je nach Geschmack) wird die Soße abgeschmeckt.

Nun gibt man vorsichtig in einer Kelle vier aufgeschlagene Eier (eins nach dem anderen) dazu. Die Flüssigkeit sollte nur noch leicht sieden, sonst verliert das Eiweiß zu sehr seine Form. Die Eier ziehen nun in der heißen, nicht mehr kochenden Soße 6–10 Minuten vor sich hin (je nach Geschmack von weich bis hart).

Man serviert das Ganze mit Salzkartoffeln oder Quetschkartoffeln.

Dunkel glänzt Berlin

von Jan Söfjer

Berlin Charlottenburg, 19. Juni 1927

Der Mond tauchte die hölzernen Dielen in Zwielicht, doch die kleine Motte störte das nicht. Sie beobachtete einen großen Fuß, der gelegentlich unruhig zuckte. Der Fuß gehörte zu einem älteren Mann im Schaukelstuhl, über dessen hohe Stirn handlanges graues Haar müde herabfiel, und die Pfeife in seiner Hand sendete Rauchzeichen in die abgestandene Luft. Jetzt legte der Mann die Pfeife in einem Marmoraschenbecher ab und drehte das Radio lauter. Die Stimme eines Moderators schnitt durch das Zwielicht:

»Da trifft Schmeling schon wieder. Fernand Delarge kann sich kaum noch auf den Beinen halten. … Aber nein. Er gibt nicht auf. Eine Dreierkombination. Schmeling kontert. Delarge geht zu Boden. Der Ringrichter zählt ihn an. … Aber Delarge ist ein harter Hund. Er richtet sich wieder auf. … Doch meine Güte, ist der Mann fertig. Hat er die Orientierung verloren? Eines ist gewiss: Noch eine

Runde übersteht er nicht gegen Schmeling. ... Und tatsächlich: Delarge gibt auf. Technisches K.o. in der vierzehnten Runde. Meine Damen und Herren an den Geräten: Max Schmeling ist der neue Europameister im Halbschwergewicht.«

Ein leichter Windhauch schob sich durch die Balkontür und verdrängte die Tabakwolke über dem Mann im Schaukelstuhl. Sein Gesicht wirkte noch blasser als das Mondlicht. Eine Träne rann über seine Wange. Er schluchzte, doch er weinte nicht. Aber es schien, als wolle er am liebsten auf der Stelle mitsamt dem Schaukelstuhl vom Boden verschluckt werden. An einen Ort, wo Frieden und Vergessen herrschten.

Die Motte flog näher heran und warf einen Schatten auf den Mond, der sich im leeren Blick des Mannes spiegelte. Der Mann stand auf und steuerte mit schweren Schritten auf die Balkonbrüstung zu. Acht Meter tiefer schimmerten matt die Steinplatten der Terrasse. »Vermutlich«, murmelte er, »wäre es nur ein kurzer Schmerz. Ein Schmerz und alle Pein wäre vorbei.«

»Verloren«, murmelte er. »Alles verloren.«

Der Mann sog langsam die Nachtluft in seine Lungen, und mit ihr kam der Duft der Blumen, der Bäume, des Gartens. Seine Frau liebte diesen Garten. Würde sie ihn verlieren?

»Verlieren«, murmelte er. »Sie darf mich nicht verlieren. Sie braucht mich.«

Langsam sank er zu Boden und lehnte sich ans Geländer. »Worauf habe ich mich eingelassen?«

Dann kamen die Tränen doch, liefen in kleinen, verzagten Rinnsalen die von Gram gefurchten Wangen hinab. Der Mann wandte sich ab, löschte das Licht, und die Motte flog in die Nacht hinaus.

Berlin-Mitte, Polizeipräsidium Alexanderplatz, 28. Juni 1927

Kriminalkommissar Henri Valentin stöhnte auf. Der Bericht in seinen Fingern schien beständig schwerer zu wiegen. »Gott, ist das hier heiß«, murmelte er. »Aber was soll's. Immerhin gehört dieses Büro jetzt mir allein. Herrlich!«

Er lehnte sich im Holzstuhl zurück und zupfte an seinem Hemd, verschränkte die Arme hinter dem Kopf und ließ seinen Blick durch den Raum wandern: Ein Sofa, ein paar Stühle, zwei Schränke und die Tür mit der kleinen Milchglasscheibe. Die beiden Fenster hinter ihm waren geöffnet. Zum Glück schien die Sonne nur vormittags herein. Stattdessen wehte nun ein leichter Wind durch die Rahmen und kühlte Henris Nacken.

Da huschte plötzlich ein Lächeln über sein Gesicht. Er beugte sich herunter und zog ein Keramikschälchen aus seiner Schreibtischschublade. Ein Löffel folgte sogleich. Der frisch gebackene Kommissar entfernte das Butterbrotpapier, welches das Schälchen verschloss.

Rote Grütze. Wie herrlich.

Seine Mutter hatte ihm erst beim gestrigen Besuch zwei große Schalen mitgegeben. Er liebte das verdammte Zeug. Hätten die Berichte auf seinem Schreibtisch eine Stimme gehabt und laut geschrien, Valentin hätte sie nicht mehr gehört. Im Gegenteil: Jetzt legte er sogar seine Füße auf die Dokumente, schob dann den Löffel langsam in das fruchtige, rot glänzende Kompott und ließ diesen sogleich in seinem Mund verschwinden.

Da ertönte ein lautes Klopfen, und ohne dass er zum Eintreten aufgefordert hätte, wurde die Tür auch schon geöffnet.

»Ah, Herr Valentin, ich hoffe ich störe Sie nicht«, flötete Valentins Vorgesetzter, während sein Blick von der Roten Grütze zu den Füßen auf dem Schreibtisch und wieder zurück wanderte. Henri war sich sicher, würde Ironie tropfen, hätte sein Chef nasse Füße gehabt. »Lassen Sie sich ruhig Zeit mit den Berichten. Ich warte ja nicht darauf. Soll ich noch einmal in einer Stunde vorbeikommen?«

Henri starrte ihn wortlos und mit großen Augen an.

»Verdammt nochmal, Valentin. Nehmen Sie gefälligst den Löffel aus dem Mund, wenn ich mit Ihnen rede“, polterte der Chef weiter.

„In dreißig Minuten liegt der Bericht auf meinem Schreibtisch. Ist das klar?«

Die Tür knallte zu.

Henri wollte sich gerade erneut entspannen, als die Tür wieder aufflog. »Und dass ich Sie nicht noch einmal mit ihren Füßen auf dem Tisch erwische. Sie glauben wohl, Sie wären im Kabarett, was?«

»Nein Chef, keinesfalls«, beschwichtige Henri schnell.

»Für Sie immer noch Herr Kriminalhauptkommissar, Valentin. Ihre Beförderung ist Ihnen wohl zu Kopf gestiegen? Sputen Sie sich, Mann!“ Und einmal mehr donnerte die Tür uns Schloss.

×××

Kastanien. Wie gerne hätte sie jetzt heiße Kastanien gegessen. Dumm war nur, dass es gerade Hochsommer war. Henny von Lüsewitz spazierte am Innenhof der Berliner Friedrich-Wilhelms-Universität vorbei. Zahlreiche Kastanienbäume standen dort. Es war spät geworden. Kurz vor Mitternacht. Gut, dass sie nicht weit entfernt wohnte. Sie trug ein schlichtes, gerade geschnittenes, blaues Abendkleid; dazu einen farblich abgestimmten, rundlichen Hut mit leicht nach unten hängenden Rändern. Der Abend mit ihren Freundinnen im Varieté war wundervoll gewesen. Wie dreist und freizügig die eine der Darstellerinnen doch gewesen war! Aber auch amüsant. Bei der Parodie auf die Nationalsozialisten hatte das halbe Publikum unter den Tischen gelegen. Aber die Kerle hatten eh nur auf die Strapse geschaut. Wenn ihre Mutter das gesehen hätte, sie wäre tot umgefallen vor Scham. Henny musste grinsen. Dennoch: Sie selbst würde nie im Leben so etwas anziehen.

Plötzlich hielt sie in ihren Gedanken inne und zupfte unsicher am Griff ihrer Handtasche. Sie fühlte sich beobachtet. Und tatsächlich: Grüne Augen starrten sie aus der Dämmerung an; nur wenige Meter entfernt, am Seitenflügel des Universitätsgebäudes – und sehr dicht am Boden. Henny entspannte sich. Es war nur eine Katze. Doch was war das? Die Katze lief schnurstracks zur Tür des Universitätsgebäudes und huschte hinein. Wie war es möglich, dass die Tür überhaupt geöffnet war? Sollte sie nicht eigentlich verschlossen sein?

Henny näherte sich der Tür, spähte durch den Spalt und sah sich suchend um, doch im Inneren erwarteten sie nur ein langer, dunkler Flur und verschlossene Türen. Selbst die Katze war verschwunden.

»Mein Gott, vielleicht hat einfach ein Professor nicht richtig abgeschlossen. Die sind ohnedies alle ein wenig zerstreut«, murmelte Henny. Sie wollte sich gerade wieder zum Gehen wenden, als sie eine Stimme zu hören glaubte. Jetzt bemerkte sie einen sanften Lichtschein am Ende des Flures. Vorsichtig ging sie einige Schritte weiter.

»Wieso bekommst du denn das Ding jetzt nicht auf, Mensch?«, drang es leise an Hennys Ohr. Jetzt wurde es Henny zu bunt; vorsichtig trat sie den Rückzug an. Doch als sie sich umwandte, stand wie aus dem Nichts eine große Gestalt vor ihr, und die Augäpfel in dem vermummten Gesicht leuchteten schwach.

Ein erstickter Schrei entrann ihrer Kehle; dann packte der Mann zu.

Henny trommelte auf ihn ein, doch den Schlag, der auf sie zukam, sah sie zu spät. Der Angreifer hatte aus der Drehung Schwung geholt und knallte ihr die offene Hand ins Gesicht.

Hennys Welt explodierte in Schmerzen. Die Wucht riss sie wie eine Puppe von den Beinen. Kurz darauf lag sie zusammengekrümmt am Boden, zu verängstigt, um zu weinen.

Der Kerl packte sie und riss sie hinauf. Aus einem Reflex heraus zog Henny ihr Knie hoch und rammte es dem Angreifer genau zwischen die Beine. Ein verschlucktes Keuchen war die Antwort, und ihr Gegenüber sackte in sich zusammen.

Henny rannte los. Nach draußen. Auf die Straße. Nur weg.

Berlin-Mitte, 29. Juni 1927

Mit angezogenen Beinen saß Henny am Frühstückstisch ihrer Wohngemeinschaft. Sie war allein und trug noch ihr Nachthemd;

mit den Händen hielt sie einen Kaffeebecher umschlungen. In der schwarzen Flüssigkeit spiegelte sich ihre filigrane Nase. Zum Glück wies ihr Gesicht keine Spuren von dem Schlag auf.

Glück gehabt, dachte sie sich, wickelte sich eine ihrer kurzen dunkelbraunen Locken um einen Finger und nahm einen großen Schluck aus dem Becher. Der Kaffee war stark. Ganz so, wie sie ihn mochte. Dabei musste sie an eine Kommilitonin denken, die zum Kaffee immer eine Zigarette rauchte, die sie auf eine lange Spitze steckte. Die Bekannte wollte dadurch wohl weltgewandt wirken, vermutete Henny und schmunzelte.

Die Polizisten gestern Abend hatten auch geraucht. Kette. Sie hatte bis zum nächsten Revier laufen müssen, einen Kilometer von der Uni entfernt, da sie auf der Straße keine Streife hatte entdecken können. Mit einem Transportfahrzeug und fünf Polizisten war es dann zum Tatort zurückgegangen. Die besagte Tür war jedoch verschlossen und – Einbruchsspuren waren nicht zu entdecken gewesen. Der aus dem Bett geklingelte Hausmeister hatte schließlich die Tür geöffnet, aber auch im Gebäude hatte absolut nichts auf einen Einbruch hingewiesen. Der Polizei war nichts anderes übrig geblieben, als wieder zu fahren. Heute Morgen hatte Henny dann noch einmal auf dem Revier angerufen, wo ihr allerdings ebenfalls nur mitgeteilt worden war, dass auch die Mitarbeiter der Universität nichts vermissen würden.

Henny konnte sich das nicht erklären, doch es half nichts, sich darüber den Kopf zu zerbrechen. Sie musste noch zur Uni und eine Hausarbeit abgeben. Das Thema der Arbeit war: »Wie nach Ansichten von Thomas Hobbes und Max Stirner das Zusammenleben in einer pluralistischen Gesellschaft möglich wäre.« Die Sozialphilosophie gefiel ihr an ihrem Philosophiestudium am besten; nur leider gab es wenig andere Frauen an der Universität und Professorinnen schon gar nicht. Henny war sich sicher, dass sich das in den nächsten Jahren ändern würde. Ihr grauste es bei dem Gedanken, wie es gewesen wäre, ein paar Jahrzehnte früher geboren worden zu sein.

×××

Otto Ernst Siferlinger, Professor und Doktor der Philosophie, fühlte sich hundeelend und stützte seinen Kopf schwer auf seine Hände. Er strich sich über seine hohe Stirn und stellte fest, dass ein Friseurbesuch vonnöten war. Mein graues Haar ist auch das einzige Wachstum in meinem Leben, dachte er sich und starrte betrübt auf das Gemälde an der Wand. Es zeigte ein Kreuzfahrtschiff mit drei großen Schornsteinen. Seine Frau hatte ihm das Bild geschenkt. Nicht ganz uneigennützig. Es war ihr großer Traum, eine Atlantiküberquerung in solch einem Schiff zu machen. Zu ihrem dreißigsten Hochzeitstag wollten sie die Reise antreten, und er würde die Fahrt in wenigen Wochen buchen müssen.

»Hätten wir nur nicht im letzten Jahr das Haus renoviert«, murmelte Siferlinger und rückte seine Brille zurecht.

Es klopfte an der Tür.

»Ja, bitte?« Er schaute auf.

Eine junge Frau betrat sein Arbeitszimmer. Schmale Figur, aber nicht unweiblich. Sie trug ein knielanges, rotes Tageskleid bestehend aus einem losen Oberteil mit Bubikragen und schmalem Rock, einen Stoffgürtel und einen roten Hut.

»Ah, Fräulein von Lüsewitz, kommen Sie doch herein!«

»Hallo, Professor Siferlinger. Ich wollte meine Hausarbeit abgeben.«

»Schön, zeigen Sie mal her.«

Henny drückte ihm die Mappe in die Hand. »Sagen Sie«, setzte sie kurz darauf an, doch der Professor schaute sich gerade die erste Seite an. »Hm«, brummte er, und sie nahm dies als Aufforderung. »Sie haben doch sicher von dem Einbruch vergangene Nacht gehört?«

Professor Siferlinger schien in den Text vor sich vertieft zu sein und antwortete nicht.

»In Ihrem Büro wurde nichts gestohlen, oder?«, hakte Henny nach.

»Wie meinen Sie?« Irritiert hob der Professor den Blick.

»Gestern Nacht wurde doch eingebrochen. Haben Sie davon nicht gehört?«

»Hm, ja doch. Am Rande. Aber nein, soweit ich weiß, wurde nichts entwendet. Es wurden nicht einmal Spuren gefunden.«

Henny schüttelte den Kopf. »Ich verstehe das nicht. Ich habe doch selbst gesehen, wie ...« Ein Klopfen an der Tür unterbrach sie.

»Herein«, bat der Professor, und ein junger Mann mit athletischer Figur und Jackett betrat den Raum.

»Hallo, Herr Kussmann«, begrüßte ihn der Professor.

Henny erinnerte sich. Es war Siferlingers Assistent. Er hatte kantige Gesichtszüge, stoppelkurzes, blondes Haar und entschlossene, kleine Augen.

»Gut, Fräulein von Lüsewitz. Dann danke ich Ihnen für die Hausarbeit.«

»Äh, ja gerne. Vielleicht, ist ja noch jemand anderem etwas aufgefallen.« Henny stand auf und ging zur Tür, wandte sich dann aber noch einmal um und fing den Blick des Assistenten auf, der sie verstohlen musterte. Mit einem Schulterzucken verließ sie das Büro.

×××

Henri Valentin saß in einem kleinen Lokal und aß eine Bulette. Er hatte Mittagspause. Schade, dass sie keine Rote Grütze zum Nachtisch hier haben, dachte er sich, während er die *Neue Berliner Zeitung* durchblätterte, die vor ihm auf dem Tisch lag. »Schülermord in Steglitz« titelte das Blatt. Valentin las weiter:

Berlin. Der Oberprimaner Günther S. beging gestern in der elterlichen Wohnung in Steglitz einen Doppelmord. Mit dem Revolver seines Schulkameraden Paul K., der bei der Tat anwesend war, erschoss Günther S. den Kochlehrling Hans S. Dieser war der Freund seiner erst 16-jährigen Schwester. Anschließend richtete sich der Oberprimaner mit der Schusswaffe selbst. Die Polizei stellte ein Dokument sicher, in dem die beiden Schüler die Gründung eines Selbstmörderklubs dokumentierten. Paul K. wurde vorläufig festgenommen.

Valentin atmete tief ein. Er hatte von dem Vorfall bereits auf der Wache gehört, und das war selbst für Berlin harter Tobak. Was da wohl dahintersteckt?, fragte er sich. Vielleicht hatte es ja mit dieser Droge zu tun, die seit Jahren in Berlin in aller Munde – oder richtiger: Nasen – war: Kokain, Schnee. Gerade vor dem KaDeWe wurden immer wieder solche festgenommen, die zwar Zigaretten anpriesen, aber Kokain verkauften. Selbst die Herren Autoren fanden es interessant, von ihren Drogeneskapaden zu berichten. »O Nacht! Ich nahm schon Kokain …«, so begann ein Gedicht eines gewissen Gottfried Benn, das ihm jüngst in die Hände gefallen war. Und diese Anita Berber – er errötete leicht bei dem Gedanken an die frivole Nackttänzerin, deren Bilder er sogar einmal verschämt betrachtet hatte; beruflich, versteht sich – steckte bestimmt auch mittendrin. Zum Glück war sie nicht mehr in Berlin, zog irgendwo im Osten umher, soweit er wusste. So etwas verstand er nicht, dieses Exzessive, dieses Tanzen auf dünnem Eis, das ein unabdingbarer Teil Berlins war, seit Jahren schon. Die vielen jungen Leute in der Stadt, dieses stete Pulsieren, die Sucht nach dem immer größeren Skandal, all das war ihm fremd, und es stellte auch nur eine Randerscheinung dar. Zum Glück, wie Valentin fand. Anstand und Moral, das waren schließlich wichtige Werte im Leben. Dennoch: Das Freche, das Frivole zog ihn an, faszinierte ihn und schreckte ihn zugleich ab. Wenn nicht so viel Selbstzerstörung dabei gewesen wäre – dann hätte er sich gefreut über eine gewisse Lockerung der Etikette. Das hätte ihm auch den Kontakt zu der Damenwelt erleichtert, denn hier stellte er sich meist etwas unbeholfen an. Er war zwar, so hatte er sagen hören, »ein schmucker Mann«, aber wenn es ernst wurde, dann passierte ihm immer wieder der ein oder andere kleine Lapsus, und dann war es meist vorüber, ehe es hatte beginnen können.

Er schüttelte den Kopf, und seine Gedanken kehrten zu dem Selbstmordklub zurück. Valentin bedauerte ein wenig, dass sein Kollege Messner den Fall bearbeitete und nicht er. Messner war der Liebling des Chefs, und er war zur gleichen Zeit wie Valentin befördert worden. Aber wo Messner mit den Selbstmördern schon seinen zweiten Fall am Wickel hatte, ließ Valentins erster »richtiger« Fall als frisch gebackener Kriminalkommissar noch immer auf sich warten, und bislang hatte er nicht viel anderes getan als vor seiner Beförderung. Berichte, Berichte, noch mehr Berichte. Schrecklich.

Nachdenklich legte er die Zeitung beiseite und pickte die letzten Bulettenkrumen vom Teller, als einer seiner Kollegen das Lokal betrat. »Ah, Valentin. Der Vorgesetzte verlangt nach Ihnen – ein Diebstahl, soweit ich weiß.«

Valentin nickte. Mit einem etwas wehmütigen Blick hängte er die Zeitung zurück an ihren Haken. Ein Diebstahl … nun ja … auch nicht schlecht, dachte er. Mal schauen, was sich aus dem Fall herausholen lässt.

Mit einem Gruß verließ er das Lokal und eilte, plötzlich motiviert, zu seiner ersten Dienstbesprechung als Kriminalkommissar.

×××

Endlich zu Hause! Henny seufzte und drückte mit dem Fuß die Haustür auf. Es war schon früher Abend, und sie war über und über mit Tüten beladen. Sie war Einkaufen gewesen und nannte nun unter anderem ein vanillefarbenes Sommerkleid ihr Eigen. Das hatte sie sich wirklich verdient, nachdem sie noch den ganzen Nachmittag versucht hatte, irgendetwas über den Einbruch herauszufinden. Jetzt aber war sie mit ihrem Latein am Ende. Es ist doch schlicht nicht möglich, dass es nicht die kleinste Spur gibt!, nahm sie ihre Überlegungen wieder auf, während sie die breiten Holzstufen zu ihrer Wohngemeinschaft im vierten Stock erklomm. Aber, so dachte sie weiter, ich bin ja auch keine Detektivin. Vielleicht gehe ich das Ganze auch einfach falsch an.

Oben schlug jemand die Tür zu und kam hastig die Treppe heruntergelaufen. Henny erwartete jeden Augenblick, dass ein Schmerzensschrei von einem Sturz künden würde, so schnell war die Person, die ihr entgegenstürmte. Doch nichts dergleichen geschah, und kurz darauf kam Martha, ihre Mitbewohnerin, bereits um die Ecke gelaufen. Henny grinste. »Martha. Ich hätte mir ja denken können, dass du das bist.«

»Henny, hallo! Du, ich bin fürchterlich spät dran. Mein Zug fährt gleich. Ich fahr' ein paar Tage zu meinen Eltern.«

»Wenn du weiter so gefährlich Treppen runterfällst, fährst du nirgends hin.«

»Jaja, mach dich nur lustig. Du, ich hab's eilig!« Und schon hatte sie sich an Henny und ihren Tüten vorbeigedrückt und polterte weiter die Stufen hinab.

Henny sah ihr nach und schüttelte den Kopf. Was für ein Wirbelwind. Vermutlich hatte Martha das Haus noch nie gemächlich verlassen. Sie war mit beeindruckender Kompromisslosigkeit immer spät dran.

Da ging die Wohnungstür neben Henny auf. Eine Frau um die vierzig mit Kittel, Dutt und mehlbestäubten Händen begutachtete sie argwöhnisch. Nebenbei putzte sie mit einem Tuch das Namensschild an ihrer Tür. »Ach. Fräulein von Lüsewitz.«

»Hallo, Frau Walter.«

»Wie geht es Ihnen beiden denn so in Ihrer ... wie nannten Sie es doch gleich? Wohngemeinschaft?«, erkundigte sich die Frau und hielt im Putzen inne.

»Och, danke. Wir kommen gut zurecht.«

»Soso. Herrenbesuch empfangen Sie aber nicht, oder?«

Henny gab sich empört. »Herrenbesuch? Ich? Niemals!«

Die Untermieterin nickte zufrieden und steckte das Tuch weg. »Wissen Sie, ich möchte mich ja gar nicht in Ihre Angelegenheiten einmischen, aber die Hausgemeinschaft würde so etwas sicher nicht gutheißen. Behalten Sie das bitte in Erinnerung«, mahnte die Frau und wischte sich das Mehl energisch an der Schürze ab, als wolle sie unterstreichen, dass anständige Leute arbeiteten, während ein Fräulein von Lüsewitz sich als Frau an einer Universität herumtrieb.

»Das werde ich«, bekräftigte Henny. Sie wusste, dass sie mit ihrem Lebenswandel bei der Nachbarschaft nicht gut gelitten war.

Die Nachbarin hob nur eine Augenbraue und verschwand wieder in ihrer Wohnung.

Henny hob ebenfalls eine Augenbraue und setzte sich dann erneut in Bewegung.

In ihrer Wohngemeinschaft angekommen, schmiss sie die Tüten in einen Sessel, zog die Schuhe aus und warf sich seufzend aufs Bett.

»Ah, wie herrlich!« Doch lange verharrte sie in dieser Position nicht. Ein Roman auf ihrem Nachttisch drängte darauf, weitergelesen zu werden: »Rheinsberg. Ein Bilderbuch für Verliebte« von Kurt Tucholsky. Henny fand das Büchlein wundervoll. Die Hauptcharaktere, das Pärchen Wolfgang und Claire, waren so unbekümmert und freigeistig. Und Claires Verhalten erst: sie gab sich freizügig in der Öffentlichkeit, rauchte und studierte gar Medizin. Die Frau war eine Provokation.

Wie gerne hätte Henny mit ihr getauscht. Drei Tage raus aus Berlin und im malerischen Rheinsberg entspannen. Das wär's. Dabei kam ihr ein Gedanke, der sie zum Grinsen brachte: Ich sollte das Buch meiner kleinbürgerlichen Untermieterin vor die Tür legen.

Und damit fischte sie nach dem Büchlein und vergaß für die nächsten Stunden die Welt um sich herum.

Die Sonne war bereits vor einer Weile untergegangen. Henny lag immer noch auf dem Bett und war in den Roman vertieft. Sie seufzte. Welch sinnliche Geschichte! Wieso gab es eigentlich in ganz Berlin keine brauchbaren Männer?

Plötzlich schellte es an der Wohnungstür. Henny trug noch ihr rotes, zweiteiliges Tageskleid, ging aber barfuß an die Tür. Davor stand ein junger Kerl. Billiges Hemd mit Trägern, die eine zu große Hose hielten, bemerkte Henny.

Er nahm seine Mütze ab und nickte mit dem Kopf. »Das soll ich hier abgeben«, sagte er wortkarg, drückte ihr einen in Paketpapier eingeschlagenen Gegenstand von der Größe eines Buches in die Hand, nickte erneut und eilte die Treppe hinunter.

Merkwürdiger Typ. Und wer schickt mir etwas per Bote?, wunderte sich Henny und schloss die Tür. Wie aufregend! Um sich selbst noch etwas Zeit zum Nachdenken und zur Steigerung ihrer Neugierde zu geben, bereitete sie sich einen Tee. Dann kehrte sie, Paket und Tee balancierend, in ihr Zimmer zurück und löste, nun doch mit fliegenden Fingern, das Papier. Tatsächlich! Darin befand sich wirklich ein Buch – und nicht nur irgendeines, nein: Das war ein Philosophiebuch ihres Professors.

»Warum hat er mir das zukommen lassen?«, murmelte sie, doch noch ehe sie eine Antwort finden konnte, klingelte es erneut an der Tür.

»Das geht ja zu hier …«, murmelte Henny, legte das Buch auf ihre Kommode und ging kopfschüttelnd erneut zur Tür – und wieder stand ein Mann vor ihr, diesmal aber in dunklem Anzug. Er hielt einen Hut in seiner Hand. Sie schätzte den Besucher auf Anfang dreißig. Sein Bartschatten betonte die schmalen, markanten Gesichtskonturen. Er senkte für einen Augenblick den Kopf. Sein schwarzes Haar war ein wenig zerzaust. Henny stellte sich vor, wie er – müde am Schreibtisch sitzend – immer wieder mit der Hand hindurchfuhr. Sein Lächeln sah bestimmt süß aus. Sie jedenfalls schenkte ihm eines. »Ja bitte?«, fragte sie dann.

»Schönen guten Abend. Kriminalpolizei. Sind Sie Fräulein Henny von Lüsewitz?«

Erst jetzt bemerkte Henny die beiden anderen Polizisten, die noch im Treppenhaus standen. Die Polizei! Vor ihrer Wohnungstür! Wie aufregend!

»Ja, das bin ich«, entgegnete sie und wurde gleich noch ein paar Zentimeter größer. Die Augen des Kommissars wanderten an ihr herab und hielten kurz an ihren nackten Beinen inne. Sie las Bewunderung in seinem Blick, trat unruhig von einem Fuß auf den anderen und spürte, wie ihr das Blut ins Gesicht schoss. Der Kommissar wandte seine Aufmerksamkeit von ihren Beinen ab und wieder ihrem Gesicht zu. Er lächelte. »Darf ich mich vorstellen? Mein Name ist Valentin. Kriminalkommissar. Es tut mir leid, dass wir Sie noch so spät stören. Aber wir haben einen Durchsuchungsbefehl.«

Er zog einen Zettel aus seinem Jackett.

Einen Durchsuchungsbefehl? Henny sah den Kommissar fassungslos an, dann nickte sie und trat beiseite. »Aber wieso, ich meine, was ist denn, also …«, stammelte sie dabei, während der Kommissar, offenbar bemüht, die Situation zu erklären, an ihrer Seite stehen blieb und seine beiden Kollegen sich in der Wohnung umsahen.

»Wir haben einen Hinweis erhalten, dass hier ein Gegenstand von dem gestrigen Einbruch in der Friedrich-Wilhelms-Universiät versteckt sein soll.«

Jetzt fiel Henny die Kinnlade herunter. »Diebesgut? Hier? Ich? Aber ich habe doch den Einbruch gemeldet. Wieso werde denn ich auf einmal verdächtigt?«

»Tut mir leid, Fräulein von Lüsewitz. Wir gehen nur unseren Hinweisen nach. Es wäre im Übrigen nicht das erste Mal, dass die Täter selbst ihr Verbrechen melden, um von der Spur abzulenken.«

»Aber es wurde doch überhaupt nichts entwendet. Ich habe heute noch alle möglichen Mitarbeiter der Universität befragt, weil ich das alles selbst nicht verstehe«, stammelte Henny fassungslos.

»Es wurde nun doch noch ein fehlender Gegenstand bemerkt. Deswegen sind wir hier. Zudem sind Sie, laut Aussage meiner Kollegen, die Einzige, die bisher mit dem Einbruch in Verbindung gebracht werden kann. Bleiben Sie ruhig. Wir finden schon raus, was Sache ist.«

Henny schaute ihn betreten an. Immerhin sah er ganz gut aus, aber das war auch das einzig Positive, was sie dieser Situation abringen konnte. Sie hörte, wie jemand Schubladen in ihrem Zimmer durchwühlte. Die kramen doch wohl nicht in meiner Unterwäsche herum, schoss es ihr durch den Kopf. Das wäre aber nicht nur unangenehm, sondern auch ganz und gar ungebührlich! Sie wollte gerade nachsehen, als einer der Polizisten ihr aus ihrem Zimmer entgegenkam.

»Da haben wir auch schon den Gegenstand«, sagte er und präsentierte eine kleine, silberne Figur, die Henny noch nie zuvor in ihrem Leben gesehen hatte.

»Wo kommt die denn her?«, fragte sie verwundert.

»Sie war in einem ausgehöhlten Buch versteckt«, teilte der Polizist ihr mit und übergab die Figur seinem Vorgesetzten, nicht ohne Henny noch einen missbilligenden Blick zuzuwerfen. »In einem ausgehöhlten Lehrbuch!«

»Aber«, flüsterte Henny, und die Hilflosigkeit spiegelte sich in ihrer Stimme wieder.

Sie schaute in ihrem Zimmer nach und sah das Buch, welches ihr eben gebracht worden war. Es lag aufgeklappt auf der Kommode. Die inneren Seitenteile waren herausgeschnitten, so dass man etwas im Buch verstecken konnte. Sie nahm es und kehrte zu dem Kommissar zurück – nur um ihn mit ungläubigem Blick um eine Erklärung zu bitten, die er natürlich nicht geben konnte.

»Ja, das ist eine schlaue Idee. Respekt«, lobte Valentin.

Henny schüttelte fassungslos die dunklen Locken. »Aber dieses Buch gehört mir überhaupt nicht«, empörte sich Henny mit dem

Mut der Verzweiflung. »Es wurde mir vor wenigen Minuten von einem Boten überbracht. In meinem Zimmer liegt sogar noch das Papier, in dem es eingewickelt war«, erklärte sie und holte das Papier, um es dem Kommissar vor die Brust zu halten.

»Also, Fräulein von Lüsewitz, da habe ich aber schon wirklich bessere Geschichten gehört.«

Ihr Blick spickte ihn mit tausend imaginären Nadeln.

»So leid es mit tut, Fräulein von Lüsewitz. Sie werden mit uns kommen müssen«, wandte sich der Kommissar nun wieder an sie.

Henny schossen nun die Tränen in die Augen. »Sie wollen mich festnehmen?« Valentin zuckte mit den Schultern. »Mir bleibt nichts anderes übrig.« Mit diesen Worten wandte sich der Kommissar an die beiden Polizisten. »Ich glaube, den Rest schaffe ich alleine. Danke für Ihre Unterstützung. Machen Sie Feierabend.«

Den Polizisten war es recht. Sie verabschiedeten sich höflich und verschwanden.

Ein großer Kloß saß in Hennys Hals. Durch ihren Körper kroch Angst – langsam, wie ein lähmendes Gift. Sie starrte den Polizisten trotzig nach, aber ihr Stolz lag blutend am Boden.

×××

Henri Valentin schloss vorsichtig die Wohnungstür und atmete erst einmal durch. Er tat nur seine Arbeit, doch er fühlte sich, als hätte er die Frau zu Unrecht in ihrer Ehre verletzt. Und nun schaute sie ihn dafür vorwurfsvoll an. Hier lief etwas gewaltig schief. Dessen war er sich sicher, obwohl er keinen einzigen Anhaltspunkt hatte. Manchmal muss man auch den Mut zu ungewöhnlichen Wegen haben, dachte er.

Die junge Frau stand immer noch wie ein Häufchen Elend im Flur. Ihre Augen waren feucht. Valentin versuchte, sie mit sanfter Stimme zu beruhigen. »Kommen Sie, setzen wir uns doch.«

Sie schaute auf, dann setzte sie sich in Bewegung, ging in die Küche und setzte sich an den Tisch. Valentin tat es ihr gleich.

Er ließ sie erst einmal zur Ruhe kommen und wartete, bis sie sich gefasst haben und selbst das Wort ergreifen würde. Schließlich hob sie den Blick und sah ihn an:

»Ich weiß nicht, was das mit dem Buch und der Figur soll. Ich verstehe das alles nicht.«

Valentin nickte. »Wie war das gestern Abend überhaupt in der Universität? Meine Kollegen haben mir nur die groben Zusammenhänge erzählt.«

Sie schaute ihn an und schien glücklich darüber zu sein, jemanden zu haben, dem sie alles erzählen konnte. Dann begann sie ihm den vergangenen Abend zu schildern. »... und dann habe ich dem Kerl aus Reflex mein Knie in die ... zwischen, also ... Sie wissen schon. Und bin weg. Zum Revier. Ich konnte es nicht begreifen, dass sich keine Spuren haben finden lassen. Es wurde nicht einmal etwas gestohlen. Ich habe mich heute sogar noch den ganzen Vor- und Nachmittag in der Uni umgehört. Keinem Professor, keinem Mitarbeiter, überhaupt niemandem ist etwas Ungewöhnliches aufgefallen.«

Valentin überlegte. »Vielleicht haben Sie die Einbrecher einfach zu früh gestört, so dass sie keine Zeit mehr hatten, was auch immer zu stehlen. Aber dass sich keine Einbruchsspuren haben finden lassen, ist verwunderlich. Es zeigt, dass es eher keine schlichten Ganoven waren, die nur auf ein paar wertvolle Stücke aus waren. Ich weiß sowieso nicht, was man in einer Universität stehlen sollte. Da gibt es doch sicher erträglichere Objekte in der Gegend.«

»Vielleicht waren sie auf etwas Bestimmtes aus?«

»Möglich, ja. Wenn denen das Objekt aber so wichtig ist, geben sie sicher nicht nach einem Versuch auf.«

»Sie meinen, die brechen erneut ein?«

»Wahrscheinlich.«

Valentin amüsierte sich innerlich über Hennys erstaunten Blick. Sie war so erfrischend unschuldig. Doch dann fiel ihm wieder ein, dass sie derzeit seine einzige Tatverdächtige war – und genau genommen war sie auch bereits überführt. Valentin dachte noch einmal nach und entschloss sich dann, seinem Instinkt zu vertrauen. »Fragt sich aber noch«, sagte er, »warum Ihnen die Figur untergeschoben wurde, wenn man Ihnen nur schwer ein Motiv nachweisen kann.«

»Das war verschwendete Mühe.« Ihre Antwort war eine Mischung aus Frage und hoffnungsvoller Feststellung.

»Aber nicht verschwendete Zeit«, stellte Valentin fest.

Henny sah den Kommissar fragend an.

»Eine Finte. Eine kurzfristige Ablenkung. Das wäre es wert.«

»Sie meinen, der Einbruch soll heute Abend wiederholt werden?«

Er nickte. »Plausibel wäre es.«

»Das müssen wir verhindern!«, rief sie empört und mit nun vor Aufregung geröteten Wangen.

Valentin lächelte. »Wir? Sie sind immer noch vorläufig festgenommen, Fräulein von Lüsewitz.« Ihre Unterlippe klappte herunter, und er fuhr fort. »Nun. Ich habe immer noch meine Order. Mein Vorgesetzter hat mich zu Ihnen geschickt, und Sie gehören allen Indizien zur Folge aufs Revier.«

»Und was ist, wenn die Bande derweil ihren Einbruch begeht?«, insistierte sie.

Valentin schwieg für einen kurzen Moment, dann setzte er alles auf eine Karte. »Passen Sie auf, Sie kommen jetzt mit mir mit. Die Friedrich-Wilhelms-Universität liegt ja mehr oder weniger auf unserem Weg. Wir können ja mal vorbeischauen. Verstärkung rufen kann man im Notfall immer noch.«

Sie hatte sich nur noch schnell etwas anderes anziehen wollen, und Valentin hatte sich entschlossen, derweil am Automobil zu warten. Er fuhr einen Opel 4/12 PS, auch »Laubfrosch« genannt, weil er klein und grün war. An einen Frosch erinnerten gleichfalls die beiden Scheinwerfer, die neben der lang gezogenen Schnauze hingen. Auf selber Höhe befanden sich die geschwungenen Schutzbleche, die eine Verlängerung der Trittbretter waren; eine Reminiszenz an das Ende der Kutschenzeit. Auf der Lederbank des Laubfrosches hatten zwei Personen Platz, und das Faltdach war von hinten bis zur Frontscheibe herübergeklappt. Am auffälligsten jedoch war das Reserverad. Es war groß und schmal, wie die anderen Räder, jedoch an der Seitenwand angebracht. Eine Beifahrertür gab es nicht.

Er nahm ein Tuch aus einer Seitenklappe und polierte eine Stelle an der Fahrertür, als Henny von Lüsewitz, wie sie sich ihm mittlerweile mit vollem Namen vorgestellt hatte, sich bereits wieder zu ihm gesellte. Valentin gefiel ihr schlichter Dress: grauer Rock, dazu eine beige Bluse.

Er hielt ihr die Tür auf, und sie zog sich den cremefarbenen, kappenähnlichen Hut gerade und nahm auf der Sitzbank Platz. Valentin drückte auf den Startknopf, und der Vierzylinder erwachte geräuschvoll zum Leben.

×××

Der Weg bis zur Universität war nicht weit. Sie waren schnell da und hielten hinter dem Hauptgebäude, so dass sie freie Sicht auf beide Flügel hatten. Dort drüben zwischen den Kastanienbäumen war Henny gestern die offene Tür aufgefallen.

Der Kommissar stoppte den Wagen und schaute sich um. »Da vorne im Flügel brennt noch Licht.« Er zeigte auf ein einzelnes, beleuchtetes Fenster. »Das werden wohl kaum die Einbrecher sein. Wir könnten schauen, ob wir uns dort auf die Lauer legen können.«

Henny wurde sich plötzlich bewusst, worauf sie sich da eingelassen hatte. Und mit der Erkenntnis brachen auch die Momente der Angst über sie herein, die sie gestern erlebt hatte. »Wollen wir nicht hier warten?«, fragte sie mit leicht flehendem Unterton in der Stimme.

»Wenn wir im Gebäude warten, kann ich gleich Verstärkung rufen, sobald wir jemanden entdecken. Dort gibt es bestimmt einen Telefonapparat«, beruhigte sie Valentin, und schließlich nickte sie.

Kommissar Valentin stieg aus und reichte ihr die Hand, um ihr hinauszuhelfen. Beide schritten eilig zu der Tür, die dem beleuchteten Raum am nächsten war. Der Polizist klopfte. Schritte näherten sich. Jemand öffnete.

»Herr Kussmann. Was machen Sie noch so spät in der Universität?«, fragte Henny und schaute den Assistenten ihres Professors verwundert an.

»Ich arbeite noch«, gab er schlicht zurück.

»Gestatten, Valentin. Kriminalpolizei«, stellte sich Hennys Begleiter vor.

»Wir haben Hinweise, dass heute noch in die Universität eingebrochen werden könnte.«

»Oh …«

»Sagen Sie, haben Sie hier ein Telefon?«

»Ähm, ja. Es gibt eins in meinem Raum.«

»Wäre es dann möglich, dass meine Begleitung und ich von dieser Tür aus den Hof im Auge behalten und gegebenenfalls ihren Apparat benutzen?«, fragte Valentin.

»Natürlich. Kommen Sie doch herein.«

Valentin und Henny kamen der Aufforderung nach und bezogen an der Tür Position.

»Warten Sie, Fräulein von Lüsewitz. Ich bringe Ihnen einen Stuhl«, bot Kussmann an und war auch schon ein paar Meter weiter in seinem Raum verschwunden. Gleich darauf stellte er Henny einen schlichten Holzstuhl hin.

»Vielen Dank. Sehr charmant von Ihnen, Herr Kussmann«, bedankte sie sich. »Woher kennen Sie eigentlich meinen Namen?«

Der Assistent schien überrascht. »Oh. Ja, der Professor Siferlinger spricht ab und an von Ihnen. Er hält wohl große Stücke auf Sie.«

Henny lächelte geschmeichelt und hätte gern mehr darüber erfahren, aber Kussmann schien es plötzlich eilig zu haben. »Gut, ich gehe dann mal wieder an meine Arbeit. Sie wissen ja wo sie mich finden.«

»Natürlich«, sagte der Kommissar.

×××

Bruno Kussmann, der Assistent des Philosophieprofessors Doktor Otto Ernst Siferlinger, saß wie eine Statue an seinem Platz, das Gesicht in seinen Händen vergraben. Eine Fliege zog immer engere Bahnen um seinen Kopf. Er scheuchte sie davon und schaute erst zur verschlossenen Tür und dann zu dem schwarzen Telefon vor sich. Dann erhellte ein Lächeln sein Gesicht. Er nahm den Hörer und schraubte die Verkleidung der unteren Sprechmuschel ab.

×××

Henny scharrte unruhig mit dem Fuß über den Holzboden. Die Situation war ungewohnt. Valentin spähte durch die Tür auf den Hof, die einen Spalt geöffnet war. Henny saß daneben und blickte zu ihm hoch. Er bemerkte ihren Blick, setzte ein schiefes Lächeln auf und fingerte an seinem Hut. Die Stille war ihr unerträglich peinlich.

»Sind Sie eigentlich verheiratet?«, platzte Henny mit der erstbesten Frage heraus, die ihr in den Sinn kam. Der Kommissar räusperte sich und wirkte leicht irritiert; dann versuchte er zu scherzen. »Nein. Nur mit meiner Arbeit.«

Henny zwang sich mit erröteten Wangen zu einem Lächeln. »Dann ist ja gut.«

Dann ist ja gut? Eine dämlichere Antwort hätte mir wohl nicht einfallen können! Und eine dämlichere Frage als die nach seinem Ehestand auch nicht. Wie unangenehm! Was soll er nun nur von mir denken?

Henny verstummte beschämt und blickte auf ihre im Schoß gefalteten Hände. Die Minuten zogen sich. Doch trotz der etwas verkrampften Situation und dem unerfreulichen, nachgerade beängstigenden Anlass, genoss es Henny zusehends, hier neben dem Kommissar zu sitzen. Ob er sich Tanzvorführungen in Varietés anguckt? Sie errötete, und war dankbar, dass er es in der Dunkelheit nicht sehen konnte. Langsam traute sie sich, den Blick erheut zu heben und die Umgebung zu inspizieren. Deshalb waren sie schließlich hergekommen. Um einen Verbrecher zu jagen.

Nach einer halben Stunde kam Kussmann aus seinem Büro heraus.

»Entschuldigen Sie mich bitte. Ich bin gleich zurück«, erklärte er und ging den Flur hinunter.

Henny fuhr auf ihrem Sitz empor, aber Valentin nickte nur, und Henny nahm ihren Mut zusammen und bezog nun Position neben dem Kommissar. Gemeinsam starrten sie schweigend auf die Straße hinaus.

Nach etwa fünf Minuten hielt ein Automobil an der Straße und drei Gestalten stiegen aus.

»Sind sie das?«, fragte Henny und schob sich, von Neugier beflügelt, näher an den Türspalt heran. Dabei kam sie dem Kommissar sehr nah. Er roch wahnsinnig gut. Tolles Rasierwasser.

Mein Gott, wie ungebührlich ich mich verhalte, kritisierte Henny sich scharf in Gedanken und trat sofort wieder einen Schritt zurück.

Dennoch sah sie, wie die drei Gestalten durch eine Tür im gegenüberliegenden Flügel verschwanden. Einer sah sich vorher noch einmal um.

»Das sind sie bestimmt«, flüsterte Kommissar Valentin. »Ich rufe telefonisch Verstärkung. Bleiben Sie hier.«

Valentin ging in Kussmanns Raum, der noch immer verwaist dalag, und griff zum Telefonhörer und wählte.

»Polizeipräsidium Alexanderplatz«, tönte eine tiefe Stimme aus dem Hörer.

»Ja. Hallo, Kommissar Valentin hier. Hören Sie, ich brauche unbedingt …«

»Hallo? Wer ist denn da?«, unterbrach ihn die Stimme ungeduldig.

»Valentin. Kriminalkommissar Valentin.«

»Hallo?«, fragte der andere noch einmal und legte dann auf.

»Verdammt!«, fluchte Valentin.

Henny kam zur Tür herein. »Was ist denn?«

»Das Telefon ist defekt.«

»O nein.« Henny schaute betrübt zu Boden. Dabei fiel ihr Blick in einen Mülleimer. Ungläubig starrte sie hinein, beugte sich vor und holte eine Handvoll Buchseitenfetzen hervor.

Beide sahen einander an.

»Meinen Sie, die gehören zu dem ausgehöhlten Buch, welches Ihnen zugesandt wurde?«, fragte Valentin.

Henny überflog einige Wörter, die auf den Fetzen standen.

»Ich glaube ja. Aber warum sollte der Assistent …«

»Wo ist er eigentlich?«, fluchte der Kommissar. »Ich glaube, er steckt da mit drin. Aber erstmal müssen wir ein anderes Telefon finden. Kommen Sie.«

Valentin eilte auf den Flur hinaus und wollte die nächstgelegene Tür öffnen, doch sie war verschlossen; die nächste ebenfalls, und auch die darauf.

»Mist«, fluchte der Kommissar.

»Schlechte Vorbereitung, was?«, höhnte plötzlich eine Stimme aus dem Dunkel.

Um die Ecke bogen zwei Personen. Ein maskierter Mann, der den Assistenten mit angelegter Feuerwaffe vor sich her bugsierte. Henny stockte der Atem. »So, jetzt gehen wir mal alle schön in das Zimmerchen zurück«, befahl der Vermummte.

xxx

Das läuft ja wunderbar, dachte sich Valentin, während er an einem Bücherregal im Büro des Assistenten lehnte und den Bewaffneten fixierte. Schon eine gefühlte Ewigkeit wurden sie von dem Maskierten festgehalten; tatsächlich waren vermutlich nicht mehr als fünfzehn Minuten verstrichen. Und seine Waffe war Valentin natürlich auch abgenommen worden. Na, großartig. Verdammt, warum habe ich Henny nicht im Auto warten lassen? Gott, lass alles gut gehen, wiederholte er immer wieder in Gedanken und fügte verschämt hinzu: Und mach, dass mein erster eigener Fall nicht in einem Desaster endet …

×××

Henny war kreidebleich. Trotzdem funkelte sie Kussmann böse an. »Warum wollten Sie mir Schuld zuweisen?«, brach es aus ihr hervor.

Sie fing den mahnenden Blick Valentins an ihrer Seite auf, ignorierte ihn jedoch.

»Wovon reden Sie?«, fragte der Assistent.

»Von den Seitenfetzen in Ihrem Mülleimer. Sie stammen aus dem Buch, das mir vorhin ein Bote gebracht hat. Stattdessen war eine Figur darin versteckt und die Polizei verdächtigte mich, sie gestohlen zu haben!«

»Ich weiß nicht, wovon Sie reden.«

»Und was ist mit Ihrem Telefon? Warum haben Sie nicht gesagt, dass es defekt ist?«

Doch Kussmann schwieg.

Henny ließ ihren Blick wieder zu den Maskierten gleiten. Auch er sprach nicht mehr, stand stumm im Türrahmen, und fingerte nun mit der freien Hand eine Zigarette aus einem Päckchen und schob sie sich in den Mund. Aus der Hosentasche holte er eine Streichholzschachtel. Mit der Hand, die auch die Pistole hielt, fasste er die Schachtel, fingerte ein Zündholz heraus und riss es an. Langsam führte er die Flamme zur

Zigarette. Als er sie paffend zum Glimmen brachte, sah Henny eine Bewegung hinter ihm, einen Schatten, dann eine Gestalt – und dann sauste eine opulente Vase auf den Kopf des Vermummten herab.

Die Vase zerplatze, und das Wasser ergoss sich über den Maskierten, der kurz die Augen aufriss und dann in sich zusammensackte und reglos in einer Lache aus Wasser und Splittern am Boden liegen blieb. In das Wasser ergossen sich langsam rote Schlieren, und Henny griff, ohne recht darüber nachzudenken, nach Kommissar Valentins Hand, ließ sie aber bereits wenige Sekunden darauf wieder los, als sie den Neuankömmling erkannte. »Professor Siferlinger«, jubelte sie. »Was machen Sie denn hier?«

Der Professor stieg umständlich über den Niedergeschlagenen hinweg und streckte ihr unbeholfen die Hand zum Gruß entgegen, und ließ sie dann, als ihm vermutlich die Unwirklichkeit der Situation bewusst wurde, wieder sinken. »Nun ja … Ich war heute Abend noch einmal ins Büro gekommen, um …«

Doch weiter kam er nicht. Valentin, der sich dem Niedergeschlagenen genähert hatte, um, so vermutete Henny, die Waffe an sich zu nehmen, schrie plötzlich auf, und Henny fuhr herum. Assistent Kussmann, den sie in der Aufregung ganz vergessen hatte, war vorgesprungen und hatte dem Kommissar mit einem gezielten Tritt die Waffe aus der Hand getreten und sie selbst an sich genommen. Henny keuchte.

»Seien Sie kein Narr«, knirschte Valentin zwischen zusammengebissenen Zähnen und hielt sich die Hand, doch Kussmann befahl ihm stumm mit einer angedeuteten Waffenbewegung, sich zu Henny und dem Professor zu stellen.

Widerwillig gehorchte Valentin, und in diesem Moment kam auch der Vermummte stöhnend wieder zu sich.

xxx

Bruno Kussmann lächelte. Die schwere Pistole fühlte sich gut an. Sie gab ihm Macht. Er hatte die Lage vollkommen unter Kontrolle.

Zu dumm, dass der Professor Angst bekommen hatte. Er war wohl gekommen, um nach dem Rechten zu sehen, traute ihm wohl nicht zu, dass er die Sache im Griff hatte. Aber das kannte er ja. Arroganter Idiot. Kussmanns Blick fixierte der Reihe nach den Professor, den Kommissar und die Studentin. Ob sie wusste, dass er sie gestern geschlagen hatte?

Henny schaute ihm kurz in die Augen, senkte aber sofort wieder scheu den Blick.

Kussmann konnte ihre Angst förmlich riechen, und auch das gefiel ihm.

Die Eingangstür zum Hof öffnete sich mit leisem Knarren. »Hey, kommt her. Wir sind fertig!«

Kussmann nickte. Geschafft!

Auch sein Kompagnon hatte sich wieder aufgerappelt. »Wir kommen«, knurrte er und nickte Bruno Kussmann anerkennend zu. Den Professor und die anderen Anwesenden würdigte er keines Blickes.

Stolz straffte Brunos Schultern, aber er war auch ein klein wenig enttäuscht. Sein großer Auftritt war vorüber.

»Na dann …«, sagte er und überlegte fieberhaft, aber er wusste nichts mehr zu sagen, und auch der Professor, der Kommissar und Henny schwiegen.

Kussmann wandte sich ab, schloss die Tür hinter sich und schloss mit einem Schlüssel ab. Die Eingesperrten konnten zwar auch durch die Fenster entkommen, aber viel Zeit würden er und seine Komplizen nicht brauchen, um zu verschwinden.

×××

Valentin lauschte den Schritten, die sich nun eilig entfernten. Ihm war elend zumute, seine Hand schmerzte noch immer, und er schämte sich entsetzlich. Der Professor brach das Schweigen: »Meine Damen und Herren«, sagte er leise, »ich habe einen Schlüssel.«

Valentin nickte und straffte sich. Los jetzt, spornte er sich an, du kriegst das wieder hin. Laut sagte er: »Passen Sie auf, Professor! Lassen Sie sich von ihrem Büro aus mit dem Polizeipräsidium Alexanderplatz verbinden und schildern Sie denen die Lage. Sagen Sie, Sie rufen im Auftrag von Kommissar Valentin an. Fräulein von Lüsewitz und ich schauen, ob wir den Flüchtenden folgen können.«

Der Blick des Professors wanderte irritiert zwischen Kommissar und Studentin hin und her, und da wurde Valentin bewusst, dass er es schon wieder verbockt hatte. Er konnte die Studentin doch nicht mit auf eine Verfolgungsjagd nehmen! Erst recht nicht, wenn Schusswaffen im Spiel waren!

Aber Henny von Lüsewitz schien seine Bedenken nicht zu teilen, denn sie war bereits an der Tür und auf dem Weg nach draußen.

»Ähm …«, setzte Valentin an, doch dann verstummte er, nickte dem Professor kurz und so bestimmt wie möglich zu und folgte ihr.

×××

Henny ging mit kurzen, präzise gesetzten Schritten durch die Dunkelheit zum Wagen und hoffte, dass Valentin ihr baldigst folgen würde. Ihre Wangen brannten vor Aufregung, und auch wenn sie wusste, dass sie sich gerade wie ein Backfisch aufführte und das, was sie tat, gefährlich war, und ungebührlich überdies, ging sie unbeirrt weiter, den Kopf hoch erhoben, die Schultern gestrafft. Vielleicht war es das Varietéstück gewesen, das sie gesehen hatte und sie nun so mutig und verwegen werden ließ, vielleicht auch das Buch, vielleicht aber auch der junge Kriminalkommissar, an dessen Seite sie sich – der Geschehnisse in der Universität zum Trotz – sicher fühlte. Was Kussmann getan hatte, trieb ihr noch immer die Zornesröte ins Gesicht. Das war unerhört! Er hatte gelogen, er hatte sie mit einer Waffe bedroht, und er hatte es gewagt, ihren Ruf aufs Spiel zu setzen, indem er sie einer Straftat verdächtig machen wollte! Aber so würde er ihr nicht davonkommen! Man würde sich bei ihr entschuldigen! Und zwar vor den Augen des Kommissars.

Der Zorn vertrieb die Angst und gab den zitternden Knien neue Kraft.

Sie hörte Valentins Schritte hinter sich. Na endlich!

»Fräulein von Lüsewitz«, setzte er an, »aber Sie können doch nicht …«

»Ich würde tatsächlich lieber mit Ihnen gehen«, stellte Henny fest und hoffte, dass ihre Stimme keinerlei Widerrede erlauben würde.

×××

Die Fahrt ging nach Süden, die Friedrichstraße entlang. Mehrstöckige Gebäude säumten die breite Straße. Die Fassaden waren überladen mit herausragenden Erkern, großen Fensterbögen, Unmengen von Stuck und vereinzelten Säulen. Gelegentlich wachten Steinfiguren auf hervorgezogenen Absätzen über das Treiben unter ihnen. Lange schmale elektrische Lampen baumelten in gleichmäßigen Abständen über den wenigen Automobilen, die zu dieser Zeit noch unterwegs waren. Hinter ihnen lag der Bahnhof Friedrichstraße mit seinem vor wenigen Jahren fertig gestellten U-Bahnhof. Hinter ihnen lag zum Glück auch der pompöse Admiralspalast mit seinem Revue-Theater, dem Lichtspielhaus und dem Luxusbad. Menschenmassen konnte Valentin jetzt nicht gebrauchen. Hoffentlich würden die Einbrecher nicht noch Richtung Kurfürstendamm abbiegen, diesem in Leuchtreklame getauchten Boulevard der Eleganz, der Erotik und der Laster, über den allnächtlich die vergnügungssüchtigen Massen strömten. Aber der Damm war weit entfernt. Valentin hoffte, dass die Verfolgten seinen Wagen ohne Licht nicht bemerken würden, denn er wollte nicht riskieren, dass sie womöglich auf seinen Wagen, sprich ihn oder gar Henny, schossen. Er wollte ihnen lediglich folgen, sie nicht aus den Augen verlieren, bis die Verstärkung kam. Er hatte schließlich selbst noch immer keine Waffe und zudem eine

Zivilistin im Wagen. Wieder und wieder überlegte er, wie er diesen Umstand seinem Vorgesetzten erklären sollte, doch ihm fiel nichts Rechtes ein. Dummkopf, schalt er sich selbst und umklammerte das Lenkrad fester. Er war dankbar, dass es so spät und kaum jemand sonst auf der Straße war. Jetzt noch einen Verkehrsunfall, und er wäre erledigt.

Der kastenförmige Ford vor ihm, ein Modell A, bog scharf in eine Seitenstraße ein und kippte dabei leicht nach außen. Der Fahrer hatte das Fahrzeug aber offenbar gut im Griff. Valentin musste etwas abbremsen, um die Kurve gefahrlos passieren zu können. Henny klammerte sich an seiner Seite mit kalkweißem Gesicht an der Seitenwand fest. Sie verloren wertvolle Meter. Der Ford war schneller.

Valentin trat das Gaspedal bis zum Bodenblech durch und raste mit Höchstgeschwindigkeit über die Kopfsteinpflasterstraße. Sechzig Stundenkilometer. Er würde sie verlieren.

Da stach ein Lieferwagen vor dem Ford über eine Kreuzung. Der Fahrer hatte keine Zeit mehr zu reagieren. Der Wagen der Einbrecher bremste. Die Räder blockierten. Im letzten Moment jedoch zog der Ford hart am Lieferwagen vorbei und touchierte dabei dessen Stoßstange und schrammte mit der Flanke am Kühler entlang. Valentin vergewisserte sich im Vorbeifahren mit einem kurzen Blick in das Innere des touchierten Wagens, dass der Fahrer nicht verletzt war, dann zog auch er vorbei. Die Fahrt ging jetzt nach Südosten, Richtung Neukölln, dem Arbeiterviertel zu. Und der Abstand zwischen den Autos wurde immer größer. Valentins Laubfrosch war nicht dafür gebaut, Rennen zu fahren.

»Verdammt«, fluchte er, und schämte sich im selben Moment. Wo waren nur seine Manieren geblieben? Kurz warf er einen Seitenblick zu Henny, doch diese hatte den Blick starr geradeaus gerichtet und kaute aufgeregt auf ihrer Unterlippe. Vermutlich hatte sie sein Fluchen gar nicht gehört.

Ihr Weg führte sie mittlerweile an einem Nebenarm der Spree entlang. Es war wenig los auf den Straßen; nur ein paar Nachtschwärmer waren noch hier und da unterwegs – zum Glück. Wo blieb nur die Verstärkung? Diese Verfolgungsjagd musste doch seinen Kollegen auf der Streife auffallen? Irgendjemand musste doch zu Hilfe kommen!

In diesem Moment bemerkte Valentin das Kutschfuhrwerk, das dem Ford der Flüchtenden entgegenkam. Mittlerweile hatte er auf etwa hundert Meter aufgeholt, und die Straßenlaternen sorgten dafür, dass er das Auto vor sich gut sehen konnte – und von ihm auch gut gesehen wurde. Verdammt!, fluchte er noch einmal, diesmal in Gedanken. Jetzt lehnte sich aus dem Wagen vor ihm eine Gestalt heraus! Der wird doch wohl nicht ..., schoss es Valentin durch den Kopf, doch da zerriss bereits ein Schuss die Nacht.

Valentin stieg in die Bremsen, riss Henny hinter die Armaturen und versuchte, den Laubfrosch in der Spur zu halten. Jetzt war er es wirklich leid. Diese Kerle schossen nun einfach mitten auf der Straße herum, als wären sie im Krieg!

Der Schuss hallte noch nach, als die Pferde des Fuhrwerks durchgingen. Sie versuchten auf stehendem Hufe zu wenden, wodurch sie beinahe das ganze Gespann umrissen. In dieses wiederum drohte nun der Ford hineinzufahren. Der Fahrer versuchte auszuweichen, riss den Wagen zur Seite und verlor die Kontrolle über das Fahrzeug. Das Auto schoss die Böschung hinunter und rauschte mit lautem Klatschen in die Spree.

Valentin lenkte den Laubfrosch an den Straßenrand, als er hinter sich das Trommeln von Pferdehufen hörte. Zwei Streifenpolizisten, die den Pistolenschuss gehört haben mussten. Endlich! Valentin schwang die Tür auf, gab Henny Anweisung, sitzen zu bleiben, und rannte zum Ufer.

Berlin-Mitte, Polizeipräsidium Alexanderplatz, 30. Juni 1927, 2 Uhr morgens

Die Flüchtenden hatten geborgen werden können, und niemand war ernsthaft zu Schaden gekommen. Im Rucksack eines der Einbrecher waren etliche Goldmünzen gefunden worden. Auch den Professor hatte man hergebracht. Man nahm gerade seine Personalien auf.

Valentin strich sich das Haar zurück und sah aus dem Fenster. Das rote Backsteingebäude des Polizeipräsidiums lag genau am Alexanderplatz. Einer der bedeutendsten Verkehrsknotenpunkte der Stadt. Dieser Platz faszinierte ihn ständig aufs Neue. Selbst jetzt pulsierte er noch. Zahllose Menschen eilten umher. Beleuchtete Gebäudefassaden, kolossale Kaufhäuser, Straßenbahnen und unruhige Pferde vor Kutschen verschmolzen hier zu einem Anblick, der einer Metropole würdig war.

Valentin wandte seinen Blick vom Alex ab und sah zu Henny hinüber, die, ein Glas heißen Tee in den Händen, tapfer lächelte. Der Polizist hatte derweil die letzten Daten des Professors aufgenommen und nickte Valentin zu.

Es klopfte, und zwei Polizisten kamen mit Bruno Kussmann herein. Der Assistent hatte kaum den Raum betreten, als er bereits zu fluchen begann: »Siiieee«, rief er und richtete den Finger auf den Professor. »An allem sind nur Sie schuld!«

»Ach, hören Sie doch auf. Das ganze Spiel hat doch keinen Sinn mehr. Ich hätte nie auf Ihre Ratschläge hören sollen«, antwortete dieser müde und senkte den Blick.

»Seien Sie still!«, keifte Kussmann weiter, doch da wurde nun Professor Siferlinger seinerseits laut. »Nein! Jetzt sind Sie still. Sie haben mir diesen Geldgeber empfohlen, als ich Spielschulden hatte. Sie haben mir diese Gauner empfohlen.«

»Es ist doch nicht meine Schuld, wenn Sie alles verspielen!«

»Da haben Sie recht«, sagte der Professor, nun halb an Valentin und Henny gewandt. »Ich wollte es sein lassen. Ich hätte nur einen großen Gewinn gebraucht, um das verlorene Geld wieder reinzuholen. Ich hatte einen Tipp. Schmeling hätte verlieren sollen.«

Valentin zog die Augenbrauen in die Höhe. Der Professor war offenbar selbst in die Sache verstrickt, und er hatte zuletzt auf den

Boxwettkampf gesetzt und verloren. So also hing alles zusammen. Er nickte. »Wie kam es zu dem Einbruch?«, hakte er nach.

Der Professor wandte Kussmann demonstrativ den Rücken zu. »Dieser vermeintlich vertrauenswürdige Geldgeber namens Wieczorek setzte mich unter Druck. Er kam zu mir ins Büro. Er bedrohte mich. Ich hatte hohe Schulden bei ihm. Da erinnerte ich mich an die Münzsammlung im Büro eines Kollegen. Die liegt da schon länger. Gehört keinem so richtig. Wurde angeblich von einer Forschungsreise aus dem Orient mitgebracht. Das weiß selber niemand mehr so genau. Mein Assistent schlug vor, die Münzen gegen Duplikate austauschen zu lassen. Wieczorek willigte ein. Es wäre nie jemandem aufgefallen.«

Kussmann schien sich plötzlich sehr unwohl in seiner Haut zu fühlen, doch der Professor redete weiter. »Zunächst öffneten die Vasallen dieses Wieczoreks den Wertschrank, in dem sich die Sammlung befand. Es wurden Fotografien und Pausbilder gemacht. Alles wurde vermessen. Das Ganze sollte unbemerkt vonstatten gehen. Kussmann assistierte ihnen; er sollte dafür eine Beteiligung erhalten. Und dann, an dem Abend, als die Münzen gegen die fertigen Duplikate ausgetauscht werden sollten, kam uns Fräulein von Lüsewitz dazwischen. Leider«, wandte er sich nun an Henny, »haben Sie dann nicht locker gelassen, und überall Fragen gestellt.«

Henny kniff die Kippen zusammen und sah den Professor stumm an.

»Kussmann fürchtete, Sie könnten erneut den Austausch der Münzen verhindern. Er schlug daher vor, er persönlich werde ihnen einen vermeintlich gestohlenen Gegenstand unterschieben und der Polizei einen anonymen Hinweis zukommen lassen. Damit sollten Sie für den Abend aus dem Spiel sein.«

Henny stellte ihre Tasse ab und stand auf, doch Valentin bedeutete ihr zu warten. Sie nickte und setzte sich wieder. Ihre Unterlippe zitterte leicht.

»Eigentlich«, nahm der Professor den Faden wieder auf, »hätte ich heute Nacht gar nicht in der Universität sein müssen. Doch ich hatte ein ungutes Gefühl und wollte mich bei Kussmann nach dem Stand der Dinge erkundigen. Ich war gerade auf dem Weg zu seinem Büro, da hörte ich, wie Sie mit der Waffe bedroht wurden. Da war die Grenze überschritten. Es war schon von Anfang an alles ein großer Fehler gewesen. Und dann habe ich eben die Notbremse gezogen. Den Rest, den kennen Sie ja.«

Noch ehe Valentin eingreifen konnte, war Henny erneut aufgestanden und näherte sich nun dem Professor und seinem Assistenten. »Wie können Sie es wagen?«, fragte sie leise und schneidend. »Haben Sie denn gar keinen Anstand?«

Der Professor senkte den Kopf. »Es tut mir leid«, sagte er. »Fräulein von Lüsewitz, es tut mir leid.«

Henny nickte.

Nur Kussmann schwieg. Valentin gab Anweisungen, Wieczoreks Aufenthaltsort ausfindig zu machen; dann entließ er Polizisten und Verhaftete.

»Bitte beginnen Sie schon einmal mit dem Verhör«, sagte er. »Ich fahre zunächst die Dame hier nach Hause.«

×××

Es war wieder Ruhe auf dem Revier eingekehrt, und Henny von Lüsewitz und Henri Valentin saßen einander in Valentins Büro gegenüber; sie auf einem Stuhl, er auf der kleinen Couch, auf der er immer die Zeitungen durcharbeitete. Eigentlich sollte es anders herum sein, dachte er.

»Soll ich dich nach Hause fahren?«, fragte er.

Mist, jetzt habe ich sie einfach geduzt, schoss es ihm durch den Kopf, und er spähte unsicher zu ihr herüber. Doch Henny schien sich nicht in ihrer Ehre gekränkt zu fühlen. »Warum nicht«, stimmte sie zu, stand auf kam zu ihm herüber. Valentin hielt die Luft an. Ganz schön mutig, diese Dame. Und so frech. Er lächelte jetzt. »Also gut«, sagte er schließlich. »Dann hole ich jetzt den Wagen. Sie warten hier. Derweil habe ich etwas für Sie. Etwas ganz Besonderes.«

Er öffnete ein Türchen an seinem Schreibtisch, griff nach seiner letzten verschlossenen Keramikschale mit Roter Grütze und hielt sie ihr etwas schüchtern hin. Sie nahm sie und lachte »Woher wissen Sie, dass das meine Leibspeise ist?«

×××

Als Valentin kurz darauf ins Büro zurückkam, um Henny zum Wagen zu führen, lag diese eingerollt auf dem Sofa und schlief, neben sich das leere Schälchen. Er lächelte, breitete eine Polizeidecke über sie, dann stellte er sich ans Fenster und sah hinaus. In der Ferne zog ein Gewitter auf und Donner rollten über den Horizont. Der Himmel entließ ein Heer tropfenförmiger Krieger, die aus den Wolken gen Erde stürmten. Der Regen fegte über die Straßen, als wolle er alles Zwielicht davonwaschen. Eine kleine Motte flatterte hilflos gegen das hell erleuchtete Fenster, als wolle sie hier Schutz vor dem Unwetter suchen. In einem Anflug von jungenhaftem Übermut öffnete Valentin das Fenster einen Spaltbreit und ließ das Tier herein. Es flatterte zur Lampe, ließ sich in deren warmem Schein nieder und schien es zufrieden zu sein.

Valentin schloss das Fenster wieder und seufzte. Sein erster Fall lag hinter ihm, und er hatte sich alles in allem doch noch ganz gut geschlagen. Und diese junge Frau, die nun auf seiner Couch lag und selig schlief, war ein Geschenk des Himmels. Er wusste noch nicht, wie er seinen Plan in die Tat umsetzen und sie zu einem Essen einladen würde, aber auch hierfür würde er eine Lösung finden.

Unten auf der Straße sah er seinen Kollegen Messner aus dem Gebäude eilen; mit hochgezogenem Kragen rannte er durch die Nässe zur U-Bahn-Haltestelle. Valentin hatte ihn bereits auf dem Weg nach oben im Hausflur getroffen. Der Selbstmordfall war noch immer nicht aufgeklärt, und Messner hatte übermüdet und verspannt gewirkt. Valentin warf noch einen Blick auf die schlafende Henny. Im Grunde hatte er es mit seinem Diebstahlfall deutlich besser getroffen.

Er wandte sich wieder dem Fenster zu und folgte der Gestalt Messners, bis sie sich in der Dunkelheit verlor. Dann wandte er sich ab, griff nach seinen Unterlagen, zog noch einmal Hennys Decke gerade, löschte das Licht und zog leise die Tür hinter sich zu.

HENRI VALENTINS LIEBSTE ROTE GRÜTZE

ZUTATEN

Beeren-Fruchtsaft
Rote Beerenfrüchte (außer Erdbeeren)
Speisestärke oder Sago
Zucker

ZUBEREITUNG

Den Saft und die Beeren in einen großen Topf geben und zum Kochen bringen. Die Früchte dabei mit einem Stampfer leicht zerdrücken. Danach je nach Geschmack Zucker einrühren. Nun den Topf vom Herd nehmen und vorsichtig Sago einrühren oder alternativ die vorher mit Wasser verdünnte Stärke. Achtung: Die Grütze wird, wenn sie kalt wird, noch um einiges fester. Danach das Ganze erneut zum Kochen bringen und anschließend in eine Schüssel umfüllen und abkühlen lassen.

Paula, P. I.

von Petra A. Bauer

Wie ich diese Büroarbeit hasse! Ich bin ja lieber auf Tour. An Tagen wie diesem, würde ich sogar ohne Grund jemanden observieren, nur um aus diesem verdammten Büro herauszukommen. Wenn ich an der Zielperson klebe, bin ich in meinem Element. Dann bin ich ein unauffälliger, schneller Schatten, aber der Papierkram hier ist wirklich nichts für mich.

Wenigstens habe ich mir letztens den zentralen Telefondienst vom Hals geschafft. Selleck–wir-sind-schneller-als-Ihr-Schatten-was-kann-ich-für-Sie-tun? Ätzend.

Wenn das Telefon jetzt klingelt, bin ich wenigstens sicher, dass es meinen Fall direkt betrifft. Nur wo der Apparat sich befindet, weiß ich meist nicht. Ich müsste den Schreibtisch mal aufräumen; ich schaffe es in letzter Zeit kaum noch, das Telefon unter meinem Papierkram zu finden, bevor der Anrufer wieder auflegt. Zweimal wäre beinahe meine Kaffeetasse vom Tisch gefallen, als ich sie auf der rechten Hälfte suchte. Wäre schade drum, ist von meinem Bruder Alex, die Tasse. »Für meine Lieblingsschwester« steht drauf. Kunststück, er hat ja auch nur eine.

Die Hannemann hört auch nicht auf zu nerven. Nennt mich weiterhin hartnäckig »Börnie«, obwohl ich immer und immer wieder betone, dass ich Paula Bernhardt heiße. Mit »dt« und garantiert ohne »ö«. Aber das macht die mit Absicht und mit wachsender Begeisterung, wie es scheint. Vielleicht sollte ich auch einfach nicht mehr hinhören. Aber sie schafft es doch immer wieder, mich auf die Palme zu bringen. Neulich, da hat sie gefragt, ob mein Bügeleisen kaputt ist, oder ob ich meinen besten Putzlappen angezogen hätte. Sie weiß haargenau, wie mich das trifft, aber das ist offenbar ihr Hobby: Paula ärgern. Dabei kann ich doch nichts dafür, wenn ich verschlafe und das erstbeste Teil anziehen muss, das mich ungebügelt aus meinem Wäscheberg angrinst. Wenn ich wegen Bügelns zu spät käme, würde die Hannemann ohnehin eine andere dämliche Bemerkung machen. Es gibt Menschen, die sind einfach so. Sie kann es eben nicht verwinden, dass sie bloß eine kleine Tippse ist und eigentlich nichts zu sagen hat. Eines Tages bringe ich sie ganz sicher um. Ganz langsam und genüsslich werde ich sie erwürgen, und wenn es vorbei ist, werde ich meinen Fuß auf ihre Leiche stellen und mich in Siegerpose ablichten lassen.

Mach ich ja doch nicht. Stell ich mir aber gerne vor. Dieses Weib ist so eklig, mit ihren orangefarbenen Locken, dem viel zu rot geschminkten Mund und den hektischen Flecken in ihrem Puddinggesicht. Und wie sie immer angestöckelt kommt! Das-Stak-ka-to-auf-dem-Flur-dröhnt-mir-je-des-Mal-im-Kopf. Wieso knickt sie mit den Dingern nicht mal auf der Treppe um und bricht sich bei der Gelegenheit gleich das Genick?

Jedenfalls ist sie vorhin mit einem neuen Auftrag gekommen, anstatt mit einem gebrochenen Genick. Irgendwer hätte »die Wurst« umgebracht. Natürlich habe ich gesagt, soweit ich weiß, ist die

Wurst immer tot, bevor sie aufs Brot kommt, und ob ich etwas verpasst hätte. Mir war selbstverständlich klar, dass sie den Wurst-Otto meinte, mit seinem Currywurst-Imperium, aber das muss die Hannemann ja nicht wissen. Ich pflege ihr gegenüber gelegentlich mein Image, dass ich etwas begriffsstutzig sei, das bewahrt mich vor allzu viel Arbeit. Trotzdem fing sie diesmal an, mich zu hetzen, ich solle auf meinen Beobachtungsposten gehen. Henrietta Pahlke, die Wurstwitwe, traut der Polizei nicht zu, den Mörder ihres Mannes zu finden und verlangt schnelle Ergebnisse.

Obwohl ich diesem Umstand den größten Teil meiner Aufträge zu verdanken habe, reagiere ich trotzdem immer allergisch darauf, wenn jemand der Polizei nichts zutraut. Schließlich arbeitet mein Lieblingscousinchen Robina bei der Mordkommission, und ich kann mir einfach nicht vorstellen, dass sie oder ihre Kollegen die Fälle nicht lösen könnten. Die Hannemann bestand jedoch weiterhin darauf, dass ich mich beeilen solle und stöckelte so zackig von dannen, dass ihre Cellulitis hohe Wellen schlug.

Als sie rausgerauscht war, habe ich sie »Alte Zimtzicke« genannt, aber das hat sie gehört, weil sie noch nicht weit genug entfernt war. Sie ist kurz zusammengezuckt, hat sich aber nicht mehr zu mir umgedreht. Hat sich wohl nicht getraut. Mich hat es gefreut. Alte Zimtzicke.

Es gibt Tage, die sind eben einfach beschissen, und es sah schon ganz danach aus, als sollte das auch einer von dieser Sorte werden, als Andi den Kopf zur Tür hineinsteckte. Andi gehört zu der Sorte Mann, bei dem ich mir am liebsten schreiend die Kleider von Leib reißen möchte. Jedes Mal wenn ich ihn sehe oder höre. Und wenn ich ganz ehrlich bin, reicht es schon, wenn sein Aftershave durch die Gänge der Detektei weht. Doch ich begnügte mich auch heute damit, mich in meinem Stuhl aufzusetzen und den Busen rauszustrecken, bis die Lendenwirbel krachten. War natürlich sinnlos. Unter dem blöden zerknitterten T-Shirt konnte er das gar nicht sehen, aber das mache ich bei attraktiven Männern automatisch – auch wenn Kollege Andi verheiratet und somit leider tabu ist.

Trotzdem machte ich mir eine Gedankennotiz: Dringend was an deinem Stil ändern! Morgens früher aufstehen und sexy kleiden, auch im Einsatz! Dann verstaute ich sie in der geistigen Schublade »Gute Vorsätze«. Allerdings war die schon rammelvoll, als ich sie öffnete.

Aber Andi ließ sich von meinem Outfit nicht abschrecken und lümmelte sich lässig auf meiner Schreibtischkante. Besser gesagt, er versuchte es, erwischte unter einigen Papieren jedoch mein Telefon. Das flutschte unter der papierenen Decke hervor und krachte zu Boden. Andi hatte beträchtlich mit Gleichgewichtsproblemen zu kämpfen, aber Kerle wie er lassen sich nicht durch versteckte Telefonapparate zu Fall bringen. Ich ließ den Apparat wo er war und schenkte Andi mein strahlendstes Lächeln. Sollte sich die Hannemann doch später um die Telefonleiche kümmern.

Jedenfalls hat Andi mich für abends zum Essen eingeladen, und zwar definitiv nicht zu einer Currywurst. Er wollte mir aber nicht verraten, ob es etwas zu feiern gäbe. »Vielleicht hinterher«, hat er gesagt und anzüglich gegrinst. Seine Frau kommt übrigens nicht mit. Die ist zur Kur.

Als Andi mein Büro wieder verlassen hatte, musste ich mich erstmal kneifen. Ein Date! Mit meinem Traummann! Ich lehnte mich im Bürostuhl zurück, schlug die Füße übereinander, legte sie auf dem Schreibtisch ab und schloss die Augen. Ein einfältiges Dauergrinsen meißelte sich in mein Gesicht. Ich schwebte auf Wolke sieben.

Allerdings nicht lange. Mein Schreibtischstuhl war unmerklich zurückgerollt, und als die Tür aufflog, und ich vor Schreck zusammenzuckte, landete ich unsanft auf dem Fußboden. Die Hannemann stand in der Tür. Natürlich. In meiner Glückseligkeit hatte ich ihr Stöckeln nicht bemerkt. Vielleicht war sie diesmal aber auch auf Zehenspitzen den Gang entlanggeschlichen. Zuzutrauen wäre es ihr.

Spöttisch lächelnd sah sie mir zu, wie ich mich wieder aufrappelte. Natürlich stieß ich mir dabei den Kopf an der Tischkante.

»Für Frühsport ist es wohl schon ein bisschen zu spät, Börnie. Oder hast du was gesucht. Dein Telefon vielleicht?«

»Nein, ich suche den gestrigen Tag.« Da war nämlich Sonntag, und ich hatte den Anblick dieser Ziege nicht ertragen müssen.

»Jedenfalls siehst du unterbeschäftigt aus. Hier ist eben noch ein dringender Fall reingekommen. Einbruch bei ›Egon Klunker & Söhne‹. Das kannst du auch gleich bearbeiten.«

»Ich soll mich doch jetzt um den Wurstheini kümmern. Kann das nicht jemand anders übernehmen?«

»Die anderen sind alle restlos ausgelastet. Ich könnte höchstens Andi bitten, ob er das heute Abend noch dranhängen kann.«

Das hätte ja gefehlt! Heute Abend ist Andi schließlich mit mir verabredet. Mein Date lasse ich mir nicht kaputt machen, so weit kommt es noch. Ich zog an der Akte, die die Hannemann in der Hand hielt, aber sie ließ nicht los.

»Okay, ich mach es, gib schon her. Was sind die Fakten?«

Anstatt die Akte rauszurücken, entwand sie sie meinen Fingern, schlug sie auf und machte ein mächtig wichtiges Gesicht. Unbedeutende kleine Tippse mit Profilneurose. Sag' ich ja.

»Klunkers Klunkern sind perdu. Jemand hat den halben Laden leer geräumt.«

Ich wartete auf weitere Informationen, aber die kamen nicht.

»Und wie kommen wir zu der Ehre, uns darum kümmern zu dürfen?«

»Die Versicherung will sich Gewissheit verschaffen, dass bei dem Einbruch alles mit rechten Dingen zugegangen ist – du verstehst?« Die Hannemann legte die Akte auf meinen Schreibtisch und sah zu, wie sie sich auf der schiefen Ebene aus Papierstapeln langsam auf die Tischkante zubewegte. Rasch nahm ich sie in die Hand.

»Gibt es dafür nicht hauseigene Versicherungsdetektive?«

»Meine Liebe, die Wege des Herrn sind unergründlich. Man könnte ja fast den Eindruck bekommen, du willst nicht, dass die Detektei Aufträge bekommt. Uns kann es doch egal sein, weshalb wir engagiert werden.«

Mir war es durchaus nicht egal. Diese Fälle, in denen es um Versicherungsbetrug ging, waren mir ein Gräuel. Ich hielt mich nicht gerne mit Menschen auf, die Einbrüche vortäuschten, um die Versicherungssumme zu kassieren. Ein bisschen Spannung brauche ich schon in meinem Job, sonst hätte ich ja gleich selbst Versicherungsangestellte werden und mitsamt meinen Akten verstauben können. Außerdem nervte es mich, dass die Hannemann so tat, als würde der ganze Laden ihr gehören. Man muss es mit der Loyalität dem Chef gegenüber ja auch nicht übertreiben. Der pickte sich sowieso immer nur die Rosinen raus. Alles, wo Promis mit im Spiel waren und womit man hinterher furchtbar angeben konnte, zum Beispiel.

»Mir ist es ja auch egal«, log ich. »Ich wundere mich nur, das ist alles.«

»Ich wundere mich auch gelegentlich«, sagte sie, und ihre linke Augenbraue wanderte leicht nach oben. Doch bevor ich sie fragen konnte, wie sie das gemeint hatte, war sie schon wieder zur Tür hinausgerauscht. »Beeil dich, es ist dringend!«, flötete sie noch über den Flur.

»Es ist dringend, es ist dringend!«, äffte ich sie leise nach, Natürlich, es war immer dringend. Alles bis gestern und in dreifacher Ausfertigung, das kannte man ja. Aber ich hatte zum Glück ein dickes Fell. Und der Chef war offenbar zufrieden mit mir, sonst hätte er mich längst gefeuert.

Ich schlug die Akte auf. Leider stand wirklich noch nicht mehr drin, als dass im Juweliergeschäft »Egon Klunker & Söhne« ein großer Teil des Warenbestandes geklaut worden war. Ich würde wohl hinfahren müssen und mit Klunker-Män sprechen. Aber erst wollte ich das unvermeidliche Gespräch mit der Wurstwitwe hinter mich bringen.

Der Gedanke an mein Date mit Andi versüßte mir den Tag, und so machte ich mich bedeutend besser gelaunt an die Arbeit. Ich schwang mich in meinen klapprigen 1978er Golf GTI – knallrot, versteht sich – und drehte »Hotel California« von den Eagles auf, bis mir fast die Ohren wegflogen. Die Anlage steigert den Wert des GTI bestimmt um das Zwölffache, aber es war die wichtigste Investition für die alte Schleuder, denn ohne gute Musik bin ich eine echte Verkehrsgefährdung. Das merke ich immer, wenn ich mich einem Objekt unauffällig nähern soll, und dafür die Musik abschalten muss. Beim letzten Mal habe ich ein parkendes Auto gerammt. Das war dann auch nicht wirklich unauffällig. Zumal es sich um den Wagen der zu observierenden Person handelte.

Der GTI sprang nicht an. Großartig. Ich versuchte es noch einmal. Das Auto schüttelte sich, als wäre es eine Zumutung, dass es sich tatsächlich bewegen sollte. Okay, dann also wieder die Ansprache: »Hör mal, so geht das nicht. Ich hab hier zu arbeiten. Du springst jetzt an, aber ein bisschen dalli!«

Ich drehte den Schlüssel erneut herum. »Na gut!«, maulte der GTI, zumindest klang es so. Und dann schnurrte er, als wäre nie etwas gewesen.

Ich fuhr mit quietschenden Reifen los und begab mich zur Witwe Pahlke. Otto Pahlke muss mit seinen Wurstbuden ganz gut verdient haben, denn es hat für eine große Villa in Pankow gereicht. Der weiße Klotz thronte im alten Diplomatenviertel, unweit des Schlosses Schönhausen.

Ich sehe mich immer erst ein Weilchen um, bevor ich mit frischen Witwen spreche, so kann ich den unabwendbaren Zeitpunkt noch ein wenig hinausschieben, denn das kann ich auch nicht leiden, mit der Heulerei immer. So lief ich am Zaun entlang und warf einen Blick auf den Vorgarten, soweit die üblichen Thujahecken dies zuließen. Mehr als kurz geschorenen Rasen und ein paar Rosenbüsche konnte ich nicht ausmachen, und es gab beim besten Willen keinen Grund, weiterhin durch die Hecke zu lugen, zumal dieses Thujazeug bereits eine leichte allergische Hautreaktion bei mir auszulösen begann. Manchmal frage ich mich wirklich, warum ich eigentlich Privatdetektivin geworden bin. Betriebswirtschaft war jedenfalls nicht doll, also habe ich mein Studium abgebrochen und nach einem Job mit dem ultimativen Kick gesucht. Eine Stelle wie bei Thomas Magnum auf Hawaii hätte mir gefallen, und deshalb habe ich begonnen, mich für die Ermittlerei zu interessieren. Leider wurde es mit Magnum nichts, stattdessen sitze ich hier im trüben Berlin. Stehe hinter Thujas statt unter Palmen. Und dass Ermittlungen einen Wahnsinnspapierkrieg nach sich ziehen, hat mir auch niemand gesagt. Es tröstet mich auch nicht, dass mein Chef Selleck heißt; dabei hielt ich das anfangs für ein gutes Omen, denn Thomas Magnum heißt ja im richtigen Leben auch so. Na ja, man muss eben Abstriche machen.

Aus der Witwe war nichts Vernünftiges herauszubekommen. Otto war eine Seele von Mensch; das sind sie ja alle, wenn sie tot sind. Tränenreich beschrieb mir Henrietta Pahlke ihren Otto. Wie liebevoll er gewesen sei, und wie sehr er sie verwöhnt habe. Dabei spielte sie gedankenverloren mit der dreireihigen Perlenkette, die um ihren faltigen Hals baumelte. Vermutlich meinte sie die materialistischen Dinge, wenn sie von Verwöhnen sprach; etwas anderes konnte ich mir beim Anblick der Dame nur schwer vorstellen. Aber wer weiß – es gibt ja nicht umsonst den hübschen Spruch: »Wo die Liebe hinfällt.« Ich bat Henrietta Pahlke um eine Liste der Currywurstbuden, die ihr Mann belieferte, und sie war so nett, sie mir gleich herauszusuchen. Ich schlug den angebotenen Kaffee aus, und machte mich mit den Listen in der Hand direkt an die weitere Arbeit.

Wie erwartet, rückten die Betreiber von Pahlkes Currywurstbuden das Bild vom liebevollen Otto dann auch ein wenig zurecht. Eine Bude nach der anderen klapperte ich anhand der Liste ab und wusste nun, dass Pahlke ein unangenehmer, kahlköpfiger Dickwanst gewesen sein soll, der alle und jeden übers Ohr gehauen hat und immer zusah, seine Schäfchen ins Trockene zu bringen. Von »liebevoll« und »verwöhnen« war nirgends ein Wort zu hören. Die Wurstis hatten sich stattdessen sogar schon zusammengeschlossen, um wenigstens ein paar Rechte zu wahren. Aber Otto Pahlke belieferte sie ja nun einmal, und das war auch Voraussetzung dafür, dass sie ihre Bude mit dem »Wurst-Otto«-Emblem ausstatten durften. Wer aufmuckte, dem wurde die »Wurst-Otto«-Lizenz entzogen und er verlor automatisch Kundschaft. Und überhaupt, erzählte mir der Betreiber einer Bude in der Schönhauser Allee hinter vorgehaltener Hand, wäre »Ottos Super-Currywurst nach altem Familienrezept« gar kein Familienrezept, sondern von der Konkurrenz geklaut. Die Konkurrenz, das waren in diesem Fall die Buden von Karl Fleischmann, die auch in der ganzen Stadt vertreten waren. Allerdings nicht so zahlreich wie die von Wurst-Otto.

Egal von wem das Rezept nun stammte, die Currywurst war äußerst lecker, wie ich mich überzeugen durfte. Außerdem hatten sie dort genau den gleichen Kartoffelsalat, wie ihn meine Oma immer machte, und nicht das übliche industriell gefertigte Zeug. Ich konnte nicht widerstehen und bestellte eine Portion davon zu meiner Wurst. Tatsächlich: Es war Fleischsalat darin, Delikatessgurken, Äpfel und Zwiebeln. Ich fühlte mich in meine Kindheit zurückversetzt. Für mich alleine lohnte es sich nicht, diesen Salat zu machen, aber nun wusste ich endlich, wo ich ihn in Zukunft trotzdem würde essen können. Vielleicht war ja auch dieser göttliche Kartoffelsalat das Geheimnis, weshalb es an den Buden von Otto Pahlkes Kette immer deutlich voller war als anderswo. Es konnte allerdings auch daran liegen, dass er offenbar einen deutlich höheren Werbeetat zur Verfügung hatte.

Ich machte der Frau am Wurststand ein Kompliment für den leckeren Salat.

»Ja, den macht Wurst-Otto selber« Es klang, als wäre sie sehr stolz auf diese Tatsache. »Ein altes Hausrezept, sagt der Chef immer.«

»Das müssen Sie dann wohl von meiner Oma gemopst haben.« Ich lachte und fuhr zur nächsten Wurst-Otto-Bude auf der Liste.

Irgendwann konnte ich jedoch keine Currywurst mehr sehen. Ich hob mir die restlichen Buden auf der Liste für den nächsten Tag auf und fuhr stattdessen zum Juwelierladen »Egon Klunker & Söhne«. Der Laden war am Alex. Leider hatte ich das Auto genau an der falschen Seite geparkt und musste ein ziemliches Stück laufen. Andererseits tat der kleine Spaziergang meinem vollen Magen ganz gut. Ich nutzte die Zeit, um meine Cousine Robina anzurufen. Ich weiß ja, dass sie mir eigentlich nichts verraten dürfte, aber Robina ist einfach ein wahrer Schatz, und ich habe ihr im Gegenzug auch schon so manches Mal bei den Ermittlungen helfen können.

Über den Einbruch hatte sie noch nichts gehört, das war ja auch nicht ihr Zuständigkeitsbereich, aber sie versprach, darauf zu achten. Allerdings hatten sie offenbar die Tatwaffe im Wurst-Otto-Fall gefunden, und zwar eines von Pahlkes eigenen Tranchiermessern. Es waren ziemlich viele Fingerabdrücke drauf, einige davon konnten jedoch einwandfrei Arthur Mauerbrecher zugeordnet werden. Der war nämlich kein Unbekannter bei der Polizei. Bisher war er immer nur durch kleinere Einbruchsdelikte in Privathäusern aufgefallen, aber anscheinend hatte er nun auf Mörder umgeschult. Vielleicht gab es da ja Fortbildungen. Ich konnte in dem Fall jetzt nichts weiter tun, zumal Mauerbrecher unauffindbar war. Ich würde also weitere Ergebnisse abwarten und mich später darum kümmern. Robina würde mich auf dem Laufenden halten.

Als ich endlich beim Juweliergeschäft ankam, waren gerade zwei Männer damit beschäftigt eine neue Schaufensterscheibe einzupassen.

Egon Klunker war ein älterer Herr mit schütterem Haar. Mit der richtigen Brille hätte er jeden Erich-Honecker-Look-Alike-Contest gewonnen.

Ich wies mich aus und erklärte ihm, ich sei im Auftrag eines seiner Kunden hier, der starkes Interesse an der raschen Aufklärung des Verbrechens hätte. Ich hoffte, dass er nicht stutzig werden würde, aber ich ging davon aus, dass Familie Klunker nicht alles in Eigenregie produzierte. Es gab sicher Lieferanten, oder zumindest Schmuckstücke von Privatkunden, die er zur Reparatur im Laden gehabt hatte. Ich konnte ihm ja schlecht sagen, dass seine eigene Versicherung mich auf ihn angesetzt hatte.

»Ich kann mir das gar nicht erklären«, sagte er ein ums andere Mal. »Der Einbrecher hat praktisch nur die Halsketten gestohlen. Ein paar wenige Armbänder und Ringe, aber wirklich alle Halsketten.«

»Vielleicht mochte er das andere Zeug nicht.«

»Das ›Zeug‹, wie Sie es nennen, ist hochwertiger Schmuck. Als Hehlerware ließe sich damit in jedem Fall ein sehr guter Preis erzielen. Wieso sollte der Dieb sich also mit einem Teil der Stücke begnügen?«

»Ich bin sicher, dass wir das herausfinden werden. Haben Sie eventuell Fotos von den gestohlenen Schmuckstücken?«

»Sie haben Glück. Ich habe gerade neue Ausdrucke davon gemacht. Die anderen hat die Polizei bereits mitgenommen.«

»Wenn ich die Ausdrucke für eine Weile haben dürfte, würde mir das sehr helfen. Existiert eigentlich auch eine Liste Ihrer Kunden? Also, wer Ihnen etwas abgekauft oder verkauft hat oder hier im Laden reparieren lässt?«

»Selbstverständlich. Ich habe sogar Käuferadressen, zumindest von Stammkunden. Einen Moment bitte. Ich bin zurzeit alleine hier. Meine Söhne kümmern sich darum, dass wir so schnell wie möglich neue Ware erhalten, damit wir bald den normalen Betrieb wieder aufnehmen können.«

Er ging nach hinten in den Privatbereich. Ich nutzte die Zeit, um mich ein wenig in dem Laden umzuschauen. Er war von mittlerer Größe und hell eingerichtet. Sicher war es sonst noch heller, aber einige der Vitrinen waren zerschlagen und das Neonlicht zerstört. Ein Glaskasten, in dem sich nur Ringe befanden, war gänzlich unversehrt. Trotzdem war hier noch etliches zu reparieren.

Egon Klunker kam mit Fotos und Listen zurück.

»Wenn Sie sonst noch etwas benötigen, lassen Sie es mich wissen«, sagte er freundlich, gab mir seine Visitenkarte und notierte auf der Rückseite seine Privatnummer. Ich hatte wahrlich nicht den Eindruck, dass der Mann die Versicherung betrog. Fürs Erste wollte ich mich trotzdem auf die Fotos und Listen konzentrieren.

Ich bedankte mich artig, steckte den braunen Umschlag mit den Unterlagen in meine große Umhängetasche und verließ den Laden. Im Auto blätterte ich die Fotos kurz durch. Vermutlich würde ich nie begreifen, was man an diesem Glitzerkram finden konnte. Die gestohlenen Schmuckstücke waren für meinen Geschmack übertrieben protzig. Ich würde mich später näher damit beschäftigen. Aber zunächst fuhr ich nach Hause.

Das ist das Schöne an meinem Beruf, wenn nicht übermäßig viel zu tun ist: Im Büro denken alle, ich wäre am Schnüffeln. Stattdessen mache ich es mir meist mit einer Tasse ostfriesischem Sonntagstee in meinem Lieblingssessel gemütlich. Der Trick besteht nur darin, nicht ans Telefon zu gehen. Außerdem bin ich dort ja nicht untätig. Ich denke nach. Irgendwie müssen die einzelnen Puzzleteile in meinen Kopf ja zusammengesetzt werden. Und das kann ich nun einmal am besten in meinem Sessel. Ich starre dann immer leeren Blickes auf die Fische in meinem Aquarium. Ich hatte schon so manches Mal eine richtig gute Eingebung, wenn ich meinen Skalar dabei beobachtete, wie er herrschsüchtig einen Schwarm Neons auseinanderscheuchte. Wie der dicke, fette Pahlke es vielleicht mit den kleinen Wurstbudenheinis tat, damit sie keinen Zwergenaufstand anzetteln sollten. Würden die aber so weit gehen, gleich einen Killer anzuheuern?

Irgendwann schreckte ich aus meinen Überlegungen auf. Es war dämmerig, die Teetasse lag umgekippt auf meinem Schoß, und beides war vorher nicht so gewesen. Ich musste wohl eingeschlafen sein, schloss ich messerscharf mit meinem detektivischen Verstand und sah zur Uhr. Kurz vor sieben! Um acht wollte Andi mich abholen! Ich sprang auf und fing an, mich für mein Date mit ihm zurechtzumachen. Die Hose, die ich anhatte, fiel aus. Erstens hatte sie nun einen Teefleck, wenn auch nur einen kleinen, und zweitens war sie nicht sexy genug. Schließlich hatte ich mir meine Gedankennotiz am Vormittag nicht umsonst gemacht.

Hektisch durchwühlte ich meinen Kleiderschrank, aber es wollte einfach nichts zusammenpassen. Meine Wahl fiel irgendwann auf das figurbetonte, schwarze Minikleid, das ich mir mal in einem Anfall von Übermut gekauft hatte, und ich legte es im Bad zurecht. Ich war mir sicher, dass ich während des ganzen Abends darin frieren würde.

Als ich endlich vor dem Spiegel stand, war es bereits halb acht, und es blickte mich das Grauen persönlich an: Ein müdes Knautschgesicht brachte meine allererste Falte besonders gut zur Geltung. Ich bearbeite sie seit geraumer Zeit mit Antifaltencreme, aber ich bekam das widerspenstige Ding einfach nicht in den Griff. Eher hatte ich den Eindruck, als wäre sie bei der Behandlung noch tiefer geworden. Trotzdem schmierte ich nochmal ein wenig von der Creme drauf. Die Haare musste ich auch unbedingt noch waschen. Meine Haare sind ziemlich dünn, trocknen dauert fünf Minuten, Locken rein zusätzliche sieben, Hochstecken nochmal vier. Ein paar gelockte Strähnen heraushängen lassen, dem Spiegelbild die Zunge herausstrecken – Straßenköterblond, äh! – und fertig. Noch ein bisschen Spachteln und Schminken. Schwarzgeränderte Augen sind ja wieder in. Natürlich rutsche ich immer dann mit dem Eyeliner ab, wenn es schnell gehen muss!

Im Fluchen bin ich übrigens gut, und ich konnte diese Fähigkeit noch ein bisschen perfektionieren, denn die Perlonstrumpfhose, die ich anziehen wollte, hatte eine Laufmasche und der Absatz am Schuh war schief getreten. Stimmt, das wollte ich längst machen lassen. Na ja, heute musste es noch so gehen. Andi sollte mir schließlich auf den Busen gucken und nicht auf die Absätze!

Paulaaa, der Mann ist verheiratet!

Na u-hund, wen inte-res-siert das?

Wie durch ein Wunder war ich fertig, bevor es klingelte. Schnell noch ein wenig *Hypnotic Poison* draufgesprüht, dann konnte eigentlich nichts mehr schief gehen. Tat es auch nicht. Allerdings hätte ich mir den ganzen Aufwand sparen können.

Andi starrte mich schon so sonderbar an, als ich die Tür öffnete und zu ihm aufsah. Mir wurde ganz flau im Magen. *What a man!* Der Blick ging durch meine Pupillen bis ganz tief unten in meinen Körper, und ehe ich noch richtig begriff, was mit mir los war, hatte er bereits seine Hand im meine mühsam hochgesteckte Frisur gekrallt, zog meinen Kopf nach hinten, und küsste mich. Lange. Sehr lange. Hatte ich erwähnt, dass ich für solche Küsse sterben könnte?

Er trat irgendwann die Wohnungstür mit dem Fuß zu, und dann waren wir schneller im Bett als ich »Piep« sagen konnte. Aber wer will so etwas schon sagen, wenn der Traummann in der Wohnungstür steht?

Ich sagte auch später nicht viel, und er auch nicht. Verdammt lange nicht. Außer vielleicht »Jaaa!«, und »Oh, mein Gott!« und irgendwas in der Bärensprache oder von welchem Tier wir das auch aufgeschnappt haben mochten. Hühner waren es nicht, das ist schon mal sicher.

Hinterher lag ich in seinen Armen, und wir schwiegen weiterhin einige Minuten gemeinsam. Mir sah der Nichtgebrauch meines Mundwerkes so gar nicht ähnlich, aber es war auch eine außergewöhnliche Situation. Ob er wohl an seine Frau dachte?

»Du-hu, Andi?«

»Hm?« Andi klappte ein Auge auf.

»Du musst mir dankbar sein.«

»Klar, Süße. Du warst der Wahnsinn.«

Ich grinste ins Halbdunkel. »Danke, aber das meinte ich gar nicht. Es geht um den Einbruch bei ›Klunker & Söhne‹. Wenn ich den Fall nicht selbst übernommen hätte, hättest du das heute Abend noch machen müssen, anstatt zu mir zu kommen.«

»Grauenvolle Vorstellung. Meine Heldin!« Er grinste und küsste mich auf die Wange.

»Wenn ich ehrlich bin, habe ich bisher nur die Fotos der gestohlenen Schmuckstücke und eine Liste von Klunkers Kunden organisiert.« Manchmal bin ich ja doch ein wenig faul.

»Zeig doch mal her. Wir können ja mit dem Essengehen noch ein wenig warten.«

Sex macht mich immer sehr hungrig, und heute hatte ich geradezu einen Bärenhunger, aber ich war dankbar für die Hilfe. Ich rollte mich aus dem Bett, knipste die Lampe an und holte die Unterlagen aus meiner Umhängetasche. Gemeinsam breiteten wir im Bett die Fotos aus. Auch bei erneuter Betrachtung konnte ich dem Juwelenkram nichts abgewinnen. Wahre Scheußlichkeiten waren unter den Schmuckstücken. Einige der Ketten gingen vielleicht gerade noch, waren aber nichts für mich. Ich trage nie Schmuck, nicht mal schlichten. Der letzte Ring, der meine Finger zierte, war aus einem Kaugummiautomaten. Da war ich sechs. Wie mir die Fotos in diesem Stadium bei meinen Ermittlungen helfen sollten, war mir auch noch nicht klar. Alle Aufnahmen waren auf der Rückseite mit Nummern versehen.

»Was haste denn da noch?« Andi zog einen brauen Umschlag zu sich heran, der auch auf der Bettdecke lag.

»Das ist die Liste der Kunden, die Egon Klunker namentlich bekannt sind. Käufer, aber auch Verkäufer.«

Andi las sich die Liste aufmerksam durch. Ich beobachtete von der Seite sein Mienenspiel. Als er auf der letzten Seite angekommen war, grinste er. »Heute ist offenbar Weltwursttag.«

Ich konnte nicht ganz folgen.

»Schau hier, Karl Fleischmann. Das ist doch der große Konkurrent von Wurst-Otto. Du hast wohl noch nicht mal auf die Liste geschaut, gib es zu.«

Ich murmelte etwas, dem man entnehmen konnte, dass ich es wohl übersehen hätte.

»Ist er als Käufer aufgeführt, oder hatte er was zur Reparatur abgegeben?«

»Weder noch. Er hat Klunker etwas verkauft. Such mal, ob K17 bei den gestohlenen Sachen dabei ist.«

Ich drehte die Bilder um und blätterte sie durch. K17 – da war es ja. Eine breite Goldkette mit roten Steinen.

»Da ist wohl eine Befragung fällig,« Andi sah mich unternehmungslustig an. »Lass uns vor dem Essen doch mal dem Fleischmann einen Besuch abstatten.«

Andi wollte mich offenbar verhungern lassen, damit ich seiner Frau nichts erzählen konnte. Aber er hatte recht – wir mussten Genaueres erfahren. Immerhin war das ja unser Job. Zuvor rief ich jedoch Egon Klunker auf seiner Privatnummer an und fragte ihn nach K17. Er konnte sich an die Rubinkette erinnern; offenbar hatte er die Nummern auswendig gelernt. Auch, wer ihm die Kette verkauft hatte, konnte er sofort sagen. »Ja, das war der Herr Fleischmann. Vielleicht haben Sie von ihm gehört – er besitzt in Berlin diverse Currywurstbuden. Die Kette ist ein Erbstück, aber da sie seiner Frau nicht gefiel, hat er sie verkauft.«

»Sie können sich nicht zufällig daran erinnern, was Sie ihm dafür bezahlt haben?«

»Oh, doch, selbstverständlich. Besonders, weil er mit den angebotenen zehntausend Euro nicht zufrieden war. Ich habe ihm letztlich elftausendfünfhundert dafür gegeben. Immerhin ist es ja ein schönes Designerstück.«

Ich bedankte mich für das Gespräch und pfiff durch die Zähne, als ich aufgelegt hatte. »Elftausendfünfhundert hat Fleischmann dafür bekommen. Ich würde mir ja niemals so viel Geld um den Hals hängen.«

»Man kann locker noch sehr viel mehr Geld für Schmuck ausgeben, meine Liebe. Aber du scheinst dich für so etwas ja nicht zu interessieren.«

Es klang wie ein Vorwurf, aber ich ignorierte es. Ich sammelte meine Sachen vom Fußboden auf und zog mich wieder an. Frisur und Schminke waren ruiniert. Was soll's. Ich musste Andi ja nun nicht mehr scharf machen.

Er war mit der BVG gekommen, damit niemand sein Auto vor meiner Tür stehen sah, also mussten wir in den ollen GTI steigen. Er tat mir den Gefallen, sofort anzuspringen und brachte uns brav nach Weißensee, wo Fleischmann laut Klunkers Liste wohnte. Das Haus war nicht schwer zu finden. Mir fiel sofort auf, dass die Gegend längst nicht so fein war, wie bei den Pahlkes. Wir gingen durch den kleinen Pfad im Vorgarten zur Tür und klingelten. Eine Frau öffnete; sie mochte Ende vierzig sein, trug ein elegantes, schwarzes Kleid und sah uns abwartend an. Wir wiesen uns aus, und fragten ob ihr Mann zu sprechen sei.

»Was wolln Se denn von dem?«

»Das würden wir ihm gern selber sagen. Wir haben nur ein paar Fragen.«

»Karl! Kaaarl! Da stehen zwei Detektive vor der Tür! Komm doch mal!«

Fleischmann sah ein wenig blass um die Nase aus, als er hinter der Tür zum Vorschein kam. Als wir erwähnten, dass es um »Klunker & Söhne« ging, schickte er seine Frau unter einem Vorwand weg und zog die Tür hinter sich zu.

»Ist es richtig, dass Sie eine Goldkette mit Rubinen an diesen Juwelier verkauft haben?“, fragte ich Fleischmann.

»Ist die Kette auch gestohlen worden? Meine Schwiegermutter hat sie uns vermacht. Ich wollte nicht, dass meine Frau es hört und sich aufregt. Meiner Frau gefiel die Kette nicht, und ideelle Werte kann man nicht essen, sagt sie immer. Sie wollte sich von dem Geld, was sie einbringen würde, gerne eine andere kaufen. Aber der Juwelier wollte erst zahlen, wenn er das gute Stück selbst verkauft hätte. Sie war in Kommission bei ihm. Hoffentlich ist er gut versichert.«

Andi und ich sahen uns an. Elftausendfünfhundert hatte Klunker gesagt. Weil Fleischmann zehntausend nicht gereicht hatten. Einer von beiden log. Ich tippte auf Fleischmann. Hatte irgendjemand von uns vorher erwähnt, dass bei »Klunker & Söhne« etwas gestohlen wurde?

Wir verabschiedeten uns und gingen. Wir hatten noch nicht ganz den Bürgersteig erreicht, als durch ein offenes Fenster die Stimme von Frau Fleischmann schallte: »Karl, verdammt nochmal, wo ist meine Kette?«

Die Antwort war nicht zu verstehen, weil jemand in diesem Moment das Fenster geschlossen hatte.

»Andi, sei mir nicht böse, ich sterbe gleich vor Hunger. Lass uns bitte etwas essen und dabei versuchen einen roten Faden zu finden.«

»Antrag angenommen, aber zuerst fresse ich dich!« Andi küsste mich wieder leidenschaftlich. Zu schade, dass wir heute doch noch so viel zu tun hatten. Immerhin – es ging mir gut. Ich wagte nicht, darüber nachzudenken, wie das alles enden mochte, ich genoss es einfach. Carpe diem oder wie das heißt.

Als wir im Auto saßen, fiel mir etwas ein. »Weißt du eigentlich, wo wir eine von Fleischmanns Currywurstbuden finden können?«

»Wollten wir nicht richtig essen gehen, trotz allem?«

»Natürlich. Ich wollte lediglich noch rasch etwas überprüfen.«

»Ich glaube, es ist gleich eine hier in der Ostseestraße.«

Andi hatte recht. Wir konnten den GTI sogar direkt davor abstellen. Ich lugte durch die Plexiglasscheibe in den Wagen hinein und nickte vor mich hin. Omas Kartoffelsalat. Ich bestellte eine Currywurst und biss einmal hinein. Wieder nickte ich. Sie schmeckte exakt wie die Wurst-Otto-Variante. Ich konnte das nach dem Wurstmarathon heute eindeutig beurteilen.

»Süße, hast du Parkinson, oder lässt du mich an dem eigentlichen Grund für deine Nickerei vielleicht teilhaben?«

»Moment noch. Sagen Sie«, sprach ich den Wurstverkäufer an. »Der Kartoffelsalat, machen Sie den selber?«

»Aba hallo, da könn Se wohl von ausjehn, Frollein. Det lässt der Fleischmann sich nich nehmen. Schließlich is det Rezept von seine Oma. Un der is supalecker, wolln Se wat davon?«

Ich musste den Wurstverkäufer enttäuschen, aber ich hatte nun genug gehört. Ich ließ die Currywurst stehen und ging mit Andi zum Auto.

»Offenbar klaut hier einer vom anderen oder die Buden von Otto und Fleischmann werden alle vom selben Lieferanten beliefert. Die haben den Kartoffelsalat von meiner Oma – in beiden Ketten! Und die Wurst schmeckt ganz genauso.«

»Verstehe ich das richtig, deine Oma macht den Kartoffelsalat?«

»Mensch, Andi, meine Oma ist lange tot. Aber sie hat den immer mit Fleischsalat, Gurken und Äpfeln gemacht, genau wie dieser hier. Den gibt es so sonst nirgends. Ich hab den heute an einer Wurst-Otto-Bude zum ersten Mal entdeckt, und die Frau dort behauptete ebenfalls, dass der Chef den selbst herstellt.«

»Und was hat das mit dem Mord zu tun?« Andi sah sehr skeptisch aus.

»Das finden wir schon noch heraus.«

Wir fuhren zu einem meiner Stammlokale, denn Andi konnte sich ja schlecht dort blicken lassen, wo er sonst mit seiner Frau auftauchte.

Kaum hatten wir einen freien Platz gefunden, da kam auch schon Marcus – den finde ich übrigens auch echt heiß! – und nahm die Bestellung auf. »Hat Wurst-Otto jetzt endlich die Quittung gekriegt!«, wollte er wissen.

Moment, war das eine Frage oder eine Feststellung?

»Weißt du was darüber? Ich meine, mehr als in der Zeitung steht?«

Ich muss so etwas fragen, ich bin schließlich Detektivin. Und Pahlke belieferte nicht ausschließlich Wurstbuden, sondern auch Restaurants.

»Frag bei den Wurstheinis mal nach Fleischmann.«

»Wieso? Meinst du, die Konkurrenz hat was damit zu tun?«

»Irgendwas war da am Laufen. Ich weiß aber auch nichts Genaues.«

Marcus konnte oder wollte dazu wohl nicht mehr sagen, denn er wechselte das Thema. »Dein Lover?« Er deutete mit dem Kopf zu Andi rüber. Ich konnte das Strahlen nicht ausknipsen, und er nickte wissend. »Sieht man dir an. War's gut?«

Gott, wie peinlich! Ich ging erstmal zur Toilette, um nachzusehen, was genau man mir ansah.

Hatte ich schon erwähnt, dass ich seit meinem zwölften Lebensjahr fest davon überzeugt bin, ich würde eines Tages die Tür einer öffentlichen Toilette aufmachen und eine Leiche darin finden? Daher sehe ich jedes Mal erst vorsichtig durch den Türspalt und sage mir immer selbst, dass ich vollkommen spinne. Auch diesmal war das Klo leichenfrei, und als ich Händewaschen ging, übte ich vor dem Spiegel, cool und blasiert auszusehen. Hör auf, so dämlich zu grinsen, Spiegelbild, sooo toll war es ja nun auch wieder nicht, schalt ich mich.

Ich konnte das dusselige Gegrinse zu einem Siegerlächeln abmildern, und ging hocherhobenen Hauptes quer durch das Lokal zu meinem Platz an Andis Tisch zurück. Ich hatte mich schon lange nicht mehr so gut und unbesiegbar gefühlt. Leider kamen mit diesem Hochgefühl auch sofort die Gedanken an die Arbeit zurück. Mein Aquarium kam mir wieder in den Sinn. Hatten die Wurstheinis sich vielleicht tatsächlich zusammengetan, um Pahlke aus dem Weg zu räumen? Aber warum? Ich bringe die Hannemann ja auch nicht wirklich um, bloß weil sie nervt und immer Chef spielt. Es müsste schon etwas Existenzielleres sein. Reichte ein geklautes Rezept als Mordmotiv aus? Ich stellte Andi die Frage laut.

»Wenn damit große finanzielle Einbußen einhergehen, ja, schon möglich. Man weiß ja nie, was in den Leuten vorgeht.«

Hm. Irgendwie war es das noch nicht. Ich aß schweigend meine Lasagne und grübelte weiter. Dabei wollte ich den Abend doch eigentlich genießen.

Andi ließ unter dem Tisch seinen Fuß an der Innenseite meines Beins hochrutschen, und ich schnurrte selig. Ja, wenn die Hannemann mir Andi streitig machen würde! Nicht, dass sie sein Typ wäre, aber allein die Vorstellung, er hätte was mit meiner Erzfeindin, würde mich zur Weißglut treiben. Ich stützte mein Kinn auf die Hand und starrte blicklos auf meinen Teller. »Andi, lass uns nochmal zu Fleischmann fahren!«, bat ich schließlich.

Andi war nur eine Millisekunde irritiert; schließlich war er selbst Detektiv. Wir bezahlten vorne am Tresen und Andi fragte mich, was mir denn eingefallen wäre, und wie wir vorgehen sollten. Nun, ich konnte ja schlecht wiedergeben, was ich beim Essen gedacht hatte, also murmelte ich etwas von weiblicher Intuition, und dass wir ein bisschen lauschen sollten.

Dann rief ich Robina an.

»Wir haben Mauerbrecher geschnappt, als er gerade eine Stereoanlage aus einem Einfamilienhaus schleppte, aber er streitet den Mord an Pahlke vehement ab. Er bietet auch keine vernünftige Erklärung dafür, weshalb wir seine Fingerabdrücke an der Mordwaffe gefunden haben.«

»Apropos Einbruch. Konntest du was über die Sache ›Klunker & Söhne‹ in Erfahrung bringen?«

»Das ist ja überhaupt der Brüller. Wir haben in Mauerbrechers Wagen die Beute aus dem Klunker-Einbruch gefunden, was sagst du nun? Das ist gar nicht seine Kragenweite. Stereoanlagen, Fernseher, Geld, alles aus Privathäusern, das war seine Baustelle.«

»War der Schmuck noch komplett?«

»Die Jungs sagten, dass eine einzige Kette fehlt.«

»Lass mich raten: Ist es vielleicht K17, die Rubinkette?«

Ich konnte meine Cousine tatsächlich noch verblüffen.

»Woher weißt du das denn?«

»Betriebsgeheimnis. Ich habe auch eine Vermutung, wo ich sie finden kann. Sobald ich mehr weiß, melde ich mich wieder.«

»Du musst sagen, was du weißt, das ist ein Fall für die Kollegen.«

»Robinchen, bitte. Es dauert nicht lange.«

Murrend willigte sie ein, und ich legte auf, denn ich wollte jetzt so schnell wie möglich zu Fleischmann. Ich hatte den roten Faden noch nicht ganz gefunden, aber der Aha-Effekt war zum Greifen nah, das spürte ich. Ich startete den GTI, aber der hatte wohl schon Feierabend und maulte mich wieder an. Auch beim zweiten und dritten Mal klang das Geräusch gar nicht gut, und ich wollte mich vor Andi ja nicht zum Hampelmann machen und wieder meine Ansprache halten.

»So kann das ja nichts werden. Du musst dem Auto gut zureden«, sagte er.

Ich sah Andi verblüfft an. Die Männer, die ich bislang kannte, machten immer einen auf taffe Techniker, so mit Motorhaube aufreißen und wichtiges Gesicht machen, während ich drin leise mit dem jeweiligen kranken Auto sprach, was letztlich immer der Grund dafür war, dass es dann brav weiterfuhr.

»Bitte, liebes Auto, wir müssen einen Verbrecher fangen. Lass uns nicht im Stich. Nicht jetzt.« Ich schloss die Augen und drehte den Schlüssel herum. Der GTI sprang sofort an.

»Hab ich es nicht gesagt?« Andi grinste. Ich auch. Wie leicht waren Männer doch glücklich zu machen. Hauptsache, sie konnten glauben, dass die geniale Idee ihre eigene war.

Diesmal parkten wir das Auto ein Stückchen entfernt von Fleischmanns Haus und sahen uns um. Kein Mensch auf der Straße, alles war dunkel. Wir gingen nicht den kleinen Weg auf die Eingangstür zu, sondern liefen über die Wiese links am Haus vorbei. Gerade als wir hinten um das Haus bogen, ging drin das Licht an und fiel grell durch die Terrassentür, so dass wir wie im Scheinwerferlicht standen. Es blieb uns nichts weiter übrig, als uns hinter der Terrassenböschung auf den Boden fallen zu lassen. Andi kuschelte sich schon wieder an mich und knabberte an meinem Ohr – so was behindert die Ermittlungen.

Das Erste, was wir sahen, war Frau Fleischmann. Um ihren Hals hing eine goldene Kette mit roten Steinen. K17. Ich rief Robina an.

»Frau Fleischmann hat K17 um den Hals baumeln. Ihr solltet Mauerbrecher sagen, dass Ihr davon wisst. Vielleicht lockert es seine Zunge.«

»Ich fürchte, das ist schlecht möglich. Mauerbrecher ist den Kollegen entwischt.«

»Machst du Witze?«

»Leider nicht. Wo bist du jetzt?«

»Hinter Fleischmanns Haus. Ich könnte mir vorstellen, dass Mauerbrecher hier auftaucht.«

»Sei vorsichtig. Ich schicke auf jeden Fall jemanden vorbei.«

Drinnen ging der Streit im Hause Fleischmann jetzt so richtig los. Zum Glück schrie Frau Fleischmann laut genug, und es war irgendwo wieder ein Fenster offen.

»Ich frage dich zum letzten Mal: Wo war meine Kette, und was wollten diese beiden Hampelmänner vorhin von dir?«

Moment, sie meinte doch wohl nicht uns?

»Deine Kette musst du verloren haben. Ich habe sie zufällig unter dem Schrank wiedergefunden, als ich etwas aufgehoben habe, das mir runtergefallen war. Das habe ich doch schon x-mal gesagt! Und die beiden vorhin – das war nicht wichtig, wirklich.«

»Und deshalb hast du so geheimnisvoll getan?«

»Ich wollte dich nicht aufregen. Aber wenn du es unbedingt wissen willst, sie waren nochmal wegen Pahlke hier. Sie haben mich allen Ernstes gefragt, ob ich ihm die Rezepte gestohlen und etwas mit seinem Tod zu tun hätte.«

»Und? Hast du?«

»Das ist nicht dein Ernst!«

»Grund genug hattest du ja wohl dazu. Wer hat sich denn von Pahlke übers Ohr hauen lassen, hä?« Frau Fleischmanns Stimme wurde immer schriller.

»Otto war mein Freund! Er wollte Muttis Rezepte doch nur mal ausprobieren, für den Hausgebrauch. Damals hatte er doch noch in Eisenwaren gemacht! Wie hätte ich denn ahnen können, dass er mit unseren Rezepten und einer großen Werbekampagne zum Berliner Wurstmogul wird!«

Ich hatte den Eindruck, Karl Fleischmann würde gleich in Tränen ausbrechen.

»Ja, und Kalle Fleischmann, der große Schlappschwanz, kommt auf keinen grünen Zweig mehr. Gebuckelt hast du vor Pahlke, anstatt dir selbst etwas Besseres auszudenken! Es ist ganz allein deine eigene Schuld, dass kein Mensch mehr unsere Ware will.«

»Das ist ja noch lange kein Grund, mit dem miesen Kerl auch noch ins Bett zu steigen!« Fleischmann Stimme überschlug sich fast und er ruderte mit den Armen, dass ich den Eindruck bekam, er würde jeden Moment kollabieren.

»Ich stehe eben auf erfolgreiche Männer!«

Au Backe, die Ohrfeige, die nun folgte, tat der Frau sicher ziemlich weh. Zeit, einzuschreiten. Wir rappelten uns auf, liefen nach vorne zu Haustür – und prallten auf einen Mann. Er riss sofort die Hände hoch, an einem Arm hingen Handschellen. Es konnte nur Mauerbrecher sein. Er war so verwirrt und erschrocken, dass Andi sich mühelos auf ihn stürzen und ihn im Polizeigriff halten konnte. Dabei plumpsten die beiden gegen die Haustür. Die wurde kurz darauf aufgerissen.

»Karl, ich hab dich nicht verpfiffen, ich wollte dich warnen!« Mauerbrecher war total in Panik.

Fleischmanns Frau erschien auch in der Tür. »Könnte mir bitte jemand erklären, was hier los ist?« Sie stutzte. »Moment mal, Sie waren doch vorhin schon hier.«

»Ja, wir sind die beiden Hampelmänner«, sagte ich giftig.

Fleischmann wurde blass.

Ich sah Frau Fleischmann auf das Dekolleté. »Schön, dass Sie Ihre Kette wiederhaben. Deshalb waren wir nämlich vorhin wirklich hier. Sie stammt aus einem Einbruch bei dem Juweliergeschäft ›Klunker & Söhne‹. Die ganze Beute hat sich im Wagen dieses Herrn angefunden.« Ich deutete auf Mauerbrecher. »Alles, bis auf diese Kette. Schönes Stück. Hat ihrem Mann immerhin elftausendfünfhundert Euro eingebracht.«

Frau Fleischmann schnappte nach Luft. Das war nicht ganz die Version, die sie kannte.

Fleischmann stand bleich neben ihr und schüttelte den Kopf. »Du bist so ein dämlicher Hund, Mauerbrecher. Wie damals, als du hier eingestiegen bist und überall Festbeleuchtung gemacht hast. Ich hätte doch die Polizei rufen sollen, anstatt dich für weitere Einbrüche zu engagieren.«

Weil Fleischmann nicht weitersprach, legte Andi noch einen drauf. »Herr Mauerbrecher ist aber noch viel dümmer. Er hat nämlich seine Fingerabdrücke auf der Tatwaffe hinterlassen, mit der Otto Pahlke umgebracht wurde.«

Da wurde Mauerbrecher hysterisch. »Ich war es nicht, das war Fleischmann! Ich sollte das Messer nur verschwinden lassen!«

»Was dir offenbar großartig gelungen ist«, sagte Fleischmann tonlos. Im Hintergrund waren Polizeisirenen zu hören. Uniformierte Beamte kamen, und auch Robina hatte sich offenbar entschlossen, lieber mitzukommen.

»Ich glaube, von Herrn Fleischmann solltet Ihr Fingerabdrücke nehmen. Die findet ihr sicher auch auf der Tatwaffe.«

»Natürlich! Er hat Pahlke mit seiner Frau erwischt. Und das Rezept hatte Pahlke auch geklaut. Aber als er Pahlke wegen seiner Frau zur Rede stellen wollte, da hat Pahlke gesagt, dass er alles bekommen und ihn vernichten wird. Und da hat Fleischmann rot gesehen. Pahlkes Pech, dass er in der Nähe der Tranchiermesser stand.«

Fleischmann machte einen lahmen Versuch alles abzustreiten. Aber Mauerbrecher hatte alles mit angesehen und konnte später Details zu Protokoll geben, die dies auch bewiesen.

Mauerbrecher und Fleischmann wurden abgeführt, und auch Andi und ich fuhren zum Revier um unsere Zeugenaussagen zu machen. Robina verriet mir später, dass Mauerbrecher berichtete, wie er monatelang für Fleischmann Einbrüche gemacht hatte, weil der ihn sonst verpfiffen hätte. Und als Fleischmanns Frau bemerkt hatte, dass die Kette verschwunden war, die sie sonst nie getragen hatte, hatte er Mauerbrecher befohlen, sie aus dem Juweliergeschäft zurückzustehlen. Weil Mauerbrecher aber nicht wusste, wie die Kette genau aussah, hatte er einfach alle Halsketten mitgenommen, und nur ein paar von den anderen Sachen, um es nicht zu übertreiben. Das wollte er auf eigene Rechnung verkaufen, um Fleischmann davon nicht auch noch etwas abgeben zu müssen.

Fleischmann war durch Pahlkes groß aufgezogenen Rezeptdiebstahl beinahe ruiniert und brauchte das Geld, um den aufwendigen Lebensstil seiner Frau finanzieren zu können.

Als Andi und ich endlich die Wache verlassen konnten, war es mitten in der Nacht.

»Ich glaube, es ist sicherer, wenn ich morgen früh aus meiner Wohnung komme und bei mir zu Hause ins Auto steige. Wer weiß, was sich die Nachbarn sonst zusammenreimen und meiner Frau erzählen.«

Aha. Der Abschiebesatz.

»Schau doch nicht so traurig. Ich bin noch drei Wochen alleine, da können wir uns noch oft sehen. Wie ist es mit morgen?«

Oh, heilige Unvernunft, ich sollte nicht so grinsen. Schließlich machen wir gerade eine Frau unglücklich.

»Sie wird es nicht erfahren, Süße.« Er nahm mich in den Arm und sah mir im Schein der Straßenlaterne tief in die Augen.

Es gibt viele Rätsel auf der Welt. Eines davon ist zum Beispiel, wie Andi wissen konnte, was ich eben gedacht habe.

Aber ich bin schneller als ein Schatten und werde das auch noch herausbekommen.

PAULAS LIEBSTER KARTOFFELSALAT

(Familienrezept, wird in Berlin häufig am Heiligabend gegessen)

ZUTATEN

1,5 kg fest kochende Kartoffeln
500 g *Pfennigs* Fleischsalat (anderer schmeckt einfach nicht)
1 säuerlicher Apfel, z. B. Granny Smith
1 große Zwiebel
1 halbes Glas Cornichons oder Delikatessgurken
4 EL Sonnenblumenöl
2 EL milder Essig (ersatzweise Gurkenwasser)
Salz
Pfeffer

ZUBEREITUNG

Die Kartoffeln am besten bereits am Vortag mit Schale etwa 20 Minuten kochen. Anschließend pellen. In einer großen Schüssel den Fleischsalat mit Essig und Öl vermengen. Apfel, Zwiebel und Gurken in Würfel schneiden und hinzugeben.

Die abgekühlten Kartoffeln ebenfalls in Würfel schneiden, salzen und unter die Fleischsalatmischung mengen. Zum Schluss alles noch einmal mit Salz und Pfeffer abschmecken und mindestens eine Stunde in der verschlossenen Schüssel im Kühlschrank durchziehen lassen.

Dazu werden üblicherweise Wiener Würstchen serviert, aber man kann den Salat durchaus, wie Paula, auch mal mit Currywurst genießen.

Stille des Herzens

von Astrid Mosler

mit Dank an Ulla Mosler

20. Dezember, 17.00 Uhr
Ich frage mich, wie ich den Winter bisher überlebt habe. Diese Stadt ist ein Moloch und ich bin das Opfer in ihrem Bauch. Vom Grau und dem allgegenwärtigen Straßenlärm verschluckt. Sie wird mich verdauen und nichts wird von mir übrig bleiben. Berlin ... Ich wollte hier mein Glück machen. Die kleine Wohnung in Friedrichshain sollte mein Anfang sein. Jetzt ist sie die Endstation. Mir bleibt nichts mehr. Nur noch das Messer.

Doktor Reginald Boser saß noch einige Minuten reglos hinter dem Schreibtisch, nachdem seine letzte Patientin, Frau Kaiserley (zweiundvierzig, drei Kinder, Mann selbstständiger Werbegrafiker ohne Sozialkompetenz, leichte Depressionen und vermindertes

Selbstwertgefühl), seine Praxis in dem zugigen Altbau verlassen hatte.

Die Schwermut seiner Patientin hatte nach Bosers Seelenfrieden gegriffen, ihn mürbe gemacht, wie den Asphalt auf den feuchtkalten Straßen Berlins. Zum Glück kannte er diesen Mechanismus. Mit entschlossenen Handbewegungen zog er den Kerzenleuchter aus dem Regal hinter dem Schreibtisch. Ursprünglich hatte er Irenes Mutter gehört, aber Reginald Boser hatte mit dem schweren, schmiedeeisernen Ding schon immer mehr verbunden als seine Exfrau. Immer, wenn er die dicken Kerzen auf den drei geschwungenen Armen des Leuchters aus grob bearbeitetem Eisen entzündete, erinnerte er sich an die Gräfin, wie er seine Schwiegermutter liebevoll getauft hatte. Er bezweifelte, dass Irene emotional irgendetwas mit dem Leuchter verband. Sie hatte ihre Mutter nie besonders gemocht. Genau genommen hatte Irene nie jemanden besonders gemocht, zumindest nicht in den fünf Jahren ihrer Ehe.

Mit einem trockenen Kratzen entzündete sich das Streichholz an der Reibefläche der Schachtel. Kurz war Boser nach der langen Zeit in dem immer dunkler werdenden Büro geblendet. Vor seinem geistigen Auge stieg das Bild der Wohnung in Frankfurt-Rödelheim auf, wie er allein vor den halb leer geräumten Regalen gesessen und versucht hatte, die Reste seiner menschlichen Würde in Bananenkisten aus dem Supermarkt zu verpacken. Irene hatte bereits alle Dinge entfernt, an denen ihr etwas lag – während er eine Woche lang auf dem Jahreskongress der *Deutschen Gesellschaft für Psychosomatische Medizin und Ärztliche Psychotherapie* in Köln gewesen war. Mitten auf der Anrichte hatte der Eisenleuchter der alten Dame gestanden, ein feines, staubverhangenes Spinnennetz zwischen linkem Arm und dickem Fuß. Die Erinnerung an seine letzten Begegnungen mit der Gräfin in dem kaltgrünen Krankenhauszimmer während der Monate vor ihrem Tod hatte Boser die Entschlusskraft verliehen, nicht nur seine Habseligkeiten aus der Wohnung zu entfernen, sondern direkt ein Umzugsunternehmen zu beauftragen. Innerhalb von einem Tag hatten Möbel, Bücher und sonstige Besitztümer professionell verpackt im Lager der Spedition gestanden, und nur zwei Wochen später hatte er seine Wohnung in der Kopernikusstraße in Berlin-Friedrichshain bezogen.

Genauso, wie das warme Licht der Honigkerzen im Leuchter der alten Dame die dumpfe Traurigkeit seiner Patientin aus seinem Herzen vertrieb, hatte der radikale Ortswechsel die Schreckenslähmung durchbrochen, in die Irene ihn damals versetzt hatte. Zum Glück, denn sonst hätte sie ihn vermutlich bis ans Ende seiner Tage finanziell und emotional ausgeblutet wie ein geschächtetes Lamm. Die Einsamkeit Berlins und die Probleme seiner Patienten waren dem allemal vorzuziehen, fand Boser.

Im warmen Kerzenlicht atmete er und ruhig ein und aus; eine Art Meditation, die ihm zu einem lieben Ritual geworden war, ihm dabei half, in die Gegenwart seines eigenen Lebens zurückzufinden. Wie an jedem seiner Praxistage – Dienstag, Mittwoch, Donnerstag, jeweils nach Vereinbarung – beruhigten sich seine Gefühle und Gedanken bei den Atemübungen im wohltuenden Licht der Kerzen.

Nach etwa zehn Minuten fühlte er sich stabil genug, um der Welt wieder gegenüberzutreten.

Auf dem Weg zur Simon-Dach-Straße ließ der schneidende Berliner Winterwind die Schöße seines dicken Wollmantels flattern. Eine Obdachlose drückte sich zähneklappernd in einen Hauseingang, ohne dass einer der Passanten sie eines Blickes würdigte. Mit einer gewissen Besorgnis dachte Boser daran, dass der Winter noch lange nicht zu Ende war. Seit frühester Kindheit war Reginald besonders kälteempfindlich gewesen, und seit der hässlichen Trennung von Irene hatte sich diese Schwäche noch gesteigert. Im Winter zuvor hatte er einmal fast vierundzwanzig Stunden kein Gefühl im rechten kleinen Finger gehabt, weil er seine Handschuhe vergessen hatte.

Als er die dünne Glastür zum »Echten Falaffelkönig« aufstieß und sich in den warmen Geruch nach frischem Brot, Frittiertem und frischem Gemüse flüchten konnte, war er bis auf die Knochen durchgefroren. Suchend blickte er sich nach der alten Dame aus seinem Wohnhaus um, Ilse Mähl, mit der er lose für den Abend zum Essen verabredet gewesen war. Sie war nicht da – wahrscheinlich hatte sie bei der Kälte ihre Wohnung nicht verlassen wollen. Für den nächsten Tag stand ja zum Glück ihr übliches Mittwochsessen bei ihr im ersten Stock an: Kasseler mit Sauerkraut und Kartoffelpüree. Boser fühlte sich von den bodenständigen Kochkünsten der alten Dame immer an die warmherzige Gegenwart der Gräfin erinnert, zu deren Leibgerichten dieses Kleinod der gutbürgerlichen Küche ebenfalls gezählt hatte. Außerdem war es schön, wenigstens dann und wann etwas zu essen, das ein Mensch zubereitet hatte, den man kannte und der mit einem am Tisch saß.

Nicht, dass ein Falaffel etwas Schlechtes wäre.

Er war nur unpersönlicher.

18.30 Uhr
Alles ruhig, aber niemals still. Der Lärm der Straße begleitet mich, wohin ich auch gehe. Kein Gefühl mehr in Fingern und Zehen. Kein Hunger, kein Durst. Glaube ich. Ich spüre meinen Körper nicht mehr. Alles egal. Zwei Stunden noch, bis zum Wiedersehen. Zwei Stunden. 7.200 Sekunden, sagt der Rechner. Eine Ewigkeit, sagt das Herz. Der Schmerz ist unerträglich, dumpf und schwer. Ein Ring um meine Brust. Ich erfriere.

Einen perfekt zubereiteten Falaffel später machte Boser sich auf den Weg nach Hause. In dem kleinen Café, ein Haus neben dem alten Mietshauses mit der schmutziggrauen Fassade, in dem er wohnte, herrschte noch reger Betrieb. Vielleicht war es den Menschen auch einfach zu kalt und regnerisch draußen, so dass sie den Moment des Weggehens so lange wie möglich hinausschoben. Einer von ihnen wagte es doch und trat genau in dem Moment auf die Straße, als ein

Auto durch die Pfütze über einem verstopften Gully preschte und den jungen Mann mit eisigem Brackwasser bespritzte. Der Wagen fuhr davon, ohne langsamer zu werden.

Mit steif gefrorenen Fingern öffnete er die Haustür und trat in den heruntergewirtschafteten Flur, tauchte ein in den Geruch nach Zitronenreiniger und altem Gemäuer. Acht Mietparteien lebten in den vier Stockwerken des Hauses, keiner von ihnen konnte sich etwas Besseres leisten. Aber alle schätzten es ruhig und sauber, was man dem Treppenhaus anmerkte.

Er fummelte den kleinen Schlüssel in seinen Briefkasten. Was ihm entgegenquoll war vor allem Werbung – wie üblich. Sein Blick glitt über die Postkästen der anderen Hausbewohner und er lächelte. Bei Frau Mähl, zwei Fächer weiter, bemerkte er einen großen Umschlag, der aus dem verkratzen grauen Metallkasten herausragte. Anscheinend hatte die alte Dame ihren Briefkasten heute wieder nicht geleert. Die Arthrose machte ihr wohl doch zunehmend zu schaffen, obwohl sie selten darüber sprach.

Frau Mähl ergriff ohnehin selten von sich aus das Wort. Sie mochte um die achtzig sein und war insgesamt noch sehr rüstig, aber ein Stimmbanddefekt war schuld daran, dass sie kaum mehr als ein Flüstern zustande brachte. Zum Ausgleich hörte sie umso hingebungsvoller zu und war so zu einer Art Hausoma geworden, der jeder sein Herz ausschütten konnte, wenn die Stadt nicht nett zu ihm gewesen war.

Wie schon zweimal zuvor in den vergangenen Tagen zog Boser so viele Sendungen wie möglich aus dem Briefkasten der alten Dame, um sie auf dem Weg nach oben durch ihren Türschlitz zu werfen. Als er in seinem eigenen Poststapel den verhasst-vertrauten Frankierstempel von Irenes Anwalt entdeckte, war er auf einmal nur noch müde.

Ein Klackern und Schnaufen aus dem Inneren des Hauses ließ ihn aufhorchen und löste seine Starre. Langsam ging Boser an der langen Reihe der Briefkästen vorbei in das eigentliche Treppenhaus. Im

Erdgeschoss, wo mit Frau Mähl und Adalbert Kiefer die Senioren wohnten, machte sich ein massiger Glatzkopf mit feistem Schnitzelfriedhof an der Tür der Hausoma zu schaffen. Boser dachte spontan an einen Stier, der wütend mit den Hufen scharrte. Allerdings benutzte dieser Stier seine vorderen »Hufe« gerade dazu, etwas aus Ilse Mährls Schlüsselloch zu ziehen, das verdächtig nach einer aufgebogenen Büronadel aussah. Boser hatte den Mann noch nie gesehen.

Der Fremde fuhr herum, und Boser erstarrte. Beide Männer standen einander einen kurzen Moment lang regungslos gegenüber. Dann machte der Stier eine überraschend schnelle Bewegung vorwärts, Boser wich instinktiv zurück, und ehe er sich versah, stürmte der Fremde an ihm vorbei und eilte mit rumpelnden Schritten zur Haustür, die Sekunden später krachend ins Schloss geworfen wurde.

Fast schon automatisch machte Boser drei regulierte Atemzüge aus seinem Übungsprogramm, dann hatte sich sein Puls so weit beruhigt, dass zumindest das Rauschen in seinen Ohren nachließ. Noch immer zittrig, klingelte er bei Frau Mähl, um sie von dem versuchten Einbruch in Kenntnis zu setzen.

Niemand antwortete.

Boser klingelte wiederholt erfolglos und beschloss, später bei der alten Dame anzurufen. Spätestens am nächsten Tag sah er sie ja ohnehin – und vielleicht war es ganz gut, dass sie nun nicht die Nacht mit dem beunruhigenden Gedanken verbringen musste, jemand könne erneut versuchen, bei ihr einzubrechen.

Er warf den Stapel Briefe durch Ilse Mähls Türschlitz, ging zur Haustür zurück, schloss sicherheitshalber von innen ab und erklomm dann die Stufen zu seiner Wohnung im dritten Stock.

Über ihm im vierten Stock erklang ein monotones Brummen eines Elektrogeräts. Dort war erst vor wenigen Monaten eine junge Studentin mit dem bedauernswerten Namen Nikita Fickelscher eingezogen. Die junge Frau stammte aus Süddeutschland und hatte anscheinend ein Paar echter Elton-John-Fans als Eltern, die den Standesbeamten bei der Eintragung des Vornamens vermutlich ordentlich unter

Druck gesetzt hatten. Möglicherweise hatten sie auch ihrer Tochter ihre elterlichen Vorstellungen mit entsprechendem Nachdruck vermittelt, denn das Mädchen ging immer leicht geduckt und wirkte extrem unsicher. Boser hatte den Verdacht, dass die junge Frau mit dem Leben in Berlin nicht wirklich gut zurechtkam. Frau Mähl hatte erwähnt, dass sie häufig Besuch von Nikita bekam und vermutete, die einzige Bezugsperson des Mädchens zu sein. Während er nach seinem Wohnungsschlüssel suchte, beschloss er, Frau Mähl während des Essens am nächsten Tag gezielt auf Nikita anzusprechen. Vielleicht konnte er helfen.

In seiner Wohnung angekommen, griff er erneut nach dem Brief von Irenes Anwalt. Sein erster Eindruck hatte ihn nicht getrogen – der Inhalt war bitter: Seine Exfrau würde tatsächlich versuchen, den Kontakt zu seinem Sohn per Gerichtsbeschluss weiter einzuschränken. Alle Briefe und die Monologe, die er während der letzten Wochen auf ihren Anrufbeantworter gesprochen hatte, waren vergeblich gewesen. Boser saß, den Brief in der Hand, fast eine Stunde reglos im dunklen Wohnzimmer und versuchte, diese Nachricht zu verdauen.

Als er danach seine vom winterlichen Straßenschmutz befreiten Schuhe auf dem Schuhregal vor seiner Wohnungstür abstellte, war es still im Treppenhaus.

21. Dezember, 10.30 Uhr
Was soll nur werden? Ich bin nicht sicher, ob ich das Richtige tue. Meine Wangen sind nass, aber ich erinnere mich nicht, geweint zu haben. Lange schon ist meine Stimme verklungen. Es ist still wie in einem Grab. Mein Atem steht in weißen Wolken im Raum. Weiße Wolken, ohne Himmel. Ich drehe das lange Küchenmesser in den Fingern und überlege, wo ich es ansetzen soll.

Boser erwachte vom heiseren Bellen einer wütenden Männerstimme, die aus dem Hausflur heraufhallte und durch seine eigenen Wände kaum gedämpft werden konnte. »Unglaublich!«, brüllte die Stimme, »das kann nicht Ihr Ernst sein! Öffnen Sie sofort die Tür!« Sie war tief, scharf und befehlsgewohnt. Ein Menschenschinder, ging es Boser durch den Kopf.

Der Forderung folgte eine langatmige Erwiderung, die Boser nicht verstehen konnte. Allerdings erkannte er die Klangfarbe der zweiten Stimme: Das war Günter Obstler, der Hausmeister. Er war im sechsundfünfzigsten Semester an der philosophischen Fakultät der Humboldt-Universität eingeschrieben und erzählte gerne von seinen neuesten Ideen für seine Magisterarbeit. Günter war einem Gegenüber mit so viel Härte in der Stimme mit Sicherheit nicht gewachsen.

Boser öffnete seine Wohnungstür und spähte ins Treppenhaus. Die streitenden Stimmen klangen von unten herauf. Boser schlüpfte in graue Anzugshose und dunklen Wollpulli, huschte ohne Socken in den lammfellgefütterten Hausschuhen nach unten und sondierte zunächst vorsichtig die Lage.

Vor Frau Mähls Wohnungstür wich Günter gerade einen Schritt zurück. Sein langer, grauer Pferdeschwanz hing mutlos herab; die verwaschene Jeans und zwei unförmige, von irgendeiner Studienkollegin, Freundin oder Bettgefährtin (die Unterschiede verschwammen da regelmäßig) selbstgestrickte Pullover ließen ihn noch kleiner erscheinen. Den zweiten Mann kannte Boser ebenfalls: Es war der verkappte Einbrecher von gestern Abend. »Was meinen Sie damit«, donnerte dieser gerade, »dass Sie keinen Schlüssel haben? Sie wollen doch der Hausmeister von diesem Drecksloch sein! Aufschließen! Aber zackig!«

Günter schien noch weiter in sich zusammenzuschrumpfen, und im Näherkommen bemerkte Boser den viehischen Geruch nach altem Schweiß, der von dem Fremden ausging. »Doktor Boser!«, rief Günter hörbar erleichtert aus, als er sich umwandte und ihn entdeckte, »Sie sind doch ein guter Freund von Frau Mähl!«

Auch der Stier mit rot gefleckten Wangen fixierte Boser nun, als nähme ein Scharfschütze sein Opfer ins Visier. »Haben Sie eine Ahnung, wo meine Mutter ist?«, blaffte er.

»Nein«, entgegnete Boser ruhig. »Ich habe sie seit einigen Tagen nicht mehr gesehen, aber …«

Der Fremde unterbrach ihn mit einem genervten Grunzen und richtete seine Aufmerksamkeit erneut auf den Hausmeister. »Meine Mutter ist alt, senil, und wer weiß, was ihr passiert ist. Öffnen Sie endlich die verdammte Tür!«

Günther warf Boser einen flehenden Blick zu. Dieser dachte derweil angestrengt nach: Günther besaß für jede der Wohnungen im Haus einen Ersatzschlüssel, und Frau Mähl war alles andere als senil. Sie konnte einfach nicht laut sprechen. Einen Sohn hatte sie nie erwähnt, und es gab auch keine entsprechenden Fotos oder Ähnliches in Wohnzimmer, Flur oder Küche. Er holte tief Luft und wandte sich an Günter: »Wo liegt denn das Problem?«

Günter deutete auf die verschlossene Tür: »Sie hat zusätzliche Schlösser installieren lassen. Zwei Stück.«

Boser trat näher heran, den Blick auf Stiersohn gerichtet, der tatsächlich Platz machte. In der Tat: Im alten Eichenholz der Wohnungstür waren kurz über der Türklinke zwei neue Schlösser angebracht, die Boser nie zuvor aufgefallen waren.

»Das ist ein Unding!«, ereiferte sich der Glatzköpfige erneut. Er schlug mit der flachen Hand gegen die Tür. »Wohnt hier noch jemand, der Kontakt zu meiner Mutter hat?«

Nicht willens, diesen Menschen weiteren Hausbewohnern zuzumuten, schüttelte Boser stumm den Kopf. Der Stier, der es offenbar nicht für nötig hielt, seinen Namen zu nennen, grunzte erneut und zückte ein Handy. »Ich rufe jetzt die Polizei und lasse diese Tür aufmachen. Unmöglich, so was!«

Boser nickte stumm und fragte sich, ob Frau Mähl die zusätzlichen Schlösser möglicherweise wegen ihres unangenehmen Sohns hatte installieren lassen. Er sorgte sich um die alte Dame. Warum öffnete sie nicht? Sie hatte die Wohnung für Einkäufe verlassen; auch, um sich mit ihm oder anderen Hausbewohnern zu treffen.

Freunde hatte sie ansonsten keine mehr. »Alle tot«, hatte sie geflüstert, als er einmal zaghaft danach gefragt hatte.

Eine Viertelstunde später betraten zwei Polizeibeamte – »Nickert und Rickert, guten Tach!« – das Treppenhaus durch die von Günter verkeilte Haustür. Der Stier ratterte herrisch seine Geschichte herunter; Boser und Günter nickten zustimmend an den passenden Stellen. »Wer sind denn Sie, wenn ick fragen darf?«, wollte Rickert (oder war es Nickert?) wissen. Die drei Männer gaben ihre Namen und kurze Erklärungen für ihre Anwesenheit ab. Der Glatzkopf zückte sogar direkt seinen Personalausweis, auf dem Boser tatsächlich den Nachnamen Mähl entziffern konnte.

Die Polizisten blickten einander kurz an und stellten einige wenige, zweckmäßige Fragen: Wann war Frau Mähl zum letzten Mal gesehen worden? Stapelte sich Post in ihrem Briefkasten? Hatte sie erwähnt, dass sie verreisen wollte? Danach brauchte es keinerlei Überzeugungsarbeit, bis Nickert (oder Rickert) sein Handy zückte und den Schlüsseldienst verständigte, während Boser in wachsender Besorgnis weiter auf dessen Kollegen einredete: »Ich treffe mich in der Regel einmal in der Woche mit Frau Mähl zum Mittagessen. Heute ist eigentlich einer dieser Tage, aber genau genommen müsste man Kasseler und Sauerkraut bereits riechen können.«

Während die Männer im kalten Treppenhaus auf den Schlüsseldienst warteten, Boser die Kälte in seine strumpflosen Füße kroch und die Zeit unendlich langsam verstrich, platzte dem Stier erneut der Kragen: »Jetzt öffnen Sie doch endlich die verdammte Tür! Möglicherweise liegt meine Mutter dahinter halb verdurstet und mit gebrochenen Beinen!«

Bevor die Gesetzeshüter etwas erwidern konnten, traten zwei Sanitäter und der Mann vom Schlüsseldienst in den Hausflur. Wenige Minuten später schwang die Wohnungstür auf.

Mit den Worten »Frau Mähl? Sind Sie da? Hier ist die Polizei!«, betrat Rickert oder Nickert die Diele, dicht gefolgt von seinem Kollegen und den Sanitätern.

Er bekam keine Antwort.

Eine kurze Untersuchung aller Räume ergab keine weiteren Erkenntnisse, abgesehen von dem kleinen Gebirge an Briefen und Werbesendungen, das sich hinter der Wohnungstür auf dem Dielenboden befand. Beunruhigt erkannte Boser einige der Sendungen als diejenigen wieder, die er in den letzten Tagen aus dem überquellenden Briefkasten der alten Dame entfernt und durch den Briefschlitz in der Wohnungstür geschoben hatte.

»Hier ist niemand«, stellte einer der beiden Beamten fest.

Der Stier schnaubte ungeduldig und verschwand im Wohnzimmer. Boser hatte den Eindruck, er wolle zum Sekretär hinübergehen, doch in diesem Moment sprach ihn einer der Beamten noch einmal auf Frau Mähl und eine eventuell von ihr erwähnte geplante Reise an.

Boser hörte aufmerksam zu und musste sich eingestehen, dass die Hausoma offensichtlich auf mysteriöse Art und Weise verschwunden war, möglicherweise sogar schon seit mehreren Tagen. Und sie alle, ihre Pflegeenkel, hatten nichts davon gemerkt. Er schluckte trocken, murmelte eine Verabschiedung, und verließ die leere Wohnung so schnell wie möglich. Beim Hinausgehen musste er sich an dem Stier vorbeidrücken, der gerade aus dem Wohnzimmer kam. Bosers Blick fiel durch die angelehnte Wohnzimmertür erneut auf den Sekretär – normalerweise war er peinlich geordnet und zugeklappt, aber jetzt stand er offen und quoll über von Papieren. Der Blick des Glatzköpfigen war zugleich eine Warnung und eine Herausforderung, seine Durchsuchung der Unterlagen zu kritisieren. Boser brachte nicht die Energie auf, sich einem Streitgespräch zu stellen und flüchtete hinauf in seine Wohnung.

Beim Aufschließen hörte er ein Rumoren auf dem Treppenabsatz über sich. Er spähte hinauf und sah, wie Nikita mit konzentriert nach unten gerichtetem Blick und mürrischem Gesichtsausdruck die Stufen hinabhastete. Mit einem verschüchterten Nicken huschte sie an ihm vorüber. Boser graute vor dem Moment, in dem die Studentin herausfinden würde, dass ihre vermutlich einzige Bezugsperson verschwunden war.

Boser telefonierte kurz entschlossen seine Patienten für den heutigen Tag durch und sagte die Sitzungen wegen Krankheit ab. Dann setzte er sich auf die Couch und starrte reglos aus dem Fenster.

14.00 Uhr
Die Messerklinge verspricht so viel Frieden, dass ich kaum an etwas anderes denken kann. Der Tag ist unerträglich. Zu viel Licht, zu viel Lärm, zu viele glückliche Menschen, die sich auf das Fest der Liebe freuen. Ich könnte kotzen. Nur der Gedanke daran, dass ich mir später Luft machen kann, hält mich aufrecht.

Etwa drei Stunden später klingelte es an Bosers Wohnungstür. Die rothaarige Mittvierzigerin davor stellte sich als Kriminalhauptkommissarin Karina Wentzel vor und bat, im Zuge der Hausbefragung, wie sie es nannte, hereinkommen zu dürfen. In einem kurzen, straff geführten Gespräch befragte sie ihn freundlich und effizient zu Frau Mähl, seinen letzten Begegnungen mit ihr, wo sie üblicherweise eingekauft hatte und Ähnlichem. Er schilderte seinen Eindruck, dass ihr Sohn die Unterlagen der alten Dame durchwühlt habe und dass Frau Mähl selbst nie von einem Sohn gesprochen und auch sonst keinen Anlass zu der Vermutung gegeben hatte, sie hätte Kinder. Kommissarin Wentzel machte sich einen Vermerk in ihrem Notizblock. »Ein unangenehmer Mensch«, fügte Boser hinzu und fragte sich stumm, wie sein eigener Sohn später einmal werden würde. Und ob er die Gelegenheit haben würde, es herauszufinden.

»Wir haben den Mann nach Hause geschickt.« An Wentzels gewollt nüchternem Tonfall und ihrem Blick konnte Boser ablesen, dass sie den Stier gleichfalls nicht sympathisch fand.

»Wonach könnte er gesucht haben?«, überlegte er laut.

»Bitte haben Sie Verständnis, dass ich Ihnen dazu keine Informationen geben kann. Wir haben die Fahndung eingeleitet, gehen aber davon aus, dass Frau Mähl die Aufdringlichkeit ihres Sohnes satt hatte und einfach weggefahren ist. Sie wird sicherlich bald wieder auftauchen.« Wentzel klang freundlich, aber bestimmt.

Ihre Vermutung ergab für Boser keinen Sinn, doch als er seine Überlegungen mit ihr teilen wollte, würgte die Kommissarin ihn ebenso ab wie zuvor. Die Polizei werde alles in ihrer Macht Stehende tun, um das Verschwinden der alten Dame aufzuklären. Dann ließ sie sich von ihm eine Liste aller Hausbewohner inklusive der Zeiten, in denen diese sich üblicherweise zu Hause aufhielten, zusammenstellen, schüttelte ihm fest die Hand und verabschiedete sich.

Kurz darauf klingelte es erneut, dieses Mal hektisch und ungestüm. Sobald Boser öffnete, drückte Günter sich in die Diele.

»Unglaublich! Die Kripo!« Er war völlig aufgelöst, und Boser schenkte ihm erst einmal einen Grappa ein. »Die haben mich verhört! Wie in den Siebzigern! Ach Gott, ach Gott. Wenn die jetzt meine alte Akte wieder aufmachen ... ich stehe praktisch mit einem Fuß im Knast! Regi, was soll ich nur tun?«

Boser lächelte, denn mit einem Polizeiverhör nach einer eskalierten Demo oder einer Razzia hatte sein Gespräch mit Frau Wentzel wirklich nichts zu tun gehabt. Allerdings verzerrte seine Sorge um die alte Dame die beruhigend gemeinte Geste zu einer Grimasse. »Aber du weißt doch nichts, oder?«, fragte er.

»Kein Stück. Ich habe Frau Mähl sicher zwei Wochen nicht mehr gesprochen. Unglaublich, oder? Unglaublich.« Günter kippte den Alkohol auf einen Rutsch hinab und knallte das Glas auf den Sofatisch; Boser schenkte nach.

»Aber dieser Sohn – ich sag dir, da ist was faul. So ein Ekel! Wollte doch glatt ihre Wohnung durchsuchen, während die Polizisten sich in der Küche umgesehen und festgestellt haben, dass der Kühlschrank total voll ist. Hat irgendwas von Aktien gemurmelt ... ich wette, der ist auf ihr Geld aus.«

Boser dachte an die sparsamen Einkäufe, die er der alten Dame regelmäßig von der Straße in ihre Wohnung getragen hatte. »Welches Geld?«

»Na, du weißt schon. Alte Menschen haben doch oft ein kleines Vermögen unter der Matratze versteckt. Aber nicht mit mir, mein Lieber, nicht mit mir! Ich habe mich ihm entgegengestellt und ...«

Boser fragte sich, ob Günter in letzter Zeit möglicherweise etwas zu häufig in der Zeitung des Schweinesystems mit den Riesenüberschriften geblättert hatte.

»Was und?«

»... und nach den Polizisten gerufen. Die haben ihn rausgeschmissen und die Wohnung durchsucht. Stell dir vor – alle Koffer sind noch da. Und ihre Zahnbürste. Sie haben gesagt, sie geben die Fahndung nach Frau Mähl raus. Die Kripo würde kommen und uns alle befragen. Kannst du dir das vorstellen? Die Fahndung? Als hätte sie eine Bank überfallen!«

Es kostete Boser fast eine Stunde, den aufgelösten Günter so weit zu stabilisieren, dass er sich in der Lage fühlte, Bosers Wohnung zu verlassen. Den Rest des Nachmittags saß Boser allein auf seinem Sofa und starrte aus dem Fenster in den grauen Himmel über den Häuserzeilen Berlins. Wie hatte das passieren können? Die alte Dame war eine seiner wenigen Bezugspersonen. Wieso war ihm nicht aufgefallen, dass sie verschwunden war?

Das Schuldbewusstsein hatte sich auf leisen Sohlen eingeschlichen, was die professionelle Maschinerie seines Gehirns in Bewegung setzte. Seine Reaktion war völlig normal, konstatierte er. Einer Person, die ihm nahestand, war aller Wahrscheinlichkeit nach etwas Schlimmes passiert, und das vermutlich bereits vor einiger Zeit. Nicht verwunderlich, dass er sich verantwortlich fühlte.

Durch diese Rationalisierung verlor sein schlechtes Gewissen nach einiger Zeit die Schärfe, aber es blieb unter der Oberfläche seines Bewusstseins präsent wie eine sich langsam füllende Eiterbeule. Auch diesen Prozess kannte Boser gut: Er würde, auch in Abhängigkeit von den Ermittlungsergebnissen, über einige Tage oder auch Wochen verlaufen, bis er irgendwann wieder Ruhe fand. Mit einem resignierten Seufzen stand er auf, griff nach seiner Jacke und machte sich auf den Weg zum »Gas Light Poetry Café«, ein paar Meter die Straße hinunter. Auf der gegenüberliegenden Straßenseite lief ein etwa zehnjähriger Junge in einem dicken Anorak weinend Richtung U-Bahn-Station. Niemand fragte ihn, warum.

Gegen halb acht trat Boser gesättigt und gewärmt von zwei Gläsern Berliner Weiße mit Strippe den Weg zurück in seine Wohnung an. Vor der mit neuen Schlössern versehenen Tür von Ilse Mähl mit der Nachricht der Polizei, wo sie sich die Schlüssel für ihre neuen Schlösser abholen konnte, hielt er unvermittelt inne.

Die Eiterbeule seines Gewissens machte sich schmerzhaft bemerkbar. Einem inneren Bedürfnis folgend, strich er sacht über die versiegelte Wohnungstür. Ilse Mähl würde ihm fehlen. Ihr geduldiges Zuhören und die geflüsterten Ratschläge bei Pfefferminztee und Gesundheitskeksen hatten die Kälte der Stadt etwas gemildert, die Narben und Wunden, die er in sich trug, ein wenig gegen die unbarmherzige Großstadtwelt abgeschirmt. Ihre Wohnung war ihm eine Notunterkunft gewesen, die nun plötzlich geschlossen hatte.

Plötzlich hielt er in seinen Gedanken inne. Er ging, wie ihm jetzt erst bewusst wurde, wie selbstverständlich davon aus, dass Frau Mähl nicht wiederkommen würde. Mehr noch: Dass man sie ermordet hatte. Boser war über sich selbst schockiert. Ja, die Hausoma war verschwunden. Die Polizei glaubte zwar nicht an ein Verbrechen, aber immerhin wurde nach ihr gesucht. Vielleicht gab es eine harmlose Erklärung für die ganze Sache. Boser wollte sich abwenden und nach oben gehen, aber es gelang ihm nicht. Irgendetwas in ihm war sich sicher: Die alte Dame lebte nicht mehr.

Diese Erkenntnis kam ganz nüchtern. Trotzdem wurde ihm kalt.

Boser stand noch immer vor der Wohnungstür der alten Dame, als die Haustür aufgestoßen wurde, und Nikita gemeinsam mit einem Schwall kaltfeuchter Luft ins Treppenhaus kam, in den Händen eine

Isoliertasche aus dem Supermarkt, aus der ein zarter Geruch nach warmer Pizza aufstieg.

»Guten Abend, Frau Fickelscher!«, rief er ihr entgegen.

Sie erwiderte seinen Blick kurz und unwillig, deutete ein Nicken an und machte keine Anstalten, innezuhalten. Ihre blassen Hände mit dem Pizzapaket hatten bläuliche Fingerspitzen, und Boser erinnerte sich an seinen Vorsatz, sich ihrer ein wenig anzunehmen. »Lange Vorlesung gehabt?«, unternahm er daher einen zweiten Versuch, ein Gespräch zu beginnen.

Sie nuschelte eine unverständliche Erwiderung, aus der sich nur das Wort »Pizza« entnehmen ließ und senkte den Kopf, so dass ihr die langen Haare vors Gesicht fielen. Eine klassische Strategie, sich unsichtbar zu machen, insbesondere bei sehr unsicheren Menschen, auch Opfern von häuslicher Gewalt. Ehe Boser ein dritter schlauer Gesprächsanfang einfallen wollte, hatte sie sich schon an ihm vorbeigeschoben.

Ihm blieb nichts anderes übrig, als ihr die Treppe hinaufzufolgen – eine eher ungünstige Position, um jemand Unwilligem eine Unterhaltung aufzunötigen. Zumal sie ein strammes Tempo vorlegte. Auf halbem Weg in den dritten Stock gab er schließlich auf, hielt inne, und lauschte, wie sie, oben ankommen, die Pizza abstellte. Es folgte eine längere Zeit hindurch das Rascheln von Kleidungsstücken, bis schließlich – nach erstaunlich langer Zeit – das Klimpern ihres Schlüsselbunds erklang. Kurz darauf fiel ihre Tür ins Schloss.

20.30 Uhr
Ich bin froh, dass ich es getan habe. Besser kalte Luft als kalter Stahl. Trotzdem war es nie wärmer im Raum. Ich plappere wie ein Kleinkind. Niemand wird mir den Mund verbieten. Niemand sich abwenden und davongehen. Niemand mich allein lassen. Niemals mehr.
Ein Mensch ist mehr als nur ein Stück Fleisch, selbst im Tod.

Boser fand keine Ruhe. Er versuchte es mit Lesen, mit Fernsehen, aber immer wieder kehrten seine Gedanken zu Ilse Mähl zurück. Schließlich gab er es auf, sich selbst abzulenken, und beschloss, noch einmal hinauszugehen.

Dick in Mantel, Schal und Handschuhe eingepackt, traf er im zweiten Stock auf Carolin Koriath. Sie war Krankenschwester im Vivantes-Klinikum und brach gerade zu ihrer Nachtschicht auf. Boser kannte sie als eine sehr scheue, stille Person, die stets den Eindruck vermittelte, sie liefe vor etwas – oder jemandem – davon. Sie wohnte schon länger im Haus als er, und er erinnerte sich nicht, dass sie einmal Besuch gehabt hätte oder in den Urlaub gefahren wäre. Vermutlich trug sie ein paar hässliche Erinnerungen mit sich herum.

»Guten Abend, Doktor Boser«, flüsterte sie.

Obwohl offensichtlich war, dass sie lieber still und wortlos nach unten verschwunden wäre, sprach er sie an: »Haben Sie schon gehört, dass unsere Frau Mähl verschwunden ist?«

Sie blickte ihn kurz erschrocken an, nickte aber.

»Furchtbar, nicht wahr? Wo wir doch eigentlich nicht zu diesen anonymen Großstadtmietshäusern gehören, in denen keiner auf den anderen achtet.«

Sie sah ihm nicht in die Augen, als sie antwortete: »Ja, schrecklich.«

»Ich überlege die ganze Zeit, ob mir nicht vielleicht doch in den letzten Tagen irgendetwas aufgefallen ist, das der Polizei bei der Suche weiterhelfen könnte …« Boser ließ den Satz bewusst offen ausklingen. Inzwischen hatten sie den Gang mit den Briefkästen erreicht. Die Krankenschwester hielt inne und schien ebenfalls zu überlegen. »Ich habe sie lange nicht mehr richtig gesprochen«, sagte sie schließlich, den Blick noch immer gesenkt. »Früher, bevor die Fickelscher hier einzog, haben wir uns fast jede Woche auf einen Pfefferminztee getroffen, aber in letzter Zeit …« Sie stockte erneut.

»… nicht mehr«, vollendete Boser, und sie nickte.

»Ich weiß nur, dass sie sich beinahe mit Herrn Köhler gestritten hätte.«

Das war ihm neu und sah Frau Mähl gar nicht ähnlich. Doch ehe er nachhaken konnte, murmelte sie: »Bitte entschuldigen Sie, Doktor Boser, aber ich muss jetzt wirklich zum Dienst.« Hastig wandte sie sich ab, und ihm blieb kaum genug Zeit, ihr ein »Bis demnächst dann« nachzurufen, ehe die Haustür hinter ihr ins Schloss fiel.

In Gedanken versunken, blieb er allein vor den Briefkästen zurück. Köhler war ein Eigenbrötler, Ende sechzig, der seine Wohnung mit einer fetten Katze, seiner Privatbibliothek und dem penetranten Gestank nach Mottenkugeln teilte. Boser hatte mit dem alten Mann nie Probleme gehabt; abgesehen von einem gelegentlichen Gruß hatten sie kaum miteinander gesprochen. Langsam drehte Boser sich um und stapfte in den Hausflur zurück. Mit der versiegelten Tür Frau Mähls im Rücken, starrte er einen Moment wie gebannt auf den dünnen Streifen Licht, der unter Köhlers Tür hervordrang, dann drückte er entschlossen auf den Klingelknopf.

Es dauerte einen Moment, dann hörte man schlurfende Schritte aus der Wohnung, und die Tür öffnete sich. Boser blickte in das stahlblaue Auge Adalbert Köhlers, das in dem schmalen Spalt zu sehen war, den die vorgelegte Kette der Wohnungstür ermöglichte. »Ja?«, knarrte der alte Mann.

»Entschuldigen Sie, Herr Köhler, ich wollte fragen, ob Sie schon von der furchtbaren Sache mit Frau Mähl gehört haben?«

Köhler schnaubte. »Glauben Sie, ich hätte das Getöse vor meiner eigenen Haustür heute Vormittag überhören können? Dazu hätte ich schon tot sein müssen.« Dann verstummte er. Offenbar hatte ein Blick in Bosers entgleiste Gesichtszüge ihm die Pietätlosigkeit seines Kommentars bewusst gemacht. Auch Köhler schien insgeheim davon auszugehen, dass Ilse Mähl tot war. »Möchten Sie auf einen Korn hereinkommen?«, murmelte er schließlich, und Boser nickte.

Wenige Minuten später saß Reginald Boser auf einem uralten Blümchensofa, dessen Sprungfedern sich spürbar in sein Sitzfleisch drückten. Staunend blickte er in der Wohnung umher: Alles war voller Bücher. Die bis unter die hohe Decke reichenden Regale quollen über, Tische, Boden und jegliche sichtbare Abstellfläche schienen unter dem Gewicht von Bücherstapeln zu stöhnen.

Köhler räumte zwei aufgeschlagene Lexika zur Seite, um auf dem Couchtisch Platz für zwei Schnapsgläser und die Flasche zu machen. Die beiden Männer prosteten einander zu und stürzten den scharfen Klaren.

»Schlimme Sache, das mit der Mähl.«

Boser nickte und sah ihn abwartend an. Im nächsten Moment fuhr er zusammen, und das Schnapsglas landete polternd auf dem Dielenboden. Wie aus dem Nichts war eine riesige graue Katze auf Köhlers Schoß gelandet. Der Alte schien nicht im Geringsten überrascht, und als Boser das dickwandige Glas zurück auf den Tisch gestellt hatte, streichelten die knochigen Finger des Alten bereits routiniert, und die Katze schnurrte.

Boser räusperte sich. »Ich habe gehört … nun ja, Sie hätten sich mit Frau Mähl gestritten.«

Die Finger hielten inne; das Schnurren verstummte.

»Wer sagt denn so was?« Die Schärfe war schlagartig in Köhlers Stimme zurückgekehrt. Als Boser nicht antwortete, seufzte der alte Mann schließlich und entspannte sich wieder. »Wir sind nicht gerade Freunde, das ist richtig. Sie ist allergisch auf Peppi, und ich lasse ihn manchmal tagsüber im Treppenhaus herumstromern, damit er nicht völlig verfettet.« Die fleckige Hand gab dem Kater einen liebevollen Klaps auf den dicken Hintern, und Peppi begann erneut zu schnurren. »Auf alle Fälle hoffe ich, es ist ihr nichts Schlimmes zugestoßen. Diese Stadt hat ziemlich finstere Seiten, besonders für eine alleinstehende Dame, auf die niemand aufpasst, und vor allem im Winter. Sie kann einen verschlucken wie ein Moloch, kalt und unbarmherzig. Noch einen?«

Boser übernahm das Nachschenken. Dann blickte er sich noch einmal in Ruhe in der vollgestopften Wohnung um. »Beeindruckende Sammlung.«

Köhler nickte stolz. »Ich habe die Lexikonsammlung meines Vaters geerbt – und damit wohl auch die Liebe zu Büchern. Leider vermehren sie sich wie die Karnickel. Nächste Woche kommt mein neuer Brockhaus … ich weiß ehrlich gesagt noch nicht, wo ich den unterbringen soll. Vor allem, seit ich bemerkt habe, dass die Bücher in der Vorratskammer zu schimmeln beginnen, weil die Wand so schlecht isoliert ist.«

Boser lächelte. Es klang, als spräche der Alte von seinen todkranken Kindern.

Als Boser einige Zeit später endlich im Bett lag und merkte, wie er schläfrig wurde, ging ihm durch den Kopf, was Herr Köhler über die Stadt gesagt hatte. Boser selbst schätzte den deutlichen Unterschied zwischen der freundlichen Wärme im Sommer und der bitteren Kälte des Winters. Man wurde immer daran erinnert, dass die Welt nicht stillstand – selbst wenn es unerträglich kalt war, würde es auch wieder schön und warm werden. Umgekehrt konnte auch der schönste Sommer nie von Dauer sein.

Mit diesem Gedanken versank er endlich in wohltuender Dunkelheit.

22. Dezember, 8.30 Uhr

Ich erwache zitternd und mit blauen Lippen. War alles nur ein Traum? Doch nein, alles ist beim Alten. Grausam und vertraut. Ich erzähle von dem Traum, den ich tatsächlich hatte, all den harten Gesichtern und dem beißenden Spott. Meinem Schmerz und meinem Wunsch, ihnen alles heimzuzahlen, den ich nie in die Tat umsetzen werde. Im Fluss meiner Worte legt sich die Wut langsam und verraucht. Ich widerstehe erneut und lege das Messer beiseite.

Boser lag bereits seit etwa einer Stunde wach und grübelte erneut darüber nach, wie ihm das Verschwinden der alten Dame hatte entgehen können. Sicherlich: Der Ärger mit Irene, die Angst um den Verlust seines Sohnes, die Stille in seinem Leben – all das beschäftigte ihn, ließ seine Gedanken wieder und wieder ziellos um einen Mittelpunkt kreisen, den es nicht mehr gab. Es war kalt geworden in seinem Leben, kalt wie der klirrende Berliner Winter vor den Scheiben seines Schlafzimmerfensters. Und er musste sich eingestehen, dass dieser auch in sein Herz eingezogen war. Frierend stieg er aus dem Bett, um sich ein Frühstück zu bereiten. Allein an seinem Tisch starrte er aus dem Fenster.

Es war halb zehn, als es an seiner Tür klingelte. Als Boser öffnete, war er froh, die Kette vorgelegt zu haben. Vor seiner Tür stand der Stier.

»Doktor Boser?«

»Ja?«

»Kann ich hereinkommen, um Ihnen ein paar Fragen über meine Mutter zu stellen?«

»Wenn ich ehrlich bin, ist es gerade schlecht.«

Boser sah die Wut in den Augen seines unerwünschten Besuchers blitzen, aber er hielt sich zurück. »Ich mache mir große Sorgen um meine Mutter, und in diesem Haus ist praktisch keiner daheim, der mir genauer erklären könnte, was sie in letzter Zeit so getrieben hat.«

Das klang eher wie eine Drohung. Boser reagierte nicht, was für konfrontationsorientierte Personen wie er wusste oft schwer zu ertragen war.

»Oben war ich auch schon, bei der kleinen Blonden«, fuhr Mähl junior fort.

Der Gedanke, dass er Nikita vielleicht vor dem Haus aufgelauert haben könnte, war Boser sehr unangenehm.

»Studentin, he? Na ja. Jedenfalls sind Sie der Einzige, der gesagt hat, dass er meine Mutter öfters gesprochen hat.«

Boser schwieg noch immer.

»War sie in letzter Zeit irgendwie anders als sonst? Hatte sie … na ja, vielleicht einen Freund oder so was?«

Boser musterte den Mann aufmerksam. Was, wenn Günter unrecht hatte und der Kerl nicht auf irgendwelche Erbschaftsdinge spekulierte, sondern einfach versuchte, die Bewohner auf seine Seite zu ziehen, weil er etwas Grauenvolles zu verbergen hatte? Natürlich konnte man einem Menschen Gewaltbereitschaft nicht wirklich ansehen, aber diesem hier würde er einen eskalierten Streit mit Handgreiflichkeiten auf alle Fälle zutrauen.

»Ich habe der Polizei alles gesagt, was ich weiß. Ich denke, Sie sollten die Ermittlungen den Profis überlassen«, sagte er schließlich und zeigte sein bestes Akademikerlächeln.

Der Stier senkte die Hörner und gab auf.

Bevor Boser die Tür schloss, drehte Mähl junior sich noch einmal um: »Übrigens hat die Kleine oben einen Heizlüfter vor ihrer Tür stehen. Bescheuert, oder?« Dann drehte er sich mit einem Achselzucken um und stapfte die Treppe hinunter.

Kurz darauf stattete Boser dem vierten Stock einen Besuch ab. Tatsächlich: Vor Nikita Fickelschers Wohnungstür lief ein Heizlüfter. Er stand unter ihren Garderobenhaken; Gebläse und Heizleistung liefen beide auf der höchsten Einstellung. Darüber hingen drei riesige Winterjacken – billig, aber dick –, die von der aufsteigenden Luft schon regelrecht aufgeheizt waren. Er klopfte die Jacken ab; sie waren alle bereits getrocknet. Kein Wunder, bei dieser Energieverschwendung. Boser schaltete den Heizlüfter aus und ging wieder zurück in seine Wohnung, wo er Kommissarin Wentzel auf dem Handy anrief und ihm von dem Besuch des Stiers und seinem Verdacht erzählte. Sie versicherte ihm, man werde sich darum kümmern. Etwas Neues zum Stand der Ermittlungen erfuhr er nicht.

16.00 Uhr

Der graue Himmel macht mich wahnsinnig. Gibt es hier keine Wolken? Man sollte doch meinen, dass der schneidende Wind – das Messer der Stadt – in der Lage wäre, diese drückende Decke aus

Smog und Wasserdampf zu durchdringen und in unregelmäßige Stücke zu teilen. Vielleicht mit etwas Blau dazwischen, dann und wann. Dennoch: Es ist wirklich lange her, dass ich das letzte Mal Blut gesehen habe, trotz der deprimierenden Aussichten. Vielleicht wird doch noch alles gut.

In Gedanken bei Ilse Mähl und mit knurrendem Magen, versuchte Boser sich selbst an der Zubereitung von Kassler mit Sauerkraut und Kartoffelpüree; aber der Versuch misslang. Das Püree wurde klumpig, das Sauerkraut zerkochte, und das Kassler brannte ihm an. Fluchend warf er Mantel, Schal und Handschuhe über, um beim Chinesen seines Vertrauens Hühnchen Kung Pao und die obligatorische gebackene Banane zu essen. Als er wieder nach Hause kam, hörte er Nikita vor ihrer Tür rumoren und leise fluchen. Lautlos ging Boser einige Stufen zum vierten Stock hinauf, bis er die Studentin sehen konnte. Sie hatte ihre Daunenjacken über dem Arm und starrte wütend auf den Heizlüfter. Da knarrte eine der Stufen unter seinem Fuß, und Nikita zuckte unwillkürlich zusammen. In dem Blick, den sie ihm zuwarf, lag für den Bruchteil einer Sekunde die nackte Angst. »Guten Abend«, stieß sie schließlich leise und gehetzt hervor. »Ich muss dann mal wieder.« Bei den letzten Silben hatte sie sich bereits umgedreht und verschwand in ihrer Diele. Sekundenbruchteile später fiel die Wohnungstür ins Schloss.

Boser stieg nach unten und grübelte, welche optische Täuschung dafür verantwortlich sein mochte, dass er den Eindruck gehabt hatte, ihr Atem würde in ihrem Flur kondensieren. Erst als er im Bett lag und in den dunklen Raum starrte, wurde ihm klar, dass diese Beobachtung nicht zwingend eine Täuschung gewesen sein musste. Das Ganze ergab deswegen zwar immer noch keinen Sinn, aber schließlich hatte sie auch ihre Jacken mit in die Wohnung genommen.

Bei diesem Gedanken fuhr er unwillkürlich hoch. Er hätte nicht rational erklären können, warum, aber die Sache war ihm unheimlich.

Den Rest der Nacht schlief Boser unruhig und grübelte im Halbschlaf vor sich hin. Carolin Koriath und ihr ausweichendes Verhalten fielen ihm ein. Was verbarg sich hinter ihrer Verhuschtheit? Etwas Gefährliches, das Frau Mähl entdeckt haben könnte? Oder war sie nur einer der vielen Menschen in dieser Stadt, die sich nicht zu integrieren wussten? Dann fiel ihm der alte Mann mit seinen Büchern ein. Ihm wurde klar, dass Köhler einfach mehr Platz für seine Bücherkinder brauchte, und das Naheliegendste wäre unbestreitbar die Wohnung von Frau Mähl direkt gegenüber. Boser erinnerte sich auf einmal, zwischen den vielen Bücherstapeln eine Militärurkunde hängen gesehen zu haben. Aber würde Köhler so weit gehen, der alten Dame etwas anzutun? Andererseits: ihr eigener Sohn? Boser wälzte sich in seinem Bett hin und her, ohne Ruhe zu finden. Vielleicht ging es auch um etwas ganz anderes, ihm völlig Unbekanntes.

In den frühen Morgenstunden träumte er von einer bleichen Frau Mähl, die eine blau gefrorene Hand auf seinen Unterarm legte und bedrohlich flüsterte: »Jetzt, Doktor Boser, rede ich, und Sie hören mir zu! Sie haben wie alle anderen lange genug meine Ohren mit Ihren nichtigen kleinen egoistischen Sorgen beleidigt. Ich war lange genug die Müllkippe für den Seelenschrott dieses Hauses! Der Wind hat sich gedreht!« Ihr Flüstern endete in einem bedrohlichen Zischen, mit dem die Luft aus ihrer Lunge entwich. Allerdings nicht durch ihre Lippen, sondern durch eine klaffende Öffnung seitlich an ihrem Hals, deren Ränder sanft im Luftzug vibrierten. Ungläubig starrte er erst auf ihren Hals, dann in ihre glasigen, toten Augen und nach unten auf ihre Hände, von denen eine noch immer sein Handgelenk umfasste. Oder besser: umklammerte, denn ihr Griff fühlte sich mittlerweile an wie ein Schraubstock. Die andere hielt ein langes Küchenmesser, das sie jetzt erhob: »Zahltag, du Versager!« Dann riss sie das Messer nach oben – und rammte es sich selbst direkt in die Brust. Ihr Brustkorp platzte auf, und ein Schwall von Blut nahm Boser die Sicht, der zu einem eiskalten, roten Strom wurde, in dem er zu ertrinken drohte. Er blinzelte, schrie und schwamm verzweifelt gegen die Flut an. Und als er die Oberfläche erreichte, erahnte er mehr als dass er es sah ein junges Gesicht und blondes Haar.

Er erwachte schweißgebadet, die Hände in die Bettdecke verschlungen und mit verkrampftem Kiefer. Sein Wecker zeigte kurz vor fünf.

23. Dezember, 7.00 Uhr
Ich erwache atemlos und ohne Orientierung. Der Schmerz in meinem Herzen ist zurückgekehrt. Ich habe Angst, dass es nicht reichen könnte – das Frieren, das Reden. Dass die Kälte nicht ausreicht.
Das Messer grüßt von der Anrichte herüber, es wartet. Ich grüße zurück und stehe auf.

Nach dem Alptraum konnte Boser nicht mehr einschlafen. Um kurz nach acht schließlich legte er sich, dick eingepackt in zwei Pullis und Wintermantel, auf halbem Weg zu Nikitas Tür im Treppenhaus auf die Lauer. Gegen halb neun öffnete sich diese langsam, und Nikita trat heraus; mit einem bis zu Boser spürbaren Schwall eiskalter Luft. Ihr Atem stand in einer deutlich sichtbaren Wolke in ihrem Wohnungsflur. Sie trug die Winterjacken – alle drei übereinander –, aber ihre Lippen waren dennoch blau gefroren. Als sie die Wohnungstür geschlossen hatte, schaltete sie den Heizlüfter ein und stand mehrere Minuten einfach reglos davor, als warte sie, bis die schlimmste Kälte aus ihren Knochen verflogen war. Dann zog sie ihre Jacken aus und hängte sie auf die Garderobenhaken über dem Heizgerät.

Boser erhob sich langsam und näherte sich ihr so leise wie möglich. Als er nur noch etwa eineinhalb Meter von ihr entfernt stand, fragte er leise: »Was machen Sie da eigentlich?«

Sie zuckte zusammen, als hätte man neben ihr unvermutet ein Messer in die Wand gerammt und starrte ihn aus riesigen Augen an. Sie wirkte noch immer vollkommen durchfroren, und ihre Augen waren rot, als hätte sie geweint. Schließlich senkte sie den Blick und flüsterte: »Ich … ich wollte nicht … ich war nur so allein. Ich habe sie gebraucht … und … sie mochte meine Gesellschaft.«

Boser schluckte. Er fürchtete sich vor dem, was er in Nikitas Wohnung vorfinden würde. Gleichzeitig senkte sich eine tiefe Ruhe über ihn. Boser wusste, dass er erfahren würde, was geschehen war. Aber er wusste nicht, ob er jemals die Risse würde kitten können, die der Fund, der ihm bevorstand, zurücklassen würde. »Geben Sie mir Ihren Schlüssel, Nikita.«

Sie zitterte wie im Fieber. »Sie müssen mir glauben …« Ihre Stimme verklang.

»Wir bringen es wieder in Ordnung, was immer es auch ist.« Boser legte alle Überzeugungskraft in diesen Satz.

Schließlich nickte sie und streckte ihm nach kurzem Suchen in ihren Taschen den Schlüsselbund entgegen.

Gemeinsam betraten sie die Wohnung. Die eisige Luft traf Boser wie ein Faustschlag und trieb ihm die Tränen in die Augen.

Im Wohnzimmer fand er schließlich Frau Mähl. In ihrem Lieblingsnorwegerpullover, aufrecht sitzend auf die Couch drapiert, eine Decke über den Beinen. Bleich und mit geschlossenen Augen. Tot. Friedlich.

Neben ihr lag zerwühltes Bettzeug – mindestens drei Decken und ein kleiner Berg von Kissen. Vor Bosers geistigem Auge stieg das Bild auf, wie Nikita die Nacht mit dem Kopf im Schoß der Toten verbracht hatte, sich in den Schlaf geweint hatte wie ein kleines Kind. Die Kehle wurde ihm eng.

»Sie müssen mich für verrückt halten, Dr. Boser«, flüsterte sie.

Sein Blick fiel auf das große Fleischmesser, das auf der billigen Ikea-Anrichte lag, und er dachte an ihre langärmeligen T-Shirts im Spätsommer.

»Sie war die Einzige, bei der ich mich zu Hause gefühlt habe, die Einzige in der ganzen Stadt, und dann, eines Abends, einfach so ... stand ihr Herz still, während ich in ihrer Küche war, um frischen Pfefferminztee zu machen.«

Boser wandte sich ihr zu und sah den Schock, der sich nach all den Tagen noch immer in Nikitas Augen spiegelte.

»Sie hatte mir kurz vorher zum ersten Mal von ihrem Sohn erzählt, für den sie nur ein Klotz am Bein war, der aber glaubte, sie hätte wer weiß was für Reichtümer gehortet. Niemand wusste davon. Nur ich. Ich wusste es. Ich wollte ihr helfen. Ich ...« Sie stockte kurz, und ein Funkeln von Zorn blitzte in ihrem Blick. »Ich konnte sie doch nicht diesem Wichser ausliefern. Und ich wusste nicht, wie ich alleine weitermachen sollte. Da habe ich sie mitgenommen, zu mir, in der Nacht. Niemand hat es gesehen.« Sie lächelte. »Diese Stadt kümmert es nicht. Sie schaut nicht hin. Niemand schaut hin.«

Boser schwieg, als ihre Worte in ihm nachhallten. »Niemand schaut hin.« Er dachte an Frau Kaiserley und ihre wöchentliche leise Trauer über ihr graues Leben mit einer Familie, die sie als gegeben hinnahm und sich nicht um ihr Gefühlsleben kümmerte. In rascher Abfolge zogen Bilder und Szenen aus den Straßen Berlins vor seinem geistigen Auge vorbei – traurige, einsame Gestalten, weinende Kinder. Niemand, der sich um sie kümmerte.»Nein«, sagte er schließlich, »ich halte Sie nicht für verrückt, Nikita. Sie tragen große Einsamkeit und großen Schmerz in sich.« Er staunte, wie ruhig und kompetent seine Stimme klang. „Verletzen Sie sich selbst?" Er machte eine vage Geste hin zu dem Küchenmesser.

Tränen schossen ihr in die Augen. Sie nickte so heftig, dass ihr das Haar vors Gesicht fiel und bedeckte es zusätzlich mit den Händen.

»Nikita, ich werde dafür sorgen, dass Sie Hilfe bekommen. Aber Sie müssen mir vertrauen.«

Stille. Dann ließ sie die Hände sinken und blickte ihn zwischen den Haarsträhnen und durch die Tränen hindurch an.

Sie nickte.

24. Dezember, 10.00 Uhr
Langsam legte Boser nun die sorgsam verpackten Geschenke für seinen Sohn in einen Beutel und verstaute ihn sorgsam ganz oben in seiner Reisetasche aus abgewetztem Leder. Sein Zug verließ den Bahnhofzoo um kurz vor elf. Er hatte Nikita am Tag zuvor begleitet; zur Polizei, zu einer befreundeten Psychologin, die sich auf Selbstverletzung spezialisiert hatte, und zu guter Letzt zur Beerdigung von Ilse Mähl. Es war ein Spießrutenlaufen für sie gewesen, aber sie hatte es durchgestanden. Dann hatte er sie in der betreuten Wohngruppe abgeliefert, in der sie zunächst die restlichen Feiertage verbringen würde, und war nach Hause zurückgekehrt.

Auf dem Weg war ein Entschluss in Boser gereift: Er würde seinem Sohn seine Geschenke bringen, sie vor die Tür legen, wenn es sein musste, um ihn wissen zu lassen, dass sein Vater, ihn nicht vergessen hatte. Vor allem aber würde er Irene endlich konfrontieren und versuchen, die Unstimmigkeiten direkt mit ihr zu klären. Er wusste, dass sie es ihm schwer machen und nicht kampflos einlenken würde, aber er konnte so nicht weitermachen. Er konnte Dennis nicht aufgeben.

Als er die Wohnungstür abschloss, schoss ihm durch den Kopf, dass man als Fremder in Berlin offenbar nur dann ein Zuhause fand, wenn man entweder eines mitbrachte oder ein Stück Einsamkeit mit sich herumtrug, das einen dazu befähigte, mit der Leere zwischen den Menschen und den Häusern zu leben. Wenn beides fehlte, trieb die Stille, in der sich das eigene Herz wiederfand, einen Menschen sehr schnell an die persönlichen Grenzen und darüber hinaus.

Boser hätte in diesem Moment nicht sagen können, zu welcher Sorte Mensch er gehörte. Noch vor drei Tagen hätte er wohl gesagt, er habe seine Einsamkeit aus Frankfurt mitgebracht. Aber jetzt hatte er den Eindruck, es gäbe eine weitere Gruppe von Menschen: diejenigen, die sich – aller Kälte und allem Widerstand zum Trotz – ein Zuhause aufbauten.

Mühsam, Stück für Stück.
Zugig und schwankend, sicherlich.
Aber ein Zuhause.

ILSE MÄHLS KASSELER MIT SAUERKRAUT UND KARTOFFELBREI

(Familienerbstück der weiblichen Linie)

ZUTATEN

(für zwei Personen)

500–750 g frisches Sauerkraut (je nach Hunger und Geschmack)
500 g Kasseler (Kotelett-Stück)
4–5 mittelgroße Kartoffeln
Milch
Kümmel
Muskat
Butter
ggf. Senf

ZUBEREITUNG

Kasseler im Dampftopf mit Kümmel und Wasser weich kochen (ca. ½ Stunde). Dampftopf abkühlen lassen, öffnen, Fleisch herausnehmen und in Scheiben schneiden. Sauerkraut mit frischem Wasser im Dampftopf ca. zehn Minuten kochen, nach Abkühlen des Topfes öffnen und mit den Kasseler-Scheiben noch einmal erwärmen.

Für den Kartoffelbrei die Kartoffeln waschen, schälen und in Stücke schneiden. In Salzwasser garen. Die noch heißen Kartoffeln durch Fleischwolf oder Kartoffelpresse drücken und so viel heiße Milch einrühren, dass ein zarter Brei entsteht. Mit Salz und Muskat abschmecken, ein Stückchen Butter unterrühren.

Kasseler (nach Geschmack mit Senf), Kartoffelbrei und Sauerkraut servieren, am besten auf Omas gutem Porzellan.

Ein stilvolles Weihnachtsessen

von Britt Reißmann

»Rotkohl aus dem Glas? Das kann nicht dein Ernst sein!«

Huberts Blicke durchbohren mich wie Rouladennadeln, und ich muss unwillkürlich an die Szene vom letzten Sonntag denken. Damals hatte ich gewagt, schnöde Rouladennadeln zu benutzen, anstatt sein Leibgericht vor dem Schmoren sorgfältig nach Hausfrauenart mit festem Zwirn zu umwickeln. Welcher Teufel hatte mich eigentlich geritten, einen Restauranttester bei mir einziehen zu lassen, der zu Hause seine Kunst zu perfektionieren suchte und dabei weder Wochenenden noch Feiertage ausließ?

»Es ist Weihnachten«, begehre ich auf, »und ich habe keine Lust, meine freien Tage mit dem Kleinschneiden von Kohlköpfen und stundenlangem Abschmecken zu vergeuden. Die Gans macht Arbeit genug!«

Er hört mir nicht zu. Wie sollte er auch. Er ist damit beschäftigt, mir zum wer weiß wie vielten Male in allen Einzelheiten die Vorzüge der Kochkunst seiner Verflossenen zu schildern. Niemals wäre bei Hedwig Rotkohl aus dem Glas auf den Tisch gekommen. Dieser Ausbund an Perfektion wäre lieber gestorben, als Konserven aus dem Supermarktregal auf die Festtafel zu bringen. Hedwig hätte schon am Vortag von früh bis spät in der Küche gestanden, um ihrem Angebeteten ein Gemüse servieren zu können, das in ganz Berlin seinesgleichen suchte.

Hedwig! Abgesehen von diesem saublöden Namen, der eher zu einer graubestrumpften Oma mit Herzschrittmacher gepasst hätte, muss sie eine wahrhaft perfekte Frau sein. Mir ist es nie vergönnt gewesen, sie persönlich kennenzulernen, dafür geistert sie seit Wochen als Phantom durch meine Albträume. Hedwig beherrscht die perfekte Bügelfalte, ihre Frühstückseier haben immer die richtige Konsistenz, und während ich ständig mit Flugrost aus der Spülmaschine kämpfe, strahlen Hedwigs Löffel angeblich in so makellosem Glanz, dass man sich kaum traut, sie in ihre delikaten Suppen zu tauchen.

An manchen Tagen, wenn ich mich in Hedwigs Schatten besonders klein und unwürdig fühle, verspüre ich den Drang, Hubert zu fragen, warum er dieses Prachtweib eigentlich verlassen hat. Aber ich wage nie, diese Frage zu stellen. Vielleicht habe ich Angst vor der Antwort.

Hubert stammt aus dem Westteil Berlins, aus Charlottenburg. Nach Rahnsdorf kam er erst letzten Sommer – wegen Hedwig natürlich. Doch die Verbindung hielt nicht lange. Er hat mir nie erzählt, warum sie sich getrennt haben, und eigentlich will ich es auch gar nicht wissen. Zumindest was ihre hausfraulichen Fähigkeiten betrifft, schien sie nichts zu wünschen übrig zu lassen.

Vor drei Wochen ist Hubert dann samt seinem Phantom bei mir eingezogen. Ich wohne in einem kleinen, alten Fischerhaus am Fredersdorfer Mühlenfließ, nahe dem Ufer des Müggelsees. Etwas abgelegen und wirklich idyllisch. Aber Hubert hat diese Idylle zerstört.

»Das nennst du stilvoll?«, tönt er gerade, während er am Tisch Platz nimmt. »Papierservietten auf der Festtafel! Habe ich dir nicht erst zum Geburtstag welche aus Damast geschenkt? Warum hast du die nicht genommen?«

Das war typisch für Hubert. Wenn andere Männer ihrer Liebsten zum Geburtstag Blumen, Parfüm oder Schmuck verehrten, wusste meine bessere Hälfte mit Damastservietten aufzuwarten, aus denen die Bratensoße nur nach intensiver Fleckenbehandlung und stundenlangem Rubbeln mit Gallseife zu entfernen war. Doch so etwas kümmert Hubert wenig. Wozu sind Frauen schließlich da?

Sein Redeschwall ergießt sich in unermüdlicher Lobpreisung Hedwigs über meinen Esstisch. Ich fühle, wie sich mein Magen zusammenzieht. Hubert ist ein Mann wie aus dem Bilderbuch. Die blauen Augen sind von seidigen, dunklen Wimpern umrahmt und funkeln mich provokant an. Ich weiß, dass er es liebt, mich zur Weißglut zu bringen, und ärgere mich, dass er immer wieder Erfolg damit hat. Sein rabenschwarzes Haar hat er dem festlichen Anlass entsprechend nach hinten gegelt. Der sinnliche Mund mit den vollen roten Lippen wäre perfekt, wenn er nicht pausenlos von Hedwig erzählen würde. Seine Hände sind schmal und weiß wie die einer Frau. Sie sehen nicht danach aus, als hätten sie jemals schwere Arbeit geleistet und schon gar nicht Bratensoßenflecke aus Damastservietten gerubbelt. Auch dafür war offensichtlich Hedwig zuständig gewesen. Ich habe mich blenden lassen von seinem perfekten Äußeren, einer Mogelpackung, in deren Inneren ein rundum verwöhntes Muttersöhnchen steckt, das es liebt, in vornehmen Restaurants zu speisen und gönnerhaft den Oberkellnern zuzunicken, die vor ihm katzbuckeln.

Während ich ihm das Essen auftue, schweifen meine Gedanken sehnsüchtig zurück an die herrlich unkonventionellen Weihnachten meiner Jugend, als der antifaschistische Schutzwall mich noch davor bewahrte, Hubert kennenzulernen. Verträumt erinnere ich mich an den Heiligen Abend vor dem Mauerfall, als ich mit meiner Jugendliebe Sascha im Schneetreiben über die Schönhauser Allee bummelte und wir das Weihnachtsessen an unserem Lieblings-Currywurststand genossen.

»Einfach ekelhaft!«, reißt mich Huberts Kommentar zu meinem Festmahl in die Gegenwart zurück. »Ich hab ja schon immer gesagt, dass aus dir nie eine akzeptable Köchin wird. Rotkohl aus dem Glas! Wenn Hedwig Rotkohl macht, dann ist der von richtig kräftiger Farbe und nicht so blass wie deiner. Und Hedwig …«

»Ich will dieses Wort nie wieder hören!«, schreie ich so laut, dass ein paar Nadeln von dem dürren Christbaum auf meinen abgeschabten Teppich rieseln. »Wenn du noch einmal ihren Namen erwähnst, bringe ich dich um!«

»Das wagst du nicht«, schmatzt er, während eine dünne Fettspur seinen Mundwinkel hinabrinnt. Angeekelt wende ich mich ab. Ob er die kulinarischen Genüsse in seinen Nobelrestaurants auch so animalisch in sich hineinstopft?

»Du bist ein Schwein!«, keuche ich. »Du frisst wie ein Schwein und benimmst dich wie ein Schwein. Und du wirst von Tag zu Tag fetter. Eigentlich müsste man dich schlachten!«

Er lächelt süffisant. »Du bist richtig süß, wenn du wütend bist, genau wie Hedwig …«

Weiter kommt er nicht. Der Name hat den direkten Weg von meinen Ohren zu meiner Hand genommen, ohne sich mit einem Umweg über das Gehirn aufzuhalten. Es ist, als ob ich neben mir stehe und zuschaue, wie meine Hand vollkommen selbständig nach dem Tranchiermesser greift und es bis zum Anschlag in seine Brust rammt.

Hubert starrt mich einige Sekunden ungläubig an und fällt dann über den Tisch; sein Gesicht landet exakt in der Schüssel mit den Kartoffelklößen. Dunkelrotes Blut läuft sauber auf seinen Teller, mitten in den Rotkohl hinein, der nun eine richtig kräftige Farbe annimmt, genau so, wie es ihm gefallen würde. Schade, dass er es nicht mehr sehen kann. Ich schaue fassungslos von Hubert auf das Messer in meiner Faust. Ich bin gerade dabei, anstatt der Weihnachtsgans meinen Partner zu tranchieren. Wie konnte er mich nur so weit treiben? Langsam tastet sich meine Hand zu seinem Hals vor und sucht nach einem Puls. Fehlanzeige. Hubert ist so tot wie die Gans auf der Servierplatte.

Einige Sekunden lang stehe ich regungslos da. Dann wische ich langsam das blutige Messer an einer Serviette ab und lege es auf den Knochenteller. Oh Scheiße. Was nun?

Mein Festtisch sieht jetzt beim besten Willen nicht mehr stilvoll aus. So schön Hubert auch noch im Tode ist, als Weihnachtsdekoration ist er denkbar ungeeignet. Hier kann er jedenfalls nicht liegen bleiben. Aber wie lässt man am ersten Weihnachtstag unauffällig eine Leiche verschwinden? Mein Herz schlägt so hart in meiner Brust, als wäre es der Fleischklopfer, den Hubert mir gestern zu Weihnachten schenkte. Ich rufe mich zur Ruhe, trete ans Fenster und schaue auf den zugefrorenen Müggelsee hinaus. Im Wasser versenken kann ich ihn nicht, dazu ist die Eisdecke zu dick. Selbst wenn ich es schaffen würde, ein großes Loch hineinzuschlagen, würde das nicht schnell genug zufrieren und bestimmt auffallen.

Kinder spielen unbeschwert auf dem Eis, laufen Schlittschuh und bauen Schneemänner am Ufer. Ihr Lachen dringt zu mir herüber. Vom Fürstenwalder Damm höre ich leise die Geräusche der vorbeifahrenden Autos. Sicher sind sie zu einem stilvollen Weihnachtsessen unterwegs.

Ich nehme mir eine Gänsekeule und beiße hinein. Gar nicht übel. Viel besser bekommt Hedwig das bestimmt auch nicht hin. Nein, ich will nicht mehr an sie denken. Von nun an muss ich diesen Namen nie wieder hören. Das allein war einen Mord wert. Ich beiße noch einmal ab. Wirklich lecker. Die Kinder verzieren ihren Schneemann mit Haaren aus Weidenzweigen und Knöpfen aus Kieselsteinen. Als ich Kind war, nahm man noch Kohlestücke, aber im Zeitalter der Fernheizung hat sich einiges verändert. Allmählich nimmt eine Idee in meinem Kopf Gestalt an. Aber ich muss damit warten, bis es dunkel ist.

Zufrieden registriere ich, dass meine Knie aufgehört haben zu zittern. Ich setze mich an den Esstisch und tue mir eine weitere Keule,

Klöße und Soße auf. Auf den Rotkohl verzichte ich aus verständlichen Gründen. Während ich kaue, schaue ich meinen verblichenen Geliebten an. Mir fällt auf, dass ich ihn noch nie so schweigsam erlebt habe wie jetzt und ich beschließe, seine Gesellschaft während der letzten Stunden zu genießen, so gut ich kann.

×××

Am Morgen des zweiten Feiertages werde ich durch penetrantes Klingeln an der Haustür geweckt. Benommen schäle ich mich aus meinem Federbett und taste nach den Pantoffeln. Ich werfe einen Blick auf den Wecker – erst acht Uhr. Wer wagt es, mich zu dieser Zeit zu belästigen? Ich bin hundemüde, schließlich habe ich die ganze Nacht hindurch schwer gearbeitet.

Ich werfe mir den Bademantel über und schlurfe zur Tür. Vor mir stehen zwei Männer, ein großer Dicker und ein kleiner Schmächtiger. Dass ich es nicht mit Dick und Doof zu tun habe, begreife ich erst, als mir der Dicke einen Dienstausweis vor die verschlafenen Augen hält. Als ich das Wort »Kriminalpolizei« lese, sinkt mir das Herz in die Schlafanzughose.

»Fröhliche Weihnachten«, schallt es mir entgegen. Flüchtig streift mich der Gedanke, dass ich schon weitaus fröhlichere Weihnachten verlebt habe.

»Entschuldigen Sie die frühe Stunde, aber wir müssen Sie zu einem Tötungsdelikt in der Umgebung befragen. Gestern Abend wurde in Klein-Venedig eine Leiche gefunden.«

Mein Herz rutscht von der Schlafanzughose noch ein Stück tiefer bis in die Pantoffeln.

»Sie sind ja kreidebleich, nun setzen Sie sich erst mal.« Der Dicke schiebt mich ins Zimmer und kommt unaufgefordert selbst herein, gefolgt von seinem Kollegen und einem Schwall eisiger Kälte.

Aus dem Augenwinkel registriere ich die blutige Serviette auf der Anrichte und lasse sie unbemerkt in der Tasche meines Bademantels verschwinden. Ich atme tief durch und versuche, meinen Herzschlag zu beruhigen. So viel Adrenalin vertrage ich einfach nicht!

»Um wen handelt es sich denn?«, würge ich mühevoll hervor und lasse mich auf einen Stuhl sinken.

»Eine junge Frau namens Hedwig Konopka«, erklärt mir der Schmächtige, während ich unmerklich zusammenzucke. »Wohnte auch hier in Rahnsdorf, gleich neben dem Eiscafé Gerch. Seit Wochen ist sie schon vermisst gemeldet. Gestern hat sie ein Spaziergänger gefunden, der seinen Hund ausführte.« Er macht eine Pause, als überlege er, wie viel er mir sagen darf, und spricht dann zögernd weiter. »Sie lag schon einige Zeit an einem Kanal, in einem blauen Müllsack, gut unter einer Brücke versteckt. Aber der Hund hat sie gewittert und hat den Sack aufgerissen. Kein schöner Anblick, das können Sie mir glauben.«

»Wissen Sie schon, wer sie umgebracht hat?« Mir schwante inzwischen Böses.

»Es deutet alles auf ihren Ex-Freund hin. Die Nachbarn haben angegeben, dass sie vor Wochen einen lautstarken Streit zwischen den beiden belauscht haben, bei dem es um die Zubereitung eines Rehrückens ging. Es seien Ausdrücke wie ›Macho-Schwein‹ und ›unfähige Hausfrau‹ gefallen. Eine Nachbarin, die daraufhin an der Wand gelauscht hat, hat gehört, wie Frau Konopka ihren Freund daraufhin anschrie, sie habe herausgefunden, dass er sich für seine Restaurantkritiken bestechen lässt und werde es an die Öffentlichkeit bringen. Ungefähr seit diesem Zeitpunkt wurde Frau Konopka auch vermisst. Uns wurde gesagt, dass Herr Hubert Schmitt inzwischen bei Ihnen wohnt. Wir hofften eigentlich, ihn hier anzutreffen.«

»Wir sind nicht mehr zusammen«, stottere ich. »Wir haben uns kurz vor den Feiertagen getrennt. Ich habe keine Ahnung, wo er sich jetzt aufhält.«

»Wir werden ihn schon finden.« Der Dicke schlägt sich auf die fetten Schenkel. »Wie sagte schon Heinz Erhard so treffend: ›Das

Leben kommt auf alle Fälle aus einer Zelle. Doch manchmal endet's auch – bei Strolchen – in einer solchen.‹ Nun lächeln Sie doch mal.«

Aber mir ist nicht nach Lächeln zumute. Nicht im Geringsten. Die beiden Polizisten scheinen meine Trübsal aber anders zu deuten.

Der Schmächtige schaut mich mitfühlend an. »Das ist sicher nicht leicht für Sie, eine Trennung unmittelbar vor den Feiertagen. Und nun verbringen Sie das Weihnachtsfest ganz allein?«

Ich kann nur nicken. Allmählich tue ich mir selber leid.

»Ich mache Ihnen einen Vorschlag«, sagt der Dicke. „Ein wenig frische Luft wird Ihnen gut tun. Wie wäre es, wenn wir zusammen einen kleinen Spaziergang über den Müggelsee machen? Wir laden Sie zum Frühstück im ›Rübezahl‹ ein, dort gibt es heute Weihnachts-Brunch und wir können uns in aller Ruhe über Ihren Verflossenen unterhalten.«

Ich nicke. »Verflossen« ist das richtige Wort. Aber das werde ich den beiden Bullen nicht auf die Nase binden. Ich murmele etwas von Umziehen und verschwinde zuerst mal in der Küche, wo ich die blutige Serviette aus meiner Tasche hole und in den Tiefen des Mülleimers versenke.

×××

Kurze Zeit später treten wir aus dem Haus. Der Müggelsee liegt verlassen da. Die Kinder, die gestern auf dem Eis gespielt haben, schlafen wohl noch in ihren warmen Betten.

Das Eis trägt noch immer. In der Nacht hat es wieder geschneit, und unsere Stiefel hinterlassen tiefe Abdrücke, als wir schweigend über den See laufen. Fast in der Mitte, wo das Eis am dünnsten und der See am tiefsten ist, thront ein preisverdächtiger Schneemann, ein Kunstwerk geradezu. Der Dicke entdeckt ihn als Erster.

»Sehen Sie mal, der prächtige Schneemann da drüben. Der ist ja fast so groß wie ich«, staunt er.

Ich halte den Atem an. Vorsichtig schiele ich auf den Unterbau, der etwas im Eis eingesunken scheint, so als ob er ein großes Loch verdecken würde.

Der Schmächtige geht ein paar Schritte auf den Schneemann zu und betrachtet ihn genauer. Ich halte den Atem an.

»Sehen Sie mal, der hat sogar Haare! Aus was sind die eigentlich gemacht?«

Ich wende mich ab und verspüre einen unwiderstehlichen Drang, wegzulaufen. Was habe ich mir nur dabei gedacht, mir diesen letzten bösen Spaß zu erlauben?

»Genial! Das muss vom Festessen übrig geblieben sein. Sieht aus wie Rotkohl!«, lacht er und geht weiter.

»Aus dem Glas«, murmele ich und stellte erleichtert fest, dass mein Herz wieder langsamer schlägt, als ich sehe, dass sie den deutlichen Spuren der Schlittenkufen, die direkt zu dem Schneemann führen, keine Beachtung schenken. Es hat wieder angefangen zu schneien, und ich bin zuversichtlich, dass die Schlittenspuren bei unserer Rückkehr verschwunden sein werden. Ich schiebe meine klammen Hände tief in die Manteltaschen und nehme Kurs auf die Ausflugsgaststätte »Rübezahl«, wo nun doch noch ein stilvolles Weihnachtsessen auf mich wartet.

WEIHNACHTLICHER BERLINER GÄNSEBRATEN MIT ROTKOHL

ZUTATEN

eine Gans (etwa 3 kg)
1 Apfel
1 Orange, ½ Zitrone
1 Zwiebel, Salz, Pfeffer, Beifuß

ZUBEREITUNG

Die Gans innen und außen gut säubern. Das Gänseklein (Hals, Flügel, Innereien) gesondert verarbeiten, z. B. zu einer kräftigen klaren Vorsuppe. Die Gans innen und außen salzen. Eine Orange und eine Zitrone unter heißem Wasser gut abbürsten, die Schale der Orange und von der Hälfte der Zitrone abreiben, ein paar Stängel Beifuß abrebeln. Alles mit Pfeffer mischen. Die Masse im Bauchraum der Gans verstreichen, vor allem entlang des Rückgrats und der Rippen. Die geschälte Zwiebel vierteln. Den Apfel waschen, vierteln und vom Kerngehäuse befreien. Beides in die Gans einlegen. Die Bauchhöhle zunähen. Die Keulen zusammenbinden, damit die Gans die Form behält. Die Halshaut am Rücken feststecken. In die Bratpfanne etwas heißes Wasser geben (ca. 1 cm hoch) und die Gans mit der Brustseite nach unten einlegen. Der Ofen soll auf etwa 200 °C vorgeheizt sein. Die Gans öfters mit dem Bratensaft begießen, das austretende Fett von Zeit zu Zeit abschöpfen. Ab und zu etwas Wasser zugießen und den Bratensatz vom Boden gut abrühren. Je öfter das Begießen und Abrühren erfolgt, umso besser wird die Soße in Farbe und Geschmack. Die Gans während des Bratens (etwa zwei Stunden) ab und zu wenden, damit sie rundum bräunt. Zum Schluss die Gans auf dem Rücken liegen lassen, die Brust mit wenig kaltem Wasser besprengen und ein paar Körnchen Salz darauf streuen. So wird die Haut recht knusprig. Die Gans portionieren, Apfel und Zwiebel entfernen. Die Soße binden. Dazu servieren Sie Kartoffelklöße und Rotkohl (natürlich aus dem Glas).

Der Teufel im See

von Heide John

»Gib mir auch noch eine!« Sven hob seinen Oberkörper ein wenig und streckte fordernd die Hand aus.

»Das wäre dann deine fünfte«, antwortete Merle, griff aber trotzdem, ohne zu zögern, in die grüne Tupperdose. »Isst du bei dir zu Hause eigentlich gar nichts mehr?«

»Aldifutter«, erwiderte Sven knapp und ließ sich wieder auf die blau karierte Decke gleiten, die für seine ein Meter fünfundachtzig deutlich zu kurz war. »Ein Hundefraß im Vergleich zu deinen Buletten.«

»Altes Familienrezept, wie du weißt«, erklärte Merle lächelnd. »Weitergegeben von meiner Urgroßmutter an meine Großmutter, meine Mutter und schlussendlich an mich.«

Sie kannten die Geschichte des legendären Bulettenrezepts der Familie Bach seit zwölf Jahren. Denn so lange fuhren sie gemeinsam zum Teufelssee, der seinen Namen einem Mann verdankte, der hier in grauer Vorzeit den Altar des Teufels gesehen haben wollte. Auch den fünf Freunden erschien der See oft teuflisch: Sein Wasser schimmerte dunkel, und vom Weg aus wirkte er wie ein überdimensional großes, pupillenloses Auge.

Für Kolja, Anna, Merle, Sven und Tim hatte sich seit ihrem ersten Besuch am See vieles verändert. Nicht nur, dass sie, dem Lauf der Natur folgend, erwachsen geworden waren. Seit dem fünften Schuljahr, Humboldt-Gymnasium Treptow, waren sie ein eingeschworenes Team. Nach knapp vier Wochen bildeten die Zehnjährigen eine Clique, vier Jahre später eine Gang und seit der Oberstufe genügten ihnen sieben Buchstaben, die alles erklärten: Freunde.

»Seit Trendelkamp uns nicht mehr mit seiner Anwesenheit beglückt, werde ich endlich wieder richtig satt«, erklärte Sven mit vollem Mund.

»Zu Trendelkamps Zeiten gab es zehn Buletten für ihn, zehn für dich – und die restlichen zwanzig haben wir vier uns geteilt«, sagte Kolja und grinste Sven an: »Deshalb hat mein Bauch mitnichten das Gefühl, dass ich mehr bekomme als früher ...«

»Im Gegensatz zu Trendelkamp bin ich wenigstens kein heimlicher Fresser«, erklärte Sven gelassen.

»Eine links, eine rechts, eine im Mund«, lächelte Merle. »Aber dein Problem lässt sich leicht lösen, Kolja. Ich mache beim nächsten Mal einfach ein paar mehr.«

»Auf diesen Satz warte ich seit einem Jahr«, frotzelte Sven.

Merle lachte, gab ihm aber keine Antwort. Ihre Gedanken glitten zu Trendelkamp, der in der Oberstufe in ihre Klasse gekommen war. Schon vorab hatten die Lehrer Carlo Trendelkamp in den allerhöchsten Tönen gelobt: Ehemaliger Realschüler, ein Abschlusszeugnis mit lauter Einsen. Auch im Gymnasium hatte sich schnell gezeigt, dass Carlo ein Schüler von überragender Intelligenz war. Mehr Positives ließ sich allerdings nicht über ihn sagen. Carlo Trendelkamp verhielt sich spröde bis widerspenstig, war eigenbrötlerisch und oft aggressiv. Seinen Mitschülern entzog er sich ebenso wie den Lehrern, freundliche Fragen beantwortete er barsch, jeglichen Annäherungsversuchen wich er aus. Einzig die fünf Freunde hatten sein Interesse geweckt. Die wiederum hatten nichts von ihm wissen wollen. Aber der stämmige, blonde Junge hatte sich nicht abwimmeln lassen.

In den ersten Wochen waren sie ihm aus dem Weg gegangen und hatten heimliche Treffpunkte vereinbart, um ohne den seltsam hartnäckigen Jungen zum See radeln zu können. Aber wenn sie dort eintrafen, war Carlo meistens schon da gewesen. Statt einer Begrüßung hatte er schief gegrinst, und keiner – nicht einmal Sven – hatte sich getraut, etwas gegen seine Anwesenheit zu sagen, denn auf seine Art war Trendelkamp mächtig und unangreifbar. Zwei Mal hatten sie sogar den Picknickplatz gewechselt, aber Trendelkamp hatte sie trotzdem gefunden.

Mit der Zeit hatten sie sich an ihn gewöhnt und daran, dass sie nun meistens zu sechst waren. Wobei Carlo Trendelkamp ein Fremdkörper geblieben war, einer, der stets versuchte, seinen Kopf durchzusetzen und niemals Rücksicht auf die Bedürfnisse anderer nahm. Es war jedoch etwas anderes gewesen, was die fünf Freunde an dem schmallippigen Jungen von Anfang an massiv gestört hatte: Trendelkamp hatte etwas Lauerndes, er starrte einen an, sobald man wegschaute, oder – wie am See – für ein paar Minuten vor sich hin dämmerte.

Aber der Junge mit den stets raspelkurz geschnittenen Haaren hatte auch seine Vorzüge: Carlo konnte charmant und witzig sein. Wenn er wollte, sogar ziemlich charmant und sehr witzig. Aber er wollte selten. Im Grunde mochte Trendelkamp niemanden, nicht einmal sich selbst. Aber vielleicht musste er in der Nähe der Freunde sein, musste sie begleiten; zumindest so lange, bis er alles über die fünf wusste, bis er stark genug war, die Einsamkeit auszuhalten, bis er niemanden mehr brauchte, nur sich selbst – und eine von ihnen. Merle schauderte, und sie zog ihren Pulli fester um ihre Schultern.

Im letzten Sommer hatten sie Abitur gemacht. Seitdem ließ Trendelkamp sich nicht mehr blicken. Anna hatte ihn sogar angerufen, aber er wollte ihr nicht sagen, warum er sich ihnen plötzlich entzog. Sie hatten seinen Rückzug akzeptiert. In der ersten Zeit hatten sie sich zwar weniger komplett, dafür aber ungleich entspannter gefühlt. Ohne Trendelkamp verliefen ihre Treffen ruhiger, harmonischer, ausgeglichener.

Während die Freunde nach dem Abitur ein Studium aufgenommen hatten, tat Trendelkamp nichts. Wer ihn zufällig traf, bemerkte noch schneller als früher, dass mit ihm etwas nicht in Ordnung war. Sein lauernder Blick war noch kälter geworden. Er schaute einen an und doch durch einen hindurch. Dass er Drogen nahm, wussten sie. Vielleicht erklärte das sein Verhalten.

»Also, ich geh ins Wasser«, erklärte Sven plötzlich und streifte ungehemmt die Shorts von den langen Beinen. »Kommt ihr mit?«

Die Freunde schwammen immer im See, obwohl sie genau wussten, dass das Baden streng verboten war: Der Teufelssee lag in einem Naturschutzgebiet, das gesamte Gebiet war Trinkwasserschutzzone. Trotzdem waren sie in all den Jahren nur zwei Mal erwischt worden.

Merle schüttelte energisch den Kopf und strich fingerdick Senf auf ihre Bulette.

»Zu kalt«, erwiderte Kolja, der um nichts auf der Welt seinen Kopf von Annas weichem Bauch nehmen wollte.

Kolja und Anna liebten sich seit drei Jahren. Doch zunächst war Anna mit Sven und später auch für ein paar Wochen mit Tim zusammen gewesen. Merle lächelte. Vor langer Zeit hatte Tim etwas Wundervolles über sie gesagt; an einem Abend, an dem sie alle zusammen am See gesessen hatten, und niemand hatte ihm widersprochen. »Merle«, hatte er gesagt, »du bist etwas Besonderes. Deine Warmherzigkeit ist ein Mantel für jeden von uns. Du bist die Sonne, Merle. Unsere Sonne.« Merles Lächeln erstarb. Vielleicht, so dachte sie, hatte es damals angefangen, ohne dass sie es bemerkt hatten. Denn Tim war selten so offen, selten so frei von Ängsten gewesen wie an diesem Abend.

»Und du, Tim?«, fragte Sven.

Wie so oft in den letzten Wochen reagierte Tim nicht. Er starrte gedankenverloren auf den See, nur sein linkes Bein wippte unruhig von links nach rechts.

Sven stupste seinen Zeigefinger in Tims Arm. »Hey, du Ignorant, ich habe dich was gefragt!«

Kolja grinste. »Zu viel Dope ist nicht gut für die Synapsen, führt zu Konzentrationsschwierigkeiten, emotionaler Gleichgültigkeit und stört die Begriffsleitung«, dozierte er nachlässig, und suchte zugleich Tims Blick. Aber der starrte weiterhin an ihm vorbei auf das glatte Wasser des bräunlichen Sees.

Auch Tim hatte mittlerweile ein massives Drogenproblem. Die Zeiten, wo er ein bisschen Haschisch geraucht hatte, um sich anzutörnen, waren für ihn – ebenso wie für Trendelkamp – längst Schnee von gestern. Tim hatte die Grenze überschritten, er nahm, was er bekommen konnte und er war jederzeit bereit, irgendwelche Drogencocktails auszuprobieren. Aber im Gegensatz zu Carlo entzog er sich seinen Freunden nicht. Tim brauchte ihre Freundschaft und vor allem das Gefühl, das sich vor mehr als zwölf Jahren entwickelt hatte. Die anderen wussten das, dennoch befürchteten sie insgeheim, dass Tim eines Tages genauso verschwinden würde wie Trendelkamp. Und was sie bei Trendelkamp hingenommen hatten, würde ihnen bei Tim schwer fallen. Tim gehörte zu ihnen, zur Urfamilie. Er war der fünfte Finger an der Hand.

»Ich bin in der Phase des Selbstversuchs«, witzelte er in klaren Momenten, wenn die anderen mal wieder auf ihn einredeten. »Ihr wisst doch, dass ich mich schon immer für Medizin interessiert habe.«

»Was hast du denn dieses Mal genommen?«, fragte Anna und versuchte, seine Hand zu streicheln.

»Zu wenig, das ist ja das Problem«, erwiderte Tim ruppig und wehrte Annas Finger ab. »Aber das versteht ihr ja doch nicht.«

Das war eine deutliche Bemerkung, aus der Merle allerdings sofort schloss, dass Tim ansprechbarer war als gewöhnlich. Auch eine negative Aussage war schließlich eine Aussage. »Wir verstehen alles, was dich betrifft«, sagte sie sanft. »Eine kurze Erklärung wäre trotzdem hilfreich ...«

»Du machst dich kaputt«, fiel Kolja ihr ins Wort und zerstörte damit Tims zart aufkeimendes Bedürfnis, sich seinen Freunden endlich anzuvertrauen.

»Ich hau ab«, verkündete er barsch und stand abrupt auf.

»Ach komm, Tim, bleib noch«, bat Merle.

»Nee, auf Koljas Papi-Geschwätz habe ich echt keinen Bock!«

»Und wie kommst du hier weg?«, fragte Sven. »Falls du dich erinnerst: Wir sind mit Annas Auto hier.«

Tim zuckte die Schulter. »Dann geh ich eben zu Fuß – oder trampe.«

Merle stand ebenfalls auf. »Quatsch, ich fahre dich«, erklärte sie und suchte in Annas Rucksack nach dem Schlüsselbund für den Peugeot. »Wo willst du denn hin?«

»Nach Köpenick. Wenn du mich bis Wendenschloss fährst, steige ich da in die 62.«

»... die 62 ist die am längsten bestehende Straßenbahnstrecke Berlins, deren Linienführung gleich geblieben ist«, erklärte Kolja feixend. Seit frühester Kindheit hatte Kolja Werhahn eine besondere Vorliebe für Verkehrsnetze und die Linienführungen der BVG.

»Unser kleiner Lokomotivführer«, frotzelte Sven. Aber das kleine Geplänkel änderte nichts an der düsteren Stimmung, die ihnen plötzlich auf die Seele drückte.

Warum können wir eigentlich nicht mehr so entspannt und locker sein wie früher, wo unsere Sorgen um den Stress mit Eltern und Lehrern kreisten, schoss es Merle durch den Kopf. Aber sie sagte etwas anderes: »Ich bringe Tim zur Bahn. Danach komme ich zurück.«

Tim griff nach Merles Arm und hakte sich bei ihr ein. »Du bist die Beste von allen«, sagte er ernst und grüßte knapp in die Runde.

»Ciao, Freunde, war wie immer nett mit euch. Aber das wahre Leben tobt woanders.«

»In der Drogenszene, was?«, giftete Sven zynisch.

»Vielleicht sogar dort«, orakelte Tim. »Nichts für ungut, Sven. Bis baldigst.«

Svens letzter Satz, den dieser absichtlich so laut gesagt hatte, dass Tim ihn hören musste, begleitete die beiden auf dem Weg zu Annas Auto: »Früher noch *The Brain* – heute nur noch Mister Arschloch.«

»Sei still«, hörte Merle Anna mit sanfter Stimme sagen, und Merle wusste genau, dass die Freunde nun darüber diskutieren würden, ob und wie sie Tim helfen konnten. Ebenfalls wie so oft gebremst durch Sven, der die Hoffnung, seinen drogenabhängigen Freund auf den »Pfad der Tugend« zurückzuführen, inzwischen beinahe aufgegeben hatte.

»Verstehst du das unter Freundschaft?«, hatte Merle oft geschimpft, während sie sich mal wieder die Köpfe heiß redeten.

»Wer nicht will, will eben nicht«, lautete Svens immer gleiche, barsche Antwort. Insgeheim, das wusste Merle, überlegte auch Sven häufig, wie er Tim helfen konnte. Denn auch wenn er es nicht aussprach, war Tim ihm das, was ihm Trendelkamp nie gewesen war. Ein echter Freund. Ein Herzensbruder.

Merle und Tim gingen ein Stück über den Waldpfad, den sie und ihre Freunde in all den Jahren zu einem Weg ausgetreten hatten. Am Auto angekommen, rangierte Merle den kleinen grünen Peugeot gekonnt auf die Straße und fuhr anschließend gewohnt schnell in Richtung Wendenschloss.

Eine Zeit lang schwiegen beide. Merle, weil sie hoffte, dass Tim ganz von selbst zu reden beginnen würde, und Tim – so vermutete sie, weil ihm seit längerer Zeit die Worte fehlten. Nach fünf Minuten hielt Merle es nicht mehr aus. »Weißt du zufällig was Neues über Trendelkamp?« Warum sie ausgerechnet jetzt nach Carlo fragte, hätte sie selbst nicht zu erklären vermocht.

Tim antwortete nicht.

»Weißt du was über Trendelkamp?«, wiederholte Merle. »Hast du ihn in letzter Zeit gesehen?«

×××

Tim hatte die Frage sehr wohl verstanden. Aber in den meisten Fällen fand er, dass Fragen keine Antwort verdienten, weil sie unsinnig, überflüssig oder sinnfrei waren. Auch Merles Frage nach Carlo fiel in diese Kategorie. Trendelkamp lebte längst ein anderes Leben. Eines, das mit der Clique nichts zu tun hatte.

Noch vor einem halben Jahr hatte Tim selbst nicht verstehen können, wie so etwas passieren konnte. Inzwischen wusste er allzu genau, wie schnell man Grenzen überschreiten konnte und wie schnell das normale Leben unwichtig wurde, sobald man in eine andere Welt glitt.

In lichten Momenten verzweifelte er an sich selbst. Wie konnte er es zulassen, sich so abhängig zu machen? Wie konnte es sein, dass alles, was ihm Zeit seines bisherigen Lebens bedeutsam erschienen war, plötzlich in den Hintergrund rückte? Warum ließ er zu, dass er meistens nur noch von einem Trip bis zum nächsten denken konnte? Er, ausgerechnet er, der immer so stolz darauf gewesen war, sich unter Kontrolle zu haben, selbstbestimmt zu sein.

Unwillkürlich schüttelte er den Kopf und wandte sich Merle zu. »Sorry, was hast du gesagt?«

»Himmel, ich habe gefragt, ob du was über Carlo weißt!«

»Trendelkamp ist ein skrupelloses Schwein«, antwortete Tim knapp und fügte dann zögernd hinzu: »Er handelt mit Meth.«

Merles rechter Fuß glitt automatisch ein wenig vom Gaspedal. »Was zum Teufel ist das?«

»Hitler-Speed, Merle, hast du noch nie davon gehört?«

»Nein, aber es klingt gefährlich«, antwortete sie und sah ihn fragend von der Seite an. Er überlegte kurz, dann sprach er tatsächlich weiter: »Methamphetamin ist eine synthetisch hergestellte Droge.

Kannst du problemlos aus Erkältungsmitteln und ein bisschen Chemie zusammenköcheln. Wenn du das schnupfst, ist Angst ein Fremdwort für dich, und du brauchst tagelang keinen Schlaf.« Tim strich sich das schulterlange, dunkle Haar aus der Stirn. »Während des Zweiten Weltkriegs hat man das Zeug in einer nordböhmischen Fabrik hergestellt und deutschen Kampfbomberpiloten gegeben. Die waren dann eine echte Konkurrenz für die japanischen Kamikaze.«

»Wer kauft denn so was?«, fragte Merle, vermutlich, weil ihr nichts Besseres einfiel.

Tims Lachen klang bitter. »Eine ganze Menge Leute. Es ist superbillig. Und«, er zögerte kurz, »nichts macht so glücklich, nichts macht so süchtig – und nichts macht so kaputt.«

Merle warf ihm einen besorgten Blick zu: »Aber du hast doch damit nichts am Hut, oder?«

Tim überging die Frage, zumal er wusste, dass Merle die Antwort ahnte. Mittlerweile kannte er viele Leute, die auf Meth waren. Sie wurden dünner und dünner, ihre Hände zitterten, und es dauerte nicht lange, bis sie die ersten Zähne verloren. Seine seltenen Blicke in den Spiegel bewiesen Tim, dass sein Gesicht sich ebenfalls veränderte, deutlich veränderte sogar. Das konnte Merle und den anderen nicht entgangen sein.

Natürlich hatte er seinen ersten Hit von Trendelkamp bekommen.

Tausend Mal hatte Tim den Nachmittag verflucht, wo er sich die mörderische Droge von diesem unberechenbaren Typen hatte aufschwätzen lassen, den er rein zufällig auf der Straße wiedergetroffen hatte.

»Komm mit zu mir, Alter, ich hab was Geiles entdeckt!«

In den höchsten Tönen hatte Carlo von der Wirkung der neuen Wunderdroge geschwärmt. Und damals war Tim nicht einmal aufgefallen, dass Trendelkamp nichts davon nahm, sondern stattdessen eine lange Linie Koks in sein linkes Nasenloch zog. Aber seinen sezierenden Blick hatte Tim sehr wohl gesehen. Trendelkamp hatte ihn genau beobachtet, während er das Zeug nahm, und hatte auch die Wirkung belauert, die es auf Tim ausgeübt hatte.

Bevor der überwältigende Rausch einsetzte, hatte Tim in Trendelkamps Augen etwas gesehen, das den Wunsch nach Zerstörung ausdrückte: seiner Zerstörung. Als die Wirkung des Stoffs endlich nachgelassen hatte, war dieser Erinnerungsfetzen wie eine Fotografie in Tims Hirn eingebrannt gewesen. Trendelkamp hatte ihn angefüttert, und er hatte sich anfüttern lassen. Diese verdammte Gier, alles zu kennen, alles zu wissen, alles am eigenen Leib auszuprobieren. Diese verdammte Gier nach neuen Erfahrungen.

Nach dem ersten Mal hatte Tim sich geschworen, dieses Zeug nie wieder anzurühren. Aber Meth war eben Meth. Und Meth zerstörte alles: den Kopf, den Körper, den Menschen.

Ob es das war, was Trendelkamp wollte? Tim wusste es nicht, er merkte nur, dass sein ehemaliger Klassenkamerad ihm das Zeug mehr als bereitwillig zur Verfügung stellte und oft nicht einmal Geld von ihm haben wollte.

»Ich scheiß' auf das Leben«, hatte er letzthin durch die Zähne hervorgepresst, als Tim bei ihm in der Wohnung saß.

Das ist definitiv deine Sache, hatte Tim gedacht, ihn schweigend angestarrt und zum tausendsten Mal gedacht, dass er Trendelkamp nicht ausstehen konnte. Wie unabsichtlich war Carlo Trendelkamp dann ein Satz über die schmalen Lippen geglitten, der Tim erschreckt hatte: »Aber ich nehme so viele mit wie ich kann, bevor ich den Löffel abgebe!« Seine grünen Augen hatten sich verengt, und Tim hatte sofort gewusst, wie ernst es ihm war.

»Dazu hast du kein Recht, Trendelkamp«, hatte er energisch geantwortet. Aber Carlo Trendelkamp kümmerte sich einen feuchten Kehricht um Tims Meinung.

»Ich zeig' dich an«, hatte Tim ihm in einem Anflug von Zorn, Moral, Scham und Gerechtigkeitsbewusstsein gedroht, aber Trendelkamp hatte lediglich die rechte Augenbraue in die Höhe gezogen, und die unausgesprochenen Worte »Das würde ich dir nicht raten« hatten wie eine Bleischnur zwischen ihnen gehangen.

»Du bist ein Teufel«, hatte Tim hinzugefügt – und sich im Grunde kein bisschen über Trendelkamps Antwort gewundert: »Du hast es erfasst, Kumpel. Das wurde aber auch langsam Zeit!«

Tims Blick glitt zu Merle hinüber, und er betrachtete sie aus den Augenwinkeln heraus. Ihr zartes Gesicht mit der etwas zu großen Nase, den fein modellierten Mund, ihren hellen Teint. Für einen Moment war er versucht, Merle zu erzählen, welche Rolle Carlo Trendelkamp in seinem Leben spielte. Es hätte ihn erleichtert, Merle einzuweihen: Ihr zu erzählen, dass ihr alter Kumpel so viele Leute wie möglich ins Verderben reißen wollte. Einfach so. Aus Spaß, aus Neugierde, aus Bosheit, aus …, was auch immer. Tim kannte Trendelkamps Beweggründe nicht; er wollte sie im Grunde auch nicht kennen. Wichtig war nur, dass er aufhörte.

Tim räusperte sich und schwieg dann doch. Es war nicht gut, Merle in diese Sache hineinzuziehen. Er kam ja selbst kaum damit zurecht. Aber für heute hatte er sich etwas vorgenommen: Er würde Trendelkamp zur Rede stellen. Und anschließend würde er zur Polizei gehen, damit die Sache endlich ein Ende hatte.

×××

Merle riss Tim aus seinen Gedanken. »Hey, hast du mir zugehört, Tim?«

»Verdammte Scheiße«, fuhr Tim sie an. »Ich höre dir immer zu!«

Merle bremste abrupt, der Peugeot kam ein wenig ins Schlingern und blieb dann mitten auf der Straße stehen. »Ich lasse mich von dir nicht anschreien, Tim!«

»Tut mir leid«, sagte er ernst. »War nicht so gemeint.«

»Mensch, Tim, du machst dich fertig, du machst mich fertig, du machst uns alle fertig!«

»Können wir bitte weiterfahren?«, bat er und seine Stimme klang fast so wie früher.

Langsam kam der Wagen wieder ins Rollen.

»Du gehst vor die Hunde, wenn du so weitermachst.«

»Wenn schon. Jedes Leben führt unweigerlich zum Tode. Ist alles nur eine Frage der Zeit. Und müde bin ich sowieso.«

Merle umfasste das Lenkrad fester. Am liebsten hätte sie geschrien, aber sie hielt sich zurück. Tim war krank. Ihre Wut half ihm nicht. »Das sagt der Mann mit den ehemals hehren Zielen. Mediziner wolltest du werden, Aidskranken in Afrika helfen, weißt du noch?«, flüsterte sie.

»Wart's ab! Vielleicht mache ich das ja noch.« Tims Blick glitt wieder auf die wenig befahrene Landstraße. »Jedenfalls habe ich für heute genug gequatscht.«

»Lass uns noch einen Kaffee zusammen trinken, ja?«, bat Merle, die Tim seit Langem nicht mehr so zugänglich erlebt hatte und die Gunst der Stunde nutzen wollte.

»Nee, geht nicht. Ich bin um 17 Uhr in der Bahn verabredet …«

»Zur Stoffübergabe?«

Tim zuckte die Achseln. »Zu was wohl sonst? Zum Kaffeeklatsch garantiert nicht.«

»Aber dann hättest du ohnehin nicht mit uns am See bleiben können.«

»Natürlich nicht.«

»Und wie wärst du zurück in die Stadt gekommen?«

»Ach, es gibt immer einen Weg zurück.«

Dieser Satz ging Merle lange nach. Sehr viel länger als ihr lieb war.

Als sie ihn am Wendenschloss aussteigen ließ, kam er noch einmal an ihr Fenster. »Kann ich kurz dein Handy haben?«

»Klar.« Sie reichte es ihm.

Obwohl Tim einen Schritt zurücktrat, hörte Merle, wie er verabredete, wer an welcher Station ein- und an welcher Station wieder aussteigen sollte. Nach einer kurzen Pause hörte Merle wie Tim achselzuckend sagte: »Auch gut, dann komme ich eben zu dir.«

Ohne ein Wort des Abschieds beendete Tim das Gespräch, reichte Merle das Handy zurück ins Auto und beugte seinen Kopf dicht an ihre Wange. »Wenn dir wirklich was daran liegt, höre ich auf. Nicht heute. Aber vielleicht morgen.«

Merle lächelte ihn an. »Es gibt nichts, woran mir mehr liegt. Lass die Finger davon, Tim. Das Leben hat noch etwas mit dir vor.«

Tim schien sich einen kurzen Anflug von Sarkasmus zu verkneifen und zwang ein Lächeln auf seine Lippen. »Ja, das glaube ich auch. Ich rufe dich morgen an, okay?«

»Steig wieder ein«, sagte Merle bittend. »Wir fahren zurück zu den anderen – oder sonst wohin; egal.«

»Nein«, erwiderte Tim ruppig und drückte ihr einen schnellen Kuss auf die Wange. »Bevor sich etwas ändern kann, muss ich mit Trendelkamp reden.«

Merle sah ihn fragend an, erhielt aber keine Antwort. Sie überlegte, ob sie gegen seinen Willen bei ihm bleiben sollte, entschied sich dann aber dagegen. »Gut«, sagte sie. »Ich warte auf deinen Anruf. Pass auf dich auf, ja?«

»Versprochen. Und du auf dich!« Er hob kurz die Hand zum Gruß und ging dann mit den für ihn typischen hastigen Schritten davon. Merle blickte ihm versonnen nach, wendete und fuhr dann mit Höchstgeschwindigkeit zurück zum See.

Als sie an ihrem Picknickplatz ankam, waren Anna und Kolja eingeschlafen. Sven las.

»Na, hast du unseren Junkie gut abgeliefert?«, fragte er, schaute auf und musterte sie eindringlich.

»Er braucht Hilfe«, erwiderte Merle, ohne auf seine überflüssige Frage einzugehen.

»Ich weiß«, sagte Sven. »Wir alle wissen das.«

Anna rieb sich die Augen und setzte sich auf. »Wir reden nie mehr über uns, nur noch über Tim. Merkt ihr das eigentlich?«

»Ja, Frau Seelenklempnerin, das fällt selbst uns auf«, erwiderte Sven. Anna studierte seit zwei Semestern Psychologie, und Sven zog sie häufig damit auf.

»Er ist momentan auch der Wichtigste von uns«, beschwichtigte Merle. »Uns geht's schließlich gut.«

Nur Anna nickte, aber Merle wusste, dass auch die anderen ähnlich dachten. Dennoch redeten sie in den nächsten beiden Stunden erstaunlicherweise nicht über Tim. Merle erzählte beiläufig von ihrem kuriosen Germanistikprofessor, aber sie fühlte sich unwohl. Sie war nervös, und es fiel ihr extrem schwer, bei einem Thema zu bleiben. Kolja sprach über seinen Nebenjob als Barmixer, Sven über sein Architekturstudium. Sie schwammen, aßen die letzten Buletten und fanden allmählich doch zu ihrem altvertrauten, lockeren Ton zurück, obwohl Tim eine deutliche Lücke hinterlassen hatte. Sie waren fünf. Nicht vier. Und Tim fehlte. Jedem von ihnen.

Gegen neunzehn Uhr klingelte Merles Handy. Sie zog es aus ihrer Tasche und blickte auf das Display. »Keine Ahnung, wer das ist. Ich geh nicht dran«, sagte sie und legte es zögernd zurück auf die Decke, doch dann griff sie wieder danach, hastig, als fürchte sie sich plötzlich.

Es war Tim. Sie hatte es geahnt.

»Scheiße«, stöhnte er. »Scheiß Trendelkamp, ich bin ...«

Merle schluckte. Mit einem Mal kroch die Angst in ihr hoch. »Wo bist du Tim?«, rief sie, aber die Verbindung war bereits unterbrochen.

»Tim?«, fragte Sven und ging sofort in die Hocke.

Merle nickte. »Lasst uns fahren!« Ihr Tonfall war drängend und ließ keine Verzögerung zu.

Kurz darauf hatten sie ihre Sachen zusammengepackt und machten sich im Laufschritt auf den Weg zum Auto.

Anna setzte sich ans Steuer. »Soll ich zu seiner Wohnung fahren?«

Merle nickte.

»Hast du seine Schlüssel dabei, Merle?«, fragte Kolja.

Merle griff in ihre Tasche und schüttelte schließlich den Kopf. »Nein, sie liegen bei mir im Küchenschrank«, erwiderte sie nervös. »Aber wir versuchen es erst mal so.«

Schon seit Langem hatte sie Tims Wohnungsschlüssel. Falls sie sich selber mal aussperrte – und früher hatte sie sie benutzt, um Tims Pflanzen zu gießen, wenn er für ein paar Tage verreist gewesen war. Aber seit einem halben Jahr fuhr Tim nirgendwo mehr hin, und Pflanzen gab es schon lange nicht mehr.

Als sie vor dem hässlichen Altbau in der Nähe des Köpenicker Bahnhofs standen, wo Tim seit der Oberstufe eine dreißig Quadratmeter große Wohnung bewohnte, hatte nicht nur Merle ein ungutes Gefühl. Auch die anderen spürten, dass etwas nicht stimmte.

Kolja drückte energisch auf den Klingelknopf neben dem mit verblasster Schrift gedruckten »Grabner«. Fünf Mal klingelte er, dann versuchte er es mit dem alten Freundeszeichen, das sie schon mit sechzehn für ihre Handys verwendet hatten. Drei Mal kurz, ein Mal lang.

Nichts geschah.

»Er ist nicht da«, sagte Sven schließlich.

»Ist er doch«, erwiderten Kolja und Merle unisono. Wenn sie nicht so beunruhigt gewesen wären, hätten sie sich vermutlich einen erstaunten Seitenblick zugeworfen. Normalerweise geschah so etwas nur Kolja und Anna. Oder Merle und Tim.

»Er kann von sonst wo angerufen haben«, meinte Anna schließlich.

Merle blickte Anna ernst an. »Tim hat schon lange kein Handy mehr.«

»Ach, Telefone gibt's doch überall. Wahrscheinlich ist der ganze Aufstand total überflüssig«, wandte Sven ein. »Der ist mal wieder auf irgendeinem Horrortrip.« Er schob Kolja zur Seite und klingelte

Sturm. Das Gesicht zur Haustür gewandt, sprach er weiter. »Außerdem, Leute, was hat er schon gesagt: *Scheiß Trendelkamp ... Ich bin ...*«

Sven drehte sich wieder um. »Vier magere Worte, und eins fehlt. Das könnte alles sein: Ich bin high, ich bin clean, ich bin happy.« Zornig trat er mit dem Fuß gegen die schäbige graue Betonwand. »Ach Mist, der Kerl verdirbt uns mal wieder den Abend.«

Merle legte ihm beruhigend die Hand auf den Arm. »Spürst du nicht, dass es ernst ist?« Dann schaute sie ihm tief in die Augen. »Kommt, lasst uns zu mir fahren und die Schlüssel holen.«

Sven schwieg, und Merle ahnte, was er dachte. Er wusste, dass sie recht hatte, dennoch musste er – wie immer – das letzte Wort haben.

»Gut, dann folgen wir deiner weiblichen Intuition. Am besten fährst du mit Anna zu dir. Kolja und ich halten hier die Stellung. Wer weiß, vielleicht taucht er gleich auf.«

Die Schlüssel lagen nicht im Küchenschrank, sondern in der Kommode. Wertvolle Minuten verstrichen, während die beiden Frauen nach ihnen suchten.

Als sie endlich wieder vor Tims Haus standen, schlug Merles Herz bis zum Hals. Mit unruhiger Hand schloss sie die Tür auf und schritt durch den schmalen Flur. Die anderen folgten ihr.

Eine ohrenbetäubende Stille lag über dem Raum, es roch muffig. Durch die schmalen Schlitze der tiefschwarzen Jalousien fiel das Licht der Abendsonne. Es fiel auf den hellen Fußboden – alle vier sahen Tim sofort. Er lag mit unnatürlich weit ausgestreckten Beinen auf dem schmuddeligen Teppich. Seine Augen waren halb geschlossen, aus seinem Mund lief ein rötlicher Speichelfaden.

Merle und Kolja stürzten als Erste zu ihm.

»Ist er tot?«, wisperte Anna entsetzt.

Niemand antwortete ihr.

Kolja griff nach Tims Handgelenk. »Jetzt steht doch nicht so rum«, schrie er lauter als beabsichtigt. »Ruft endlich den Notarzt!«

Tims Augenlider flackerten leicht. Während Anna die 110 wählte, räumte Merle die Sachen zusammen, die vor Tim auf dem Boden lagen: zwei kleine Flaschen, eine Tasse, eine aufgezogene Spritze, diverse Tütchen und den kleinen Gaskocher. Warum sie das tat, hätte sie nicht zu sagen vermocht. Es war eine reine Übersprungshandlung, denn der Notarzt – oder schlimmstenfalls der Pathologe – würde garantiert feststellen, dass Tim sich einen Drogencocktail gemixt hatte.

Und dann ging alles sehr schnell. Tim wurde auf einer Bahre durch das Treppenhaus getragen, in dem bereits die feindselig blickenden Nachbarn lauerten. Merle hielt Tims Hand und ließ sich nicht einmal vom diensthabenden Arzt zur Seite schieben.

Drei Stunden später bekamen sie eine Diagnose, die noch keine war: Atemlähmung, kardiogener Schock, toxische Psychose – mit hundertprozentiger Sicherheit durch Drogenmissbrauch ausgelöst. Was das bedeutete? Eine Hirnschädigung, bestenfalls eine ausgewachsene psychogene Störung, die in einer Langzeittherapie behandelt werden müsste, prophezeite der Weißkittel. Bezogen auf die zweite Diagnose behielt er recht.

×××

Zwei Monate später kam Tim wieder nach Hause. Hinter ihm lagen ein dreiwöchiger Entzug in der Charité und eine intensive therapeutische Behandlung. Die Atemlähmung hatte eines seiner Stimmbänder zerstört. Aber Tim sprach nicht nur anders; er war auch anders.

Seit er wieder in Köpenick war, hatte er nur noch ein Ziel, das sich mehr und mehr zur Obsession auswuchs: Trendelkamp war gefährlich, Trendelkamp ging über Leichen. Schlimmer noch: Trendelkamp machte sich zum Herrn über Leben und Tod. Zum Gott – zum Teufel.

Es hatte eine ganze Weile gedauert, bis seine Freunde herausgefunden hatten, dass Trendelkamp Tim an diesem heißen Tag im

Sommer Stoff verkauft hatte, der ihn ausschalten sollte. Noch länger hatte es gedauert, bis sie ihm glaubten.

Nur eines hatte Tim ihnen nicht erzählt: Dass er Carlo Trendelkamp an diesem Nachmittag mit der Polizei gedroht hatte. Und dass er dann doch wieder auf ihn hereingefallen war, weil er seine Sucht nicht unter Kontrolle gehabt hatte.

»Lass dir das nicht entgehen, Genosse«, hatte Trendelkamp gesagt und eine schmale Ampulle mit einer transparenten Flüssigkeit vor seiner Nase hin und her geschwenkt. »Die Bullen sitzen auch morgen noch im Präsidium.«

Tim war zu schwach gewesen, um diesem Angebot zu widerstehen. Er hatte nach der Ampulle gegriffen und auch die beiden blauen Pillen genommen, die Trendelkamp ihm in die Hand gedrückt hatte. Er hatte sich nicht mal darüber gewundert, dass Carlo ihn zur Wohnungstüre geschoben hatte: »Mach's dir bei dir zu Hause gemütlich, Kumpel. Und genieße es!«

Tim hatte Ampulle und Pillen in die Jackentasche gesteckt und sich auf den Heimweg gemacht. In seinem Kopf war in diesem Moment nur Platz für zwei Gedanken gewesen. Zwei übermächtige Gedanken: Ein letztes Mal noch. Morgen würde Schluss sein!

Und es war auch Schluss. Wenn auch auf eine völlig andere Art und Weise als erwartet.

×××

Seit Tim aus der Klinik zurück war, redete er noch weniger als zuvor, und wenn er den Mund öffnete, klangen seine Worte gepresst, gezwungen, gequetscht. Merle blieb so oft es ging, bei Tim in der kleinen Wohnung, die dadurch allmählich zu einem behaglicheren Ort wurde. Ihre Nähe schien beruhigend auf Tim zu wirken. Aber wie immer hatte Merle alles ganz genau wissen und die Sache von allen Seiten beleuchten wollen. Deshalb hatte sie mit Carlo reden müssen. Nicht nur über Tim, sondern über all die Dinge, die er nach seinem Entzug erzählt hatte. Sie wollte Trendelkamps Meinung hören. Nicht, dass sie Tim keinen Glauben schenkte. Nein, dazu kannte sie ihn zu lange und vor allem zu gut. Sie wusste, wann Tim log. Aber auch Carlo glaubte, Merle zu kennen, schließlich waren sie jahrelang befreundet gewesen. Zumindest irgendwie befreundet gewesen. Sie wollte Trendelkamps Version der Geschichte hören und sich ein eigenes Bild machen.

Carlo Trendelkamps Augen hatten geleuchtet, als Merle eines Abends vor seiner Wohnungstür gestanden hatte. Aber dann ... sie schluckte trocken.

×××

Nach dem dritten Klingeln hatte Carlo die Tür geöffnet. Als er sah, wer dort vor ihm stand, rauschte mit ihrem schüchternen »Hallo, Carlo!« eine Welle des Triumphs über ihn hinweg und ließ ein breites Grinsen auf seinem Gesicht zurück. Er bat sie in seine Wohnung, holte die Flasche Champagner aus dem Kühlschrank, die er schon vor langer Zeit eigens für diesen Anlass gekauft hatte, goss ihn in die langstieligen Flöten und setzte sich so dicht neben sie auf das mitternachtsblaue Sofa, dass ihre Oberschenkel sich berührten.

»Koks?«, fragte er und roch den frischen Duft ihrer Haare.

Merle schüttelte den Kopf, dann rückte sie ein kleines Stück von ihm ab.

Carlo lehnte sich etwas zurück, fixierte sie, verzehrte sie mit seinem Blick. Ich krieg' dich, dachte er. Und du weißt es. Deshalb bist du ja hier. Zier dich ruhig noch ein wenig. Er grinste und hielt ihr das Glas zum Anstoßen entgegen. Zögerlich führte sie das ihre heran. So war sie nun einmal, seine Merle. Sanft. Ein Engel. Sein Engel. Auch wenn er die Sache mit Tim verpatzt hatte; Merle war gekommen, und damit hatte er, Carlo, gewonnen.

Dass Tim ihm in die Quere gekommen war, war vergessen. Vergangenheit. Der kluge, beliebte, geliebte Tim, der – wohl ohne es zu ahnen – immer schon sein schlimmster Feind gewesen war.

Es hatte Carlo selbst überrascht, aber Tims Drohung hatte ihm Angst gemacht. Nicht viel, aber genug, um unruhig zu werden. Tim war clever und Tim wusste zu viel – folglich musste er früher von der Bildfläche verschwinden als geplant. Dabei hatte Carlo sich gerade für ihn besonders viel Zeit nehmen wollen. Für den männlichen Mittelpunkt der Clique, den alle mochten, dem alle zuhörten, sobald er sich nur räusperte. Und dem überdies die Liebe der wunderbarsten Frau der Welt gehörte, auch wenn er nicht das geringste Talent bewies, diese anzunehmen.

Tim auszuschalten, das war kein Problem für Carlo Trendelkamp. Es gab nur wenig, was leichter war, als einen Drogenabhängigen in eine andere Dimension zu befördern – das hatte er zumindest geglaubt.

Doch er hatte sich verschätzt. Er hatte Tim zu wenig verkauft, der Stoff war sauberer gewesen, als er vermutet und gehofft hatte, die Mischung stimmte nicht und das Auftauchen der Freunde hatte er ebenfalls nicht einkalkuliert. Sven, Kolja, Anna und Merle waren zu früh gekommen. Um eine knappe Stunde zu früh ...

Ärgerlich wischte Carlo diese Erinnerungen beiseite. Es war nicht wichtig. Schließlich war sie ja doch gekommen.

Merle räusperte sich. »Carlo ... stimmt es ... stimmt es, was Tim erzählt? Dass du ... dass du ihn ...« Sie rutschte unruhig auf der Sofakante vor und zurück, und das Glas in ihrer rechten Hand zitterte leicht. Sie hatte kaum von dem Champagner getrunken.

Carlo hingegen trank sein Glas in einem Zug leer. »Klar«, grinste er. »Es gibt sowieso viel zu viele Menschen auf der Erde. Es reicht, wenn zwei übrig bleiben.«

Merles Pupillen verengten sich, sie öffnete den Mund, um etwas zu sagen, aber er hatte lange genug gewartet. Es war Zeit.

Mit einem Handgriff öffnete er den Reißverschluss seiner Jeans, riss Merle in seine Arme, zwang ihr seine Zunge in den Mund, befingerte ihren Busen und griff mit klammen Fingern unter ihren Rock. »Du willst es doch auch«, geiferte er, während er ihr T-Shirt hochzog. »Nun komm schon …«

×××

Merle fröstelte. Es war ihr gelungen, sich aus Carlos Umklammerung zu befreien; wobei sie sich später fragte, woher sie die Kraft genommen hatte. Trendelkamp war zwar nicht besonders stark, aber weitaus stärker als sie. Sie hatte es sogar geschafft, ihn zu ohrfeigen. Dann war sie aus der Wohnung gerannt. Erst zwei Straßen weiter hatte sie innegehalten, Luft eingesogen und ihre Kleidung geordnet.

Sie hatte es den anderen nicht erzählt, weil sie sich allzu gut vorstellen konnte, wie Tim reagieren würde, wenn er von Trendelkamps versuchter Vergewaltigung erfahren würde. Aber die Erinnerung quälte sie, und es hätte sie erleichtert, sie mit jemandem zu teilen. Nachts schreckte sie nun häufig hoch. Selbst tagsüber fürchtete sie sich davor, allein auf die Straße zu gehen, weil sie an jeder Ecke Carlo zu sehen glaubte. Ähnlich wie Tim wurde sie schweigsam. Sie wusste nun, dass ihr bester Freund recht hatte: Trendelkamp war unberechenbar. Und gnadenlos.

Merle zog sich den Pullover fester um die Schultern.

×××

Die Zeit verging, und nichts wurde besser. Hass und Schmerz wurden nicht kleiner und wollten einfach nicht weichen. In den ersten Wochen nach dem Klinikaufenthalt war Sven seinem Freund noch regelmäßig in den Rücken gefallen. »Wer Drogen nimmt, ist selber schuld!«

Aber je öfter die anderen drei auf Sven einredeten, je bewusster ihm wurde, dass Tim am Ende war und dass er sich nie wieder erholen würde, wenn er diese Angelegenheit nicht auf seine Weise zu einem Ende bringen konnte, desto mehr geriet er ins Grübeln. Zumal Merle Tim seit ihrem schrecklichen Erlebnis mit Trendelkamp energisch und mit scharfen Worten unterstützte. »Trendelkamp ist eine Laus. Und jede Laus weniger ist ein Segen für die Gesellschaft!«

Mittlerweile war es Winter geworden. Tim kaufte weiterhin von Zeit zu Zeit bei Carlo ein, um den Kontakt zu ihm zu halten. Aber er blieb standhaft und nahm nichts, worüber sich seine Freunde zugleich wunderten und freuten.

Schlussendlich war es Sven gewesen, der eine Entscheidung getroffen hatte. Sven, der unerbittliche Zyniker. Sven, der immer alles auf den Punkt brachte. Sven, dem Merle sich einen Tag zuvor endlich anvertraut hatte.

An einem regenfeuchten Nachmittag saßen sie zu fünft in Tims Wohnung, redeten über dies und das, bis Sven plötzlich das Wort ergriff und mit energischer Stimme sagte: »Wir lassen ihn über die Klinge springen!«

Alle wussten, von wem er sprach.

×××

Zunächst war es nichts anderes als eine verbale Spielerei, zumindest für Kolja und Anna. Von nun an philosophierten sie nächtelang über den perfekten Mord und dachten sich qualvolle Todesarten aus.

Eine Woche vor Weihnachten bat Tim Merle, die anderen drei anzurufen, und am späten Abend trafen sie sich in Svens durchgestylter Junggesellenwohnung.

Tim redete nicht lange um den heißen Brei herum. Mit seiner neuen gepressten Stimme, die alle zwang, die Ohren zu spitzen, legte er los. »Ich weiß, wie wir es machen!«

Aufmerksam blickte er zuerst Merle, dann Sven, Kolja und Anna in die Augen, um ihre Reaktionen abzuschätzen. Als er weitersprach, verweilte sein Blick bei Sven. »Nächsten Donnerstag wird der Sendemast gesprengt.«

»Dieses zweihundert Meter hohe Ding in der Dammheide? Von dem Radio Moskau übertragen wurde?«, unterbrach Kolja ihn, wobei er das Wort »Moskau« unnatürlich in die Länge zog.

Tim nickte. »Genau der! Die Sprengung ist die beste Gelegenheit, um den Teufel in die Hölle zu schicken.«

In der nächsten Stunde erklärte Tim seinen minutiös ausgearbeiteten Plan. Er würde Trendelkamp mit der Aussicht auf einen riesigen Deal zum Turm locken. Kiloweise Meth zum Sonderpreis, frisch aus Tschechien importiert.

Tim redete und redete, seine Stimme wurde durch die ungewohnte Belastung immer heiserer. »Es ist unmöglich, das sechzehn Hektar große Gelände zu kontrollieren. Schwierig ist einzig und allein, Trendelkamp in die Nähe des Mastes zu locken, noch dazu passgenau zum Zeitpunkt der Sprengung.«

»Du spinnst doch«, sagte Kolja, als Tim endlich schwieg. «Hast du eine Ahnung, wie viele Absperrposten da stehen werden?«

»Und selbst wenn es klappen würde«, mischte Anna sich ein. »Was ist mit dem Sprengbeauftragten? Willst du, dass gegen ihn eine Ermittlung wegen fahrlässiger Tötung eingeleitet wird, weil er die Gefahrenstelle nicht richtig abgesichert hat?«

Tim strich sich bedächtig über den schmerzenden Hals. »Natürlich will ich das nicht. Aber der 19. Dezember 2002 ist Trendelkamps letzter Tag auf Erden, Leute. Das schwöre ich euch!« Er zögerte kurz. »Und wenn ihr hinter mir steht, schaffen wir das gegen alle Widerstände.«

»Nee«, sagte Anna, »bei aller Liebe, Tim, das steigt ohne mich! Wir zeigen ihn an, dann kommt er vor Gericht und kann im Gefängnis schmoren …«

»Um nach zwei Jahren wieder rauszukommen, damit er in Tschechien oder sonst wo weitermachen kann«, ereiferte Sven sich.

»Aber wir machen uns wenigstens unser Leben nicht kaputt«, meinte Kolja ernst. All die Gespräche über den perfekten Mord waren, das wusste Merle genau, in seinen und Annas Augen blanke Theorie gewesen. Philosophische Exkurse, Hirngespinste über die »Simple Kunst des Mordens« oder »Die Begabung zu töten«. Aber das Gerede hatte sich verselbstständigt. Es war bitterer Ernst geworden.

Kolja versuchte, das Ruder herumzureißen. »Ein Mord ist und bleibt ein Mord, selbst wenn man ein Schwein absticht«, sagte er und hielt Tims Blick fest.

Merle überging Koljas Einwand. Die Stufe der Moral und der Skrupel hatte sie längst hinter sich gelassen. Ihre Augen weiteten sich, und sie sprach mit beeindruckender Geschwindigkeit. »Warum sind wir eigentlich nicht längst auf die naheliegendste Lösung gekommen, Leute? Wir locken ihn zu unserem Picknickplatz, da kann er ins Wasser gehen.«

Svens Mundwinkel verzogen sich zu einem ironischen Grinsen. »Das fällt dann in die Kategorie ›Wenn Sagen wahr werden‹, was? Auf dem Grund des Teufelssees trifft Trendelkamp das vom Jäger verfolgte ersoffene Schlossfräulein und lässt sie Meth schniefen bis an ihr Lebensende.«

»Dein Zynismus ist total fehl am Platz«, schimpfte Anna. »Mir ist das alles zu viel.« Sie stand unvermittelt auf und griff nach ihrer Jacke. »Kommst du mit, Kolja?«

Wenig später saßen sie nur noch zu dritt an Svens rundem Esstisch. Und Sven, der Technikfreak, fand die Lösung. »Wir jagen ihn in die Luft«, sagte er plötzlich unvermittelt und fuhr dann fort: »Dazu brauchen wir den Fernsehturm nicht.«

Erstaunlich gelassen, erklärte er den beiden seinen Plan. »Ihr trefft euch zur Stoffübergabe am See. Du drückst ihm ein Handy in die Pfote und behauptest, dass die Tschechen dieses Ding anklingeln werden, sobald sie zur Übergabe bereit sind.« Sven trank einen

Schluck Bier. »Aber es ist kein Handy – oder es ist doch eins. Aber in seinem Inneren befindet sich ein Sprengstoffsatz. Das Gegenstück bleibt bei mir. Sobald du Trendelkamp das Ding in die Hand gedrückt hast, gibst du mir ein Zeichen und rennst so schnell du kannst in den Wald – und dann mein Lieber, dann drücke ich auf den Auslöser ... «

Tim schüttelte den Kopf. »Nein, ich möchte nicht, dass du dich da reinhängst. Reden ja, handeln nein!«

Sven fiel ihm ins Wort. »Anders geht es nicht, mein Freund. Trendelkamp wird mir wohl kaum abnehmen, dass ich einen Deal angeleiert habe.«

Die beiden redeten sich in Rage, nur Merle schwieg. Schließlich stimmte Tim zu, obwohl es ihm nicht behagte, dass Sven etwas tat, was eigentlich seine Aufgabe gewesen wäre.

xxx

Die Tage bis zum 19. Dezember vergingen für Merle in Windeseile. Sven hatte das Empfänger-Handy geschickt präpariert, und bereits zwei Stunden vor dem verabredeten Zeitpunkt warteten die drei Freunde am See. Sie waren nervös, fühlten sich unbehaglich und sie hatten Angst. Zugleich waren sie fest entschlossen, ihr Vorhaben in die Tat umzusetzen.

Tim ging zum Wasser hinunter. Anschließend kam er zurück und umarmte zuerst Sven dann Merle. »Ich liebe dich, Merle«, flüsterte er ihr atemlos ins Ohr. »Wusstest du das?«

Es gibt Menschen, die finden niemals zueinander, obwohl sie zueinander gehören. Sie und Tim waren ein solches Paar. Merle hatte das schon immer gewusst. Sie nickte und schlug die blauen Augen nieder.

Tim küsste sie mitten auf den Mund und ging ohne ein weiteres Wort davon; Merle und Sven versteckten sich hinter den hohen Büschen am Ufer.

Merle war speiübel wegen ihres pochenden Gewissens, das ihr seit Tagen suggerierte, wie schlecht und falsch ihr Vorhaben war. Niemand hatte das Recht, einem anderen Menschen das Leben zu nehmen! Sven hingegen, das wusste sie, betrachtete die ganze Sache mit einer gewissen zynischen Neugierde. Nervös war er allerdings doch.

Nur Tim schien die Ruhe selbst zu sein.

×××

Tim glaubte nicht, dass Carlo Trendelkamp ihm seine Geschichte von dem großen Deal abgenommen hatte, aber er kam an diesem Donnerstag trotzdem. Er nahm sogar das Handy entgegen, obwohl er misstrauisch blieb. »Warum behältst du es nicht selbst?«, fragte er und drehte das Mobiltelefon in seinen Händen hin und her. Tim verharrte mit der Unbeweglichkeit eines Buddhas neben ihm. Zögernd hob er die Hand, um Sven das verabredete Zeichen zu geben.

Nun würde Sven auf den Auslöser drücken und dann hatte er exakt zwanzig Sekunden Zeiten, in denen er um sein Leben rennen konnte. Es musste schnell gehen, sehr schnell. Sonst würde Trendelkamp Verdacht schöpfen und das Handy weit von sich schleudern.

Merle, dachte er. Merle.

×××

Svens rechter Zeigefinger bewegte sich auf den Auslöser zu, und Merle begann zu zittern. Plötzlich wusste sie mit glasklarer Sicherheit, dass sie das keinesfalls wollte, es nicht zulassen durfte. Sie griff nach Svens Hand – und erreichte das Gegenteil: Sven drückte schneller als beabsichtigt auf den kleinen grünen Knopf. Merle erstarrte. Dann folgte sie ihrem Impuls, wollte losrennen, aber Sven riss sie zurück. »Nein!«, schrie sie aus vollem Hals, »Lauf, Tim, lauf!«

Als liefe die Zeit ihr unendlich zäh durch die Finger, sah sie, wie Tim den Kopf drehte, seinen Oberkörper herumriss und zum Lauf ansetzte. Im gleichen Moment schnellte Trendelkamps Arm vor, griff nach Tim und zog ihn an sich. Merle hörte seine Worte nicht, aber sie las sie von seinen Lippen. »Du und ich«, flüsterte Carlo, und ein derart zufriedenes Lächeln hatte Merle auf seinen schmalen Lippen noch nie gesehen. »Dann kriegt sie keiner. Das ist gut.«

»Nein!«, schrie sie, »Nein! Wirf es weg! Wirf das Handy weg!«, doch eine gewaltige Explosion riss ihr die Worte aus dem Mund. Fetzen flogen. Weiße und rote, segelten in ihrer Welt, in der noch immer alles quälend langsam geschah, wie Federn zu Boden. Sie bildeten einen merkwürdigen Kontrast zur Schwärze des Sees und dem matten Braun der unbelaubten Bäume.

Endlich gelang es ihr, ihren Körper aus Svens Umklammerung zu befreien, und sie rannte los, doch Sven war schneller. Keuchend standen sie wenig später am Rand des Sees. Genau an der Stelle, wo sie zwölf Jahre lang ihre Decken ausgebreitet hatten.

Merles Schrei erstarb, verebbte über dem dunklen Wasser. Und dann ließ sie sich einfach fallen, lag zwischen den Fetzen, die einst Tim und Carlo gewesen waren, krümmte sich und spuckte sich die Seele aus dem Leib.

Sie blieben am See, bis es dunkel wurde, und sprachen kein Wort. Als keine Tränen mehr da waren, kein Ekel, keine Kälte und auch kein Schmerz, hob Merle den Kopf: »Sie werden uns begleiten«, keuchte sie heiser. »Bis ans Ende unseres Lebens.«

Sven antwortete ihr nicht. Er zog erneut sein Handy aus der Tasche. »Ich rufe jetzt die Polizei«, sagte er.

In dem Augenblick, als Tim und Carlo starben, fiel in der Dammheide der zweihundert Meter hohe Sendeturm. Unter den zahlreichen Schaulustigen, die – hinter der gut gesicherten Absperrung – das explosive Spektakel belauerten, verharrten auch Anna und Kolja.

DAS »LEGENDÄRE« BULETTENREZEPT DER FAMILIE BACH

ZUTATEN

500 g Rinderhackfleisch (oder noch besser Tatar)
500 g Mett
2 Brötchen
2 Eier
2 Zwiebeln, 20 g Butter
Salz, Pfeffer
40 g Butterschmalz zum Anbraten

ZUBEREITUNG

Hackfleisch bzw. Tatar und Mett gut vermischen. Die Brötchen in kaltem Wasser einweichen, gut ausdrücken und in kleine Stücke zerpflückt mit dem Hack vermischen. Die beiden Eier unter die Hackmischung kneten. Die Zwiebeln pellen, in möglichst feine Würfel schneiden und in der Butter glasig dünsten. Etwas abkühlen lassen und unter das Hack mischen. Mit Salz und Pfeffer würzen. Mit den Händen ca. 12–20 gleichgroße Buletten, Klöpse, Frikadellen (je nach regionalem Sprachgebrauch) formen und in Butterschmalz anbraten.

Geschäft ist Geschäft

von Ruth Borcherding-Witzke

Wussten Sie eigentlich, dass der Döner letztlich eine getürkte und keineswegs eine türkische Spezialität ist? Er stammt gar nicht aus dem Land des Halbmondes, sondern wurde hier in Berlin Ende der siebziger Jahre von einem, zugegeben, türkischen, Gastarbeiter erfunden. Aber eben nicht in Anatolien, Istanbul oder Ankara, sondern hier: Mitten in Berlin.

Früher einmal hatte ich mit dieser Imbissspezialität gehadert. Ohne den Döner wäre ich längst ein gemachter Mann. »Manni's Bratwurstecke« wäre noch immer der Anlaufpunkt ausgehungerter Schulkinder und kochunwilliger Hausfrauen, meine Currywurst der Schlager des Kiezes. So wie früher, als die Gören noch bei mir Schlange standen. Pommes mit Ketchup oder Mayo? Wie gesagt, das war einmal. Es ist nun nicht so, dass ich am Hungertuch nagen müsste. Wir kommen schon noch gut klar, meine Frau und ich, vor allem wegen der Stammkundschaft am Mittag. Die Leute von den kleinen Büros im Viertel, die haben noch Geschmack und reißen mich raus. Da kann ich noch froh sein, meinen Kollegen anderswo, denen geht es noch schlechter.

Aber seit Jahren hat mein schärfster Konkurrent Izmir nebenan den größeren Zulauf in seinem »Kebabhouse«. Jetzt fragt er: Döner mit oder ohne Chili? Und was noch schlimmer ist: Immer mehr Deutsche gehen bei ihm ein und aus. So kann ich umsatzmäßig nicht einmal mehr auf den Fastenmonat Ramadan setzen

Letztes Jahr, kurz vor Weihnachten, kam meine Frau ganz außer sich vom Einkaufen zurück. »Manni, stell dir vor«, rief sie und lief rot an. »Drüben bei diesem Izmir gibt es jetzt Weihnachtsdöner!«

»Weihnachtsdöner? Was soll das denn sein?«

»Keine Ahnung«, sagte sie. »Jetzt macht er uns auch noch unser Weihnachtsgeschäft kaputt. Und seine Cola hat er auch billiger gemacht. Ein Euro! Da können wir nicht mithalten. Du musst dir sofort etwas einfallen lassen, Manni!« Sie verschwand in der Küche, um Buletten zu braten.

Ich spähte vorsichtig zur Tür raus. Der eiskalte Ostwind ließ mich zittern. Die Menschenmasse auf der Straße, die in den roten Doppeldeckerbus Richtung Tiergarten stiegen, sah ebenfalls verfroren aus. Der Bus fuhr an und ich hatte freien Blick: Tatsächlich. Ein Schild mit einem handgemalten Tannenzweig und einer blinkenden Nikolausmütze pries Izmirs extra großen Weihnachtsdöner für sage und schreibe zwei Euro an.

Fröstelnd verzog ich mich in meine Eckkneipe.

Weihnachtsdöner? Was sagte eigentlich der Islam dazu? War das überhaupt erlaubt? Die waren doch sonst so pingelig mit allem.

Und die Cola für einen Euro! Wer konnte denn da schon mithalten?

Da musste ich mir wohl wirklich etwas einfallen lassen. Aber was? Vielleicht Adventsbratwurst? Nikolausbuletten?

»Ja, die Türken sind schon immer clevere Geschäftsleute gewesen«, nuschelte Schwaben-Willi von der Theke aus und schlürfte von seinem Rotwein. Natürlich keinen Trollinger, sondern einfachen Rotwein. Doch das machte ihm nicht allzu viel aus. Schließlich war es bei mir warm.

Willi war seit einiger Zeit Stammgast und trank über den Tag verteilt seine sechs Viertel bei mir. Und auch wenn ich ihn und seine Art nicht so besonders mochte: Ich hatte einen Stammgast mehr. Wählerisch konnte ich ja nun wirklich nicht sein.

»Eines Tages übernehmen die auch noch die deutsche Wirtschaft«, kommentierte er munter weiter. »Im Fußball haben sie uns ja auch schon fast eingeholt …«

Willi lamentierte weiter. Ich konnte es nicht mehr hören und verschwand in der Küche, da ich ohnehin noch meine Currysauce für die Spezialität des Hauses machen musste. Viele erhitzen einfach nur Curryketchup in der Mikrowelle. Ich hatte das auch mal so gemacht. Aber die meisten Kunden haben das gemerkt, beschwerten sich und kamen dann nicht wieder. Deshalb mache ich die Sauce jetzt wieder selbst.

Ich nahm eine Dose mit Tomaten und ließ sie kochen. Als das Wasser rausgekocht war, würzte ich die Sauce noch mit etwas Worcestersauce, Sojasoße, Essig und natürlich Curry. Dann noch etwas Honig, mein Geheimtipp. Danach verabschiedete ich mich von Willy und räumte auf. Schließlich sollte es bei mir ja nicht aussehen wie bei Hempels unterm Sofa, auch wenn ich nicht mehr allzu viele Gäste erwartete.

Später ging aber doch noch wieder die Tür. Es war Hardenberg, mein Vermieter. Wie immer trug er einen eleganten Anzug mit Fliege, war in Eile und hatte einen überquellenden Leitzordner unter dem Arm. Ganz auf internationaler Geschäftsmann getrimmt. Ein richtiger Piefke eben.

»Ich nehme wie immer Ihre Spezialität des Hauses und einen halben Liter Bier, aber schnell.« Hardenberg setzte sich zu mir an die Theke.

»Alles klar, also: Zwei Curry scharf mit Schrippe, und ’ne Molle. Wird gemacht!«

Ich nahm zwei Bratwürste ohne Darm und briet sie auf dem Grill. Vielen Leuten ist es egal, welche Würste sie nehmen, manche braten sogar Nürnberger Würste! Dabei ist die Wurst ohne Darm die beste.

Dann bestreute ich sie mit Currypulver und übergoss sie mit meiner Spezialcurrysauce. Die Würste schnitt ich in kleine, mundgerechte Stücke. Noch ein wenig Currypulver oben drauf und ein Holzspießchen zum Aufpieken. Currywurst isst man nie mit Messer und Gabel.

Hardenberg stürzte das Bier hinunter und verschlang mit wenigen Bissen die gute Wurst. »Das nenne ich noch echte Berliner Kochkunst! Fast so gut wie bei Konnopke!«, bemerkte er, während er mit der Schrippe den Rest Soße auftunkte.

Konnopke! Seit der Schröder da mal eine Currywurst im Stehen gegessen hatte, taten ja alle so, als sei das ein internationales Spitzenrestaurant. Ich fühlte mich in meiner Ehre gekränkt. Eine gute Currywurst kochen, das konnte ich schließlich auch.

Hardenberg wischte sich den Mund mit einer Serviette ab. »Bezahlen kann ich es leider heute nicht. Setzen Sie es auf die Rechnung. Meine Brieftasche ist nämlich leer.« Er zog eine Geldbörse aus der Tasche, öffnete sie und drehte sie demonstrativ um. Das Spielchen kannte ich schon zur Genüge. Hardenberg verdiente seine Penunze mit Abbruchbuden, die er an illegale Ausländer vermietete. Er hatte gewiss riesige Konten, die er vor dem Finanzamt verbergen musste. Trotzdem schleppte er stets eine leere Geldbörse mit sich herum, um überall abzustauben. Und das funktionierte auch noch.

»Okay«, sagte ich ergeben. »Das geht auf Kosten des Hauses.«

»Ich habe noch was mit Ihnen zu besprechen, auch Izmir ist davon betroffen. Ich rufe ihn gleich mal an. Dann brauche ich es nicht zweimal zu sagen.« Er zückte sein Handy und wenig später stand der Türke bei mir im Laden. Natürlich noch in Arbeitskleidung. Er trug eine karierte Hose und hatte eine weiße Kochmütze auf dem Kopf. Die Hände wischte er sich an einem am Gürtel befestigtem Tuch ab. Das sah ziemlich gebraucht aus. Na ja, schließlich hatte er auch mehr Gäste als ich gehabt. Und natürlich würde er – ganz im Gegensatz zu mir – auch noch den weiteren Abend jede Menge Gäste haben, dachte ich neidisch.

Wir setzten uns an einen der drei kleinen runde Tische, die in meinem Vorraum stehen. Ich spendierte drei Flaschen Schultheiß, die ich auf den Tisch stellte.

»Um es kurz und schmerzlos zu machen«, begann Hardenberg und blätterte geschäftig in seinen Papieren, »Sie beide müssen bis Anfang Januar Ihre Imbissbuden dicht machen. Sorry, aber ich habe soeben ein Wahnsinnsangebot von einer japanischen Gesellschaft bekommen.« Er wedelte mit einem Brief. »Hier, mit Einschreiben, noch topgeheim! Das kann und werde ich mir nicht entgehen lassen. Unten kommt eine Sushibar rein. Und dann werde ich die Wohnungen im Obergeschoss sanieren lassen. Luxusappartements mit Parkett und allem drum und dran. Der Kiez wird aufgewertet. *That's business.*«

Wir starrten ihn an.

Er korrigierte sich. » Nein, *that's big business!*«, und strahlte über beide Backen.

»Nun, machen Sie mal keine Fisimatenten, Mann«, sagte Hardenberg zu Izmir, der völlig aufgelöst und mit Tränen in den Augen vor ihm stand.

»Berlin ist groß, da findet sich doch noch eine andere Location für Ihren Imbiss, nicht wahr.«

»Aber das hier … mein Heimat«, stammelte Izmir. »Und Frau kriegt drittes Baby.«

Hardenberg blieb unbeeindruckt. »Ich will das gar nicht lange diskutieren. Haben Sie eine Ahnung, wie spät es ist? Man hat mir meine Rolex gestern geklaut. Ich habe da noch einen Termin.«

»Drei viertel sechs«, sagte ich.

Izmir witterte eine Chance. Hastig fummelte er an seinem Armgelenk und hielt Hardenberg seine eigene Uhr hin. Sie war riesengroß und glänzte unnatürlich golden. »Hier, nehmen Sie die Uhr. Nur lassen Sie uns die Geschäfte. Es ist doch unsere Heimat.«

Pikiert wies Hardenberg die Armbanduhr des Türken zurück. Das war wohl nicht so ganz seine Marke. »Die können Sie behalten. Heimat! Papperlapapp!! Die Welt ist groß. Globalisierung, sag ich nur. Außerdem, Sie sind doch gar nicht hier geboren.«

Izmir sagte nichts, aber ich sah seine geballten Fäuste.

»Trotzdem ist auch das hier unsere Heimat!« Ich klopfte so energisch auf den Tisch, dass die Bierflaschen nur so klirrten. Ich sah mich in meiner Kneipe um. Alles holzgetäfelt bis an die hohe stuckverzierte Decke. Im Holz steckte der Geruch von Zigaretten und Bier. Überall hingen alte Emailleschilder von den Berliner Brauereien Kindl und Schultheiss, jahrzehntelang gesammelt und mein ganzer Stolz. Der große runde Stammtisch, in der Mitte mit dem großen Aschenbecher, lud gerade dazu ein, eine Runde Molle mit Korn zu zischen. Sollte das jetzt etwa so ein steriler Laden werden mit Chrombestuhlung und einem Laufband in der Mitte, auf dem die Sushis, natürlich hygienisch verpackt, an den Gästen vorbeirollten, wie ich es einmal im Fernsehen gesehen hatte? Dagegen war selbst Izmirs Dönerbude mit den kunterbunten Ölgemälden und den Plastikblumen, einschließlich der golden verzierten Bilderrahmen, noch eine wahre Idylle. Wir würden außerdem nicht nur unsere Heimat, sondern auch unsere Arbeit verlieren. Unser beider Existenz war bedroht. Wer wollte schon in diesen Zeiten seinen Job verlieren? Hartz IV würde es dann für mich und meine Frau heißen. Wir waren auch jetzt schon nicht reich, Rücklagen hatten wir nicht. Das wäre unser Ruin.

Und von Izmir wusste ich, dass er Schulden bei seinen Landsleuten hatte, und die nicht gerade zimperlich waren, wenn er mit einer Rate im Rückstand geriet. Bis zu diesem Tag hatte ich das jedem gegönnt, der deutsche Kleinunternehmer in den Ruin trieb. Doch wer trieb mich hier eigentlich in den Ruin? Trieb *uns* in den Ruin?

»Wenn Sie beide hier nicht mitspielen, lasse ich die Angelegenheit eben durch meine Anwälte erledigen«, sagte Hardenberg gelassen und lächelte. Seine Anwälte, gut gekleidete Hyänen, kannte ich noch von einer anderen Sache. Keine Chance für uns. Hatten wir also keine Wahl?

Izmir sah mich an. Mir schien, als blitzten in diesem Moment winzige Krummsäbel in seinen schwarzen Augen. Und plötzlich verstand ich ihn auch ohne Worte.

»Energy Berlin, Wetterupdate: Maximal zwei bis vier Grad, gelegentlich Nieselregen. Und nun das Energy Verkehrsupdate: Stau auf der Buschkrugallee. Der Segelfelder Weg ist noch bis Samstag gesperrt. Das nächste Energy Verkehrsupdate, wenn's kracht! Die neuesten Blitzer: Geblitzt wird in Tiergarten …«

Nachdem sich die Nachrichten am nächsten Morgen mal wieder mit der allseits bekannten prekären Finanzlage Berlins beschäftigt hatten, kamen nun die Neuigkeiten über Wetter und Verkehr, die auch nicht viel rosiger waren. Da nutzte es auch nichts, wenn ein chronisch gut gelaunter Moderator diese vortrug. Genervt schaltete ich das Radio aus.

Die Türglocke bimmelte, und als ich aufblickte, war es die Polizei. Ich hatte es kommen sehen.

Kowalsky war ein älterer Mann, seine Kollegin sah so aus, als sei sie gerade von der Polizeischule gekommen. Sie wirkte streng, vielleicht machten das aber auch ihre Brille und die schwarze Kleidung, die sie trug. Beide hielten mir ihre Ausweise vor die Nase.

»Hardenberg wurde ermordet!«, begann Kowalsky sein Verhör.

Das wusste ich nun schon aus der Lektüre der *Berliner Morgenpost*: Hardenberg war am Vorabend in unserem Hinterhof tot aufgefunden worden, erdrosselt mit einer seidenen Krawatte.

»Ein eiskalter Mord, Raubmord«, sagte der Kommissar.

»Mord?«, echote ich.

»Ja, davon können wir ausgehen. Oder glauben Sie etwa, dass er über seine Krawatte gestolpert ist und sich selbst erwürgt hat? Hardenberg hatte viele Feinde. Wissen Sie, er hat Bruchbuden an Illegale vermietet, hauptsächlich an Russen und Polen. Und natürlich zu absoluten Wucherpreisen. Damit schafft man sich nun mal nicht nur Freunde. Aber ich tippe dennoch auf Raubmord.«

»Mit einer seidenen Krawatte erdrosselt?«, fragte ich.

»Ja, und dies ist der einzige Hinweis auf den Täter. Hardenberg mochte keine Krawatten. Er trug stets eine Fliege. Die Krawatte muss folglich dem Täter gehören.«

»Wie kommen Sie denn auf Raubmord?«

»Die Geldbörse, die wir beim Opfer gefunden haben, war leer. Es war nicht ein einziger Cent darin.«

Das klang logisch.

»Und auch die teure Uhr des Opfers ist verschwunden. Haben Sie gestern Hardenberg gesehen?«, fragte er mich weiter.

»Ja, er war bei mir und hat eine Currywurst gegessen, um halb sechs. Und bevor Sie mich fragen: Etwas Außergewöhnliches habe ich nicht bemerkt.«

»Haben Sie noch etwas anderes Verdächtiges gesehen, oder einen Unbekannten, der Ihnen aufgefallen ist?«

»Nein«, sagte ich wahrheitsgemäß. »Mir ist nichts aufgefallen. Kann ich sonst etwas für Sie tun?«

»Es muss ja auch nicht unbedingt Raubmord sein. Man soll immer allen möglichen Spuren nachgehen. Nicht immer ist das Einfachste das Zutreffende!«, dozierte die Polizistin an seiner Seite, Helbig mit Namen. Das klang wie frisch aus dem Polizeilehrbuch.

»Wer sonst sollte es gewesen sein?», fragte ich.

»Hardenbergs Frau hat ausgesagt, sie habe von ihrem Mann gehört, dass der Verkauf dieses Wohnblockes an eine ausländische Firma geplant war. Es sollte hier topsaniert werden. Auch die Geschäfte hätten weichen müssen. Was können Sie dazu sagen? Unterlagen darüber haben wir allerdings keine gefunden. War das Ganze nur ein Gerücht?«, wollte sie nun wissen. »Falls nicht, dann hätten Sie doch ein Motiv, die Geschäfte wären geschlossen worden. Auch die Kneipe hier.«

»Dann hätten alle Mieter ein Motiv«, warf ich ein. »Es sind so mindestens fünfzig Parteien hier im Block.«

»Sicher, aber für die meisten gilt Mieterschutz. Jedoch nicht für gewerbliche Vermietung, wie bei Ihnen.«

»Also bin ich verdächtig?« Da sie nicht auf meine Frage antwortete, war ich es wohl.

»Der Gerichtsmediziner konnte den Todeszeitpunkt auf achtzehn Uhr festmachen. Wo waren Sie um diese Zeit?«

»Im Getränkekeller. Izmir Ürün, der Türke von nebenan, kann das bezeugen. Ich habe ihm mit ein paar Kästen Cola ausgeholfen. Seine war ausverkauft. Eigentlich wollte ich mir ja ›rbb um 6‹ ansehen, das gucke ich nämlich gern. Das habe ich deshalb verpasst, aber zum Wetter, so kurz vor halb, war ich wieder da.«

»Was hast du gemacht?«, mischte sich Willi ein, der sich am anderen Ende der Theke erst mal mit einem doppelten Viertele vom Tode Hardenbergs erholen musste. »Du hast dem Türken ausgeholfen? Ich dachte immer, er sei dein schärfster Konkurrent?«

»Tja.« Ich zuckte mit den Schultern. »Du weißt doch selbst, wie billig seine Cola war. Die war mir nichts, dir nichts ausverkauft. So kurz vor den Feiertagen liefert die Brauerei ja nichts mehr. Und da bald Weihnachten ist, konnte ich es ihm einfach nicht abschlagen.«

»Hoffentlich hast du ihn dabei auch richtig abgezockt!«, meinte Willi.

»Aber hallo! Was denkst du denn?« Ich rieb mir die Hände. »Der musste ganz schön löhnen.«

Willi grinste zufrieden. Wenn ich den Türken schon vor dem Galgen rettete, dann doch wenigstens, um ein Bombengeschäft zu machen. Die schwäbische Seele war für einen Moment besänftigt.

Weniger besänftigt, sondern eher pikiert schien mir die junge Kommissarin zu sein. Den Türken abzocken! So etwas tat man nicht, sagte mir ihr böser Blick.

Der Kommissar schaute auf seine Armbanduhr. »Damit hätten wir zwei gleichlautende Zeugenaussagen. Izmir Ürün hat das auch ausgesagt«, meinte der Kommissar, machte eine Notiz, und klappte dann sein Notizbuch wieder zu.

»Na, dann ist ja wohl alles klar.« Ich erhob mich, und Kommisar Kowalsky nahm den restlichen Schluck aus seinem Kaffeebecher.

»Aber nein! So eindeutig ist es nun auch wieder nicht.« Kommissarin Helbig war noch lange nicht fertig. »Angenommen, Sie geben dem Türken ein Alibi und er Ihnen. Was wäre wohl, wenn Sie gemeinsame Sache gemacht hätten? So gesehen, hatten Sie ja beide einen Grund, ihn umzubringen, nicht wahr?« Sie sah mich durchdringend an. Meinte die das jetzt ernst? Oder bluffte sie?

Jetzt mischte sich wieder Willi ein. Er spielte nun den Detektiv. »Der Türke kommt also auch als Täter in Frage? Haben Sie mal auf das Etikett der Krawatte geschaut? Vielleicht stammt sie aus der Türkei?«

Die Kommissarin sah Willi an. »Natürlich haben wir auf das Etikett geschaut. Halten Sie uns für blöd? Ein deutsches Markenfabrikat. Erstklassige Qualität.«

Willi schnaubte. »Ich meine ja nur. Sollte auch nur ein Tipp von mir sein. Frauen verstehen von Krawatten ja nicht viel.«

Die Kommissarin sah so aus, als hätte sie ihn am liebsten auch mit einer solchen erwürgt. Sie schluckte ihren Ärger hinunter und wandte sich wieder mir zu.

In diesem Moment kam meine Frau vom Einkauf zurück und wurde ebenfalls von den beiden Kripobeamten befragt. Sie konnte allerdings nichts Wichtiges aussagen, da sie am Vorabend mit ihrer Freundin einen Kudamm-Bummel gemacht hatte, danach noch kurz auf einen Sprung zurückgekommen und dann zu ihrer Mutter gegangen war. Also verschwand sie wieder in der Küche, nicht ohne sich überall prüfend umgesehen zu haben. Ich hatte den Eindruck, sie suchte etwas. Aber was?

Die Kommissarin sah sich in meinem Lokal um und starrte lange auf den Abfalleimer mit dem Altpapier. Oder bildete ich es mir nur ein? Jedenfalls fing ich an zu schwitzen. Was, wenn sie hier die Räume durchsuchten?

Willi war mittlerweile beim dritten Viertele angelangt und spielte weiter Detektiv. »Und wenn es nun ein orientalisches Mordritual war? Hardenberg ermordet von der Dönermafia? Und deshalb auch die Krawatte. Sozusagen ein Zeichen der Mafia?«

»Dönermafia!? Die Mafia ist eine italienische Spezialität! Scheren Sie doch nicht alle Ausländer über einen Kamm! Und außerdem: Ürün hat doch ein felsenfestes Alibi. Er war im Getränkekeller«, belehrte der Kommissar Willi, sichtlich genervt von dessen Theorie.

»Na, vielleicht hat Manni sich ja in der Uhrzeit geirrt.« Willi zwinkerte mir zu, als wollte er sagen, das sei doch nun die beste Gelegenheit meinen Konkurrenten loszuwerden. Ich tat so, als hätte ich es nicht bemerkt.

»Vielleicht hat es ja eine Anzeige vom Gesundheitsamt gegeben?«, spekulierte Willi munter weiter. »Wer weiß, was da überhaupt drin war, in den Dönern. Das sollten Sie mal ermitteln, wenn Sie mich fragen.«

Ich konnte direkt sehen, wie der Helbig der Kragen platzte. »In Dönern steckt nichts Geheimnisvolles. Döner werden regelmäßig kontrolliert. Und zwar von *deutschen* Gesundheitsämtern. Sie unterliegen nämlich der *deutschen* Hackfleischverordnung!«, schrie sie Willi fast an.

»Sagen Sie mal, haben Sie eigentlich was gegen unsere türkischen Mitbürger?«, fragte sie mich.

»Gegen Türken haben wir überhaupt nichts, nur gegen Döner«, sagte ich.

Kowalsky und Helbig zogen unisono die Augenbrauen in die Höhe. Diese Aussage glaubten sie mir nun offensichtlich nicht. Und mir war es recht so.

Meine Frau kam mit einer großen Schüssel Buletten aus der Küche und knallte sie auf den Tresen. »Sag mal, Manni! Hast du hier irgendwo eine Tüte gesehen? Ick habe sie doch hier hinjelecht. Ick erinnere mir bloß nicht mehr, wo.« Immer, wenn sie im Stress war, verfiel sie ins Berlinerische. Sie stemmte ihre Hände gegen die üppigen Hüften und sah mich erwartungsvoll an. Sie suchte also tatsächlich etwas, und jetzt wusste ich auch, was es war. Mir wurde mulmig. Hoffentlich hörte sie bald damit auf.

»Nö, keine Ahnung«, murmelte ich und wich ihrem Blick aus. Ich war heilfroh, als sie wieder in der Küche verschwand.

Kowalskys Handy klingelte. Anscheinend war es wichtig, denn er fragte mich, ob er und Helbig den Nebenraum benutzen könnten und die beiden zogen sich zwischen Pommeskartons und Dosenpaletten in meinen kleinen Lagerraum zurück. Ich nahm einen Lappen. Während ich die Tische abwischte, näherte ich mich dem Nebenzimmer und spitzte die Ohren.

»Ganz schön ausländerfeindlich, die beiden. Unschön, liebe Kollegin, da haben Sie recht. Aber immerhin, eines steht für mich fest: Die Aussage des Imbissinhabers stimmt. Manni und Willi würden sich eher die Zunge abbeißen, als einem Türken aus der Patsche zu helfen«, hörte ich den Kommissar sagen.

Die junge Kommissarin schwieg.

»Das Alibi von diesem Izmir ist mit Sicherheit nicht getürkt.« Kowalsky gab noch einen drauf und kicherte über seinen Witz. »Aber das lernen Sie auch noch, Frau Kollegin«, fügte er dann gönnerhaft hinzu.

Bei den Polizisten klingelte erneut ein Handy. Die beiden würden also noch einen Moment beschäftigt sein, dachte ich und fing an aufzuräumen, leerte die Altpapiertonne und spendierte Willi schließlich noch ein Glas Rotwein.

»Auf Kosten des Hauses. Und dann ist Schluss hier. Bitte sei so nett und nimm den Packen Altpapier hier mit. In meiner Tonne ist kein Platz mehr.«

Ich schob ihm eine Plastiktüte zu.

Willi spähte hinein. »Hier steht ja was von Hardenberg?«, sagte er und wollte gerade einen der Zettel herausholen. Willi! Der war doch sonst nicht so neugierig. Hatte ich da jetzt einen Fehler gemacht?

»Das ist meine geschäftliche Korrespondenz mit dieser Spirituosenfirma, du weißt schon ...«, sagte ich schnell und füllte ihm auf meine Kosten noch mal das Glas.

»Korresponwas?, Spiritiwie?«, stammelte er. Das war zu viel der Fremdwörter für Willi. Die hatte er noch nie leiden können. Er stopfte das Papier wieder in die Tüte und leerte das Glas in einem Zug.

»Sodele!«, rülpste er und erhob sich schwankend vom Barhocker.

So schnell ich nur konnte, bugsierte ich ihn durch die Hintertür und atmete erleichtert auf. Alles war gut gegangen.

»Wir machen gleich Feierabend«, rief ich meiner Frau in der Küche zu.

»Hast du die Tüte wirklich nicht gesehen, Manni? Da war dein Weihnachtsgeschenk drin. Ich habe sie doch hier irgendwo hingelegt. Sie kann doch nicht weg sein. Nachher musst du mir unbedingt beim Suchen helfen!«, rief sie zurück.

»Was wird denn hier so dringend gesucht?«, erkundigte sich die Polizistin, die gerade wieder aus dem Nebenraum kam.

Ich schwitzte Blut und Wasser. Warum musste meine Frau auch immer so laut schreien?

»Ne Tüte. Vom KaDeWe. Haben Sie sie vielleicht gesehen?« Meine Frau steckte den Kopf zur Küchentür hinaus.

»Aber natürlich, da kann ich Ihnen helfen. Ihr Stammgast Willi hat gerade mit einer solchen Tüte das Lokal verlassen«, sagte die Kommissarin, der wohl nichts entging. »Was war denn Wichtiges drin?«

»Ein Geschenk, etwa so groß.« Meine Frau deutete mit den Händen den Umfang einer Zigarettenschachtel an.

»Das kann es nicht gewesen sein, die Tüte wirkte viel voller und schwerer.« Die Kommissarin schien sichtlich enttäuscht, dass sie nicht mal auf die Schnelle wenigstens einen kleinen Diebstahl aufklären konnte.

»Wir finden diese Tüte schon noch selbst«, sagte meine Frau und knallte die Küchentüre hinter sich zu.

Helbig ging schon mal vor, um den Wagen holen, der, so bekam ich seufzend mitgeteilt, drei Straßen weiter stand. Wenn es in der Hauptstadt auch fast alles gibt, Parkplätze sind es jedenfalls nicht. Kowalsky schüttelte mir zum Abschied die Hand. »Frohes Fest. Nichts für ungut, ich gehe jetzt noch rüber und genehmige mir einen Döner. Na ja, und was die Kollegin betrifft ... wir müssen jeder Spur nachgehen. Für mich stand immer Raubmord fest. Eindeutige Indizienlage. Aber die Kollegin ...« Er schüttete den Kopf. »Das wird die schon noch lernen.«

»... und Karriere machen«, fügte ich stumm hinzu, denn das stand für mich fest. Mit einem schiefen Lächeln verabschiedete ich Kowalsky in Richtung Dönerladen und nahm mir vor, mir mal Gedanken darüber zu machen, was ich am besten gegen die Döner von Izmir und seinen Landsleuten unternehmen konnte.

Bei aller Freundschaft: Geschäft ist Geschäft.

Dann ging ich in die Küche, um meiner Frau bei der Suche nach meinem Geschenk zu helfen. Wenigstens würde ich so tun, denn finden würden wir es nicht. Es war ja bei der Spurensicherung. Nicht so schlimm, seidene Krawatten habe ich genug. Meine Frau schenkt mir jedes Jahr zu Weihnachten eine neue.

BERLINER CURRYWURST

ZUTATEN

(für vier Personen)

4 Würste ohne Darm
1 kleine Zwiebel
1 Dose Tomaten
etwas Gemüsebrühe
Worcestersauce
Currypulver
Salz, Pfeffer
½ TL Honig nach Geschmack

ZUBEREITUNG

Die kleingeschnittene Zwiebel wird in Öl glasig gebraten. Die Tomaten aus der Dose mit dem Saft dazugießen, die Gemüsebrühe hinzufügen und das Ganze etwa 30 bis 40 Minuten köcheln lassen, bis eine dickflüssige Sauce entstanden ist. Die Sauce durch ein Sieb geben und mit Currypulver, Worcestersauce, Salz und Pfeffer abschmecken. Etwas Honig rundet den Geschmack ab.

Die Würste in der Pfanne anbraten, in mundgerechte Stücke schneiden, mit der warmen Sauce begießen und mit Currypulver bestreuen. Als Beilage und zum Auftunken der Sauce reicht man am besten eine schöne Berliner Schrippe (Brötchen).

Berliner Weiße

von Nessa Altura

Es ist unsäglich heiß und er sitzt matt in einem Straßencafé mit Regiestühlen in der Oranienstraße und trinkt Berliner Weiße. Er heißt Moss, ein Name, der an diesem Tag durch seinen dunklen Klang und die Assoziation an ein leibarmes Model angenehm kühl wirkt. Er ist Berlin-Korrespondent der *International Herald Tribune*, noch nicht sehr lange, und er findet es gut so. Das ist übrigens ein Ausdruck des Berliner Bürgermeisters – ihn anzuwenden, gefällt Moss. Es macht ihn zum Eingeweihten, zumindest unter seinen Landsleuten, die von Berlin, Germany noch weniger Ahnung haben als von »Berlin, Texas«. Ein schlechter Film, übrigens, findet er, aber ein typisch deutscher.

Träge zockeln Passanten vorbei, die er sich besieht, als müsse er Komparsen für einen anderen Film, seinen Film, auswählen. Er beschäftigt sich damit, ihre Nationalitäten zu erraten. Die Angetrunkenen mit den hellen Augen sind Skandinavier, die mit dem Sonnenbrand Engländer, die mit den Socken in den Sandalen Österreicher, die mit der Vorliebe für Khaki-Kariertes Landsleute oder in der britischen Armee und die mit den klobigen Turnschuhen und den herabhängenden Hosenböden sind Hip-Hop-Türken. Oder Gangsta-Russen. Er geht noch weiter: diese Frau könnte eine Jüdin vom Bayerischen Platz sein – die jüdische Gemeinde in Berlin wächst schneller als jede andere auf der Welt –, jene eine Altberlinerin aus der Bleibtreustraße, wo sich die Welt trotz der Wiedervereinigung, die alles verändert hat, nicht verändert hat. Dieser Punk kommt aus Kreuzberg, jener Bürohengst ist am Potsdamer Platz seiner klimatisierten Box entlaufen. Moss weiß, dass seine Überlegungen infantil und albern sind, aber er stellt sie dennoch an – er meine es ja nicht ernst, sagt er zu sich selbst, er wolle doch nur sein in kürzester Zeit erworbenes Wissen amortisieren. Das obergärige leichte Bier passiert prickelnd die Speiseröhre. Angenehm. Säuerlich. Er freut sich, dass er den deutschen Konjunktiv in der indirekten Rede beherrscht. Ist ja nicht ganz einfach, nicht wahr?

Ein Junge schlendert zwischen den Caféhausstühlen umher, setzt sich aber nicht. Moss schlägt ihn dem Türkenkontingent zu.

»Noch eine Weiße?«, sagt die Bedienung, und sie sagt es in einem Tonfall und mit einer Stimme, die ihm sofort und trotz der Hitze eine Gänsehaut verursacht. In dieser Stimme ist Geheimnis und eine Zweideutigkeit, er weiß nicht warum, aber er ist sich sicher, dass die Frage, die sie gestellt hat, ein Code ist. Was meint sie? Muss er reagieren? Er schließt die Augen und träumt dieser raunenden Frage hinterher. Hat er nicht jemanden wispern hören, dass in den Zimmern über dem Café Professionelle arbeiten?

»Noch eine Weiße?« Er schaut der Bedienung nach, die sich nach ihrer Frage, die wegen akuten Grübelns nicht beantwortet wurde, rasch zu anderen Tischen hinbewegt. Um dort ein ähnliches Angebot zu machen? *White, Mixed Race or Black?*

Zu dem Jungen kommt ein zweiter, auch er nicht älter als sechzehn. Oder gar jünger? Sie streichen zwischen den Caféhaustischen umher wie Füchse. Am rechten Nachbartisch sitzt ein weißer Arsch. Eigentlich vermeidet er dieses Wort, es ist deutsch und krude, aber man kann das Körperteil nicht anders nennen, er hat nichts mit der Person zu tun, der er gehört; es ist *neither bum nor bottom*, kein Hintern, kein Gesäß, kein Po. Es ist ein Arsch. Wie wunderbar sich die Vokale und Konsonanten der deutschen Sprache im Munde herumrollen lassen ... Der Arsch steckt in einer weißen Hose und hängt in dem Regiestuhl wie ein großer weißer Sahneballen in einer Hängematte. Die Sahne sieht appetitlich aus, so weich, so rund, so lecker. Das Fleisch unter dem Stoff ruft ihm zu, er kann es hören: Schäle mich, lass mich frei, knete mich, nimm mich, friss mich, ich will heraus. Als sich die Frau nach vorne beugt, um ihrem Gesprächspartner zuzuflüstern, beugt Moss sich auch nach vorne, gespannt – der String, der die Masse in zwei Hälften teilt, wird sichtbar. Foltert sie. Foltert ihn.

Es ist nicht recht. Nicht bei dieser Hitze. Er schluckt trocken. »Noch eine Weiße«, ruft er der Bedienung zu, ohne die Augen vom Ziel seiner eigenen plötzlichen Gier zu wenden. Ganz sicher, denkt er, ist die Haut unter der weißen Hose gebräunt – wer Strings trägt, trägt auch Tangas. Die Frau, die den Tanga und die weiße Hose trägt, kommt ganz sicher aus der »Strandbar Mitte« und hat noch Sand zwischen den Zehen.

Moss freut sich an seiner Ortskenntnis. Es tut gut, sich einmal irgendwo auszukennen, alle Lokalitäten katalogisiert zu haben im Oberstübchen. *Old Europe*, so durchschaubar, denkt er, und dann lächelt er, weil er schon oft belauscht hat, wie die Deutschen sich gegenseitig mit Tipps überhäufen, wenn einer sagt, er fahre nach New York. Er zieht an seiner Weiße und denkt an den Tipp, den er immer gibt, wenn er gefragt wird: Berliner Weiße Mousse mit Basilikum-Erdbeeren. Die ist unschlagbar. Leider gibt die hiesige Speisekarte solche Kostbarkeiten nicht her.

Die Jungen palavern über die Tische hinweg. Moss kann es nicht richtig hören, ist zu weit entfernt. Aber er entscheidet, dass die Unterhaltung in einer Sprache geschieht, die im östlichen Mittelmeerraum gesprochen wird.

Am Tisch links von Moss sitzen zwei weibliche Teenager und schnullern an ihrer Eis-Schokolade. Sie kichern und flüstern und richten sich andauernd die Haare. Sie schleudern Blicke um sich, als würfen sie hakengespickte Angeln aus, tun es aber so hektisch, dass kein Fisch anbeißen kann. Er findet diese Sorte Jugend mühsam, hasst den Babyspeck, die blinkenden Bauchnabelpiercings, die unreine Haut in den Gesichtern, das fortwährende Zupfen an den frechen weißen Lingerieoberteilen. Nympflein im Schlafrock vom Prenzlauer Berg, keine Frage, libertinäre Eltern, Kneipiers oder Künstler. Die Mädchen sind zu jung für das Spiel, das sie betreiben und er fürchtet, sie könnten Falschen in die Hände fallen wie unreife Nüsse.

Es will ihm vorkommen, als werde es minütlich schwüler.

Das Gespräch zwischen den Jungen wird heftiger. Im Westen türmen sich unförmige Wolken in mehrerlei Grautönen zu einem Gebirgspanorama.

Eine Dame kommt ins Straßencafé: Sie ist nicht mehr jung und trägt ein feines seidenes Sommerkleid spazieren, schlägt rasierte Beine mondän übereinander und schiebt eine große Sonnenbrille ins blondierte dünne Haar. Sie verbreitet Kühle, Sittsamkeit und unendliche Einsamkeit, und er schwankt zwischen Zustimmung und Ablehnung. Es stört ihn, dass sie so makellos wirkt, als trüge sie eine innerorganische Klimaanlage mit sich herum. Er wendet sich ab, die Welt der Wohlhabenden, die es sich erlauben können, nicht zu transpirieren, wenn alle anderen schwitzen, ist nicht die Seine. Upper Class in Berlin, Grunewald oder Zehlendorf? Schwitzen ist demokratisch, entscheidet er, jedenfalls an solch einem Tag.

Die Sonne wird fahl. Die elegante Dame, die er beschlossen hat nicht zu mögen, trinkt einen Eiskaffee. Nicht mit dem Strohhalm natürlich, sondern sie löffelt die milchige Flüssigkeit zierlich aus dem Glas. Kühl rinnt es ihre Kehle hinab, und er stellt sich vor, wie seltsam das ist, wenn Kühle auf inneres Eis trifft, während der graue Stein Ostberlins draußen glüht. Temperaturen sind relativ. Ihm gefällt dieser Gedanke, er beschäftigt sich eine Weile damit, ihn in eine Glosse zu gießen. Die Glosse in der *International Herald Tribune*, jahrzehntelanger Fan von Art Buchwald, der er ist, ist sein nächstes berufliches Ziel. Hat sein Chef nicht neulich eine Andeutung in dieser Richtung gemacht? Neue Herausforderungen ... Moss massiert sich die Stirn; er ist nicht sicher, was der Ressortleiter gemeint hatte – die Telefonverbindung war schlecht gewesen.

Zehn, fünfzehn Jungen kommen aus allen Richtungen herbeigeströmt. Das Straßencafé scheint ihr Treffpunkt zu sein.

Während Moss aus seinem Stuhl herausguckt, als säße er in einem Kinosessel, kommt ein alter Mann dahergeschlurft. Er hebt die Füße in den beigefarbenen Flechtschuhen nicht richtig vom Pflaster. Er trägt einen zerknitterten hellen Leinenanzug und einen Panamahut aus Stroh und einen exakt gestutzten Schnurrbart über der bläulichen Oberlippe. Man kann nicht erkennen, ob er unter den Hitzegraden leidet. So haben, denkt Moss, die alten Nazis in Buenos Aires ausgesehen, oder die Vertreter der Nomenklatura aus Wandlitz, wenn sie Havanna besuchten. Oder Honecker in Chile. Als der Alte auf der Höhe seines Stuhls ist, bleibt er stehen und dreht sich langsam wie eine Aufziehpuppe zum Cafépodest und dessen Besuchern herum. Seine alten Augen sind überraschend blau in dem braunen Gesicht. Er studiert die Caféhausgäste. Es ist ihm nicht peinlich, offenbar will er wissen, wie sie aussehen. Unter seinem forschenden Blick fühlt sich Moss wie ein Orang-Utan im Zoo, er muss an sich halten, um sich nicht unter dem Arm zu kratzen. Der Alte braucht lange, um alle zu mustern: die jungen Nüsschen, den weißen Arsch und dessen männlichen Begleiter, die elegante Lady, den nicht mehr jungen Mann aus Amerika. Nur die Jugendlichen scheint er nicht zu sehen, sein Blick gleitet über sie hinweg, als seien sie aus Zellophan. Besonders ausgiebig studiert er die üppige Figur der Bedienung. Man spürt förmlich, dass unter diesem Strohhut Urteile gefällt werden, die vernichtend sind.

Die Jungen gestikulieren; es sieht nicht aus wie Streit, sondern eher wie eine aufgeregte Besprechung. Ein Windstoß fährt in die von der Hitze geschwächten Baumkronen. Noch erhebt die Bedienung keine Einwände, aber sie wirft scheele Blicke auf die Halbwüchsigen, die nicht so wirken, als wollten sie etwas konsumieren. Gleich wird sie den Geschäftsführer holen. Der wird sich räuspern, weil der Ozongehalt in der Luft die Stimme tonlos macht, wird mit dem Zeigefinger auf das Trottoir weisen und mit der Eiskarte wedeln. Die Jungen werden sich fügen und in die Schatten der gegenüberliegenden Häuserwände drücken müssen. Moss findet, dass er die Lage gut analysiert hat. Das macht ihn zufrieden, es schließt Überraschungen aus. Für Überraschungen ist es zu heiß, beschließt er. Aber vielleicht doch noch eine Weiße? Leicht hefetrüb, säuerlich, kaum Alkohol, *rot* mit Himbeer- oder *grün* mit Waldmeistergeschmack? Mit Gersten- und Weizenmalzen gebraut, seit, er runzelt die Stirn und denkt nach, seit 1642. Das muss er im nächsten Bericht unterbringen.

Die Jungen winken der Bedienung lässig zu. Jugend, denkt Moss nun doch neiderfüllt, zwar grob, aber doch attraktiv, sportlich, potent, einer wie der andere. Sie tragen knielange, bauschige Shorts und bewegen sich mit großer Geschmeidigkeit. Nur leider sind sie dumm, Hauptschüler, wenn überhaupt, das Proletariat von morgen. Ihn schaudert, aber nicht genug, um ihn zu erfrischen.

Eine Mutter mit zwei Kindern setzt sich. Die Kinder sind fett, die Mutter ist es auch. Moss kann nicht umhin, mitzuhören, was sie mit lauter, bestimmter Stimme sagt. Immer mir der gleichen Satzmelodie.

»Wir setzen uns hier, nein, nicht dort, hier.«

Er hasst das, es erinnert ihn daran, dass er seinem Staat Nachkommen verweigert.

»Wir bestellen uns ein Eis, zwei Kugeln für jeden.«

Pause.

»Nein, Eis habe ich gesagt, keine Cola.«

»Erdbeer und Vanille?«

»Nein. Erdbeer und Melone. Du magst doch Melone.« Und: »Lass das, das fasst man nicht an.«

»Warum? Weil da Bakterien dran sind, so kleine Lebewesen, die man nicht sieht.«

»Nuss und Waldbeere?«

»Die sind schädlich. Sie kriechen überall hin. In deinen Bauch und dann bekommst du Durchfall.«

Hoffentlich erklärt sie jetzt nicht, was Durchfall ist, denkt Moss und hat sofort das Bedürfnis, die Toilette aufzusuchen. Prophylaktisch. Wie erklärt man das Wort »prophylaktisch« einem Kleinkind? In den Plattenbauten, in denen diese alleinerziehende Mutter zu Hause ist, beschließt Moss, kennt man dieses Wort nicht. Marzahn?

Um die Hausecke am Ende der Straße biegen weitere Jungen; sie machen Begrüßungsgesten, spreizen Daumen und kleinen Finger ab, man kennt sich offenbar. Sie bleiben stehen, kommen aber nicht ins Café, das ist Moss recht so, er will keinen Ärger, kein Zeuge sein für unproduktive Auseinandersetzungen. Auf berlinerisch oder türkisch oder sonst wie. Kanaksprak heißt das neuerdings.

Ein Paar spaziert heran, der Mann steuert einen Tisch links an, die Frau einen Tisch rechts. Dem Alter nach ist sie noch die Originalgattin. An welchem Tisch man sich niederlassen wird, entscheidet über die Herrschaftsstruktur in dieser Ehe. Moss will es nicht wissen und dreht sich nach der Bedienung um. Wo bleibt seine zweite Weiße?

Die Bedienung ist nicht zu sehen. Schließlich wendet Moss sich doch dem Ehepaar zu. Der Mann hat gewonnen, was Wunder, er verdient schließlich das Geld, das sie ausgibt. Sie hat eine Anzahl von Tüten dabei. »Galeries Lafayette«, Friedrichstraße. Moss versucht sich vorzustellen, was darin sein mag. Ein Abendkleid, ein Badeanzug, feine Dessous, seidene Strümpfe? Er kann sich die Frau in keinem von diesen Dingen vorstellen, sieht sie nur nackt vor seinem inneren Auge. Ein molliger Bauch, sich der Schwerkraft hingebende Brüste, geäderte Oberschenkel, pigmentfleckiger Rücken, ein Schildkrötenhals. Aber zärtliche Arme und einen schwach behaarten Schoß, der nicht verwöhnt ist. Er schließt die Augen, ist milde gestimmt. Als er sie wieder öffnet, fällt sein Blick auf die Bedienung. Die hat offenbar Kreuzschmerzen, stemmt einen Arm in die Höhlung ihres Rückens. Ihr Busen ist schwer. Sie hält die Augen gesenkt, während sie den Motor wieder anwirft und durch die Lücken zwischen den Kaffeehausstühlen hastet, damit sie nicht von weiteren Wünschen belästigt wird. Geht sie jetzt, um den Geschäftsführer zu holen?

Aber wo sollen sich die Burschen sonst aufhalten, denkt Moss, an solch einem Tag? Etwa in muffigen Wohnsilos, unter keifenden Familienangehörigen? Es donnert von Ferne, am Himmel leuchten El-Greco-Farben. Moss findet, dass er großzügig ist, voll Verständnis für die Nöte der Großstadtjugend und obendrein kunstsinnig. Er nickt vor sich hin. Seine zweite Bierschale kommt, der Himbeersaftknödel an der tiefsten Stelle des Glases blitzt rot, er hat ihn sich verdient.

Ein Ingenieur nimmt Platz. Weshalb Moss weiß, dass dieser Mann ein Ingenieur ist? Intuition. Der Mann hat zurückgekämmte Haare und zieht jetzt den Krawattenknoten hinunter, um Luft an seinen Hals zu lassen. Er öffnet ein Filofax. Liest kurz darin. Schlägt es wieder zu. Macht eine fordernde Handbewegung zur Bedienung hin, die eben den frühreifen Früchtchen zwei Flaschen Mineralwasser bringen will. Wissen die nicht, dass diese Pfütze Flüssigkeit sie ihr ganzes Taschengeld kosten wird? Der Ingenieur wippt ungeduldig mit dem Fuß. Irgendwie preußisch, findet Moss, der jetzt die amerikanische Version dieses Eigenschaftswortes auf seiner Zunge rattern lässt: *Prussian*.

Es klingt wie »prüde«. Er grinst.

»Haben Sie eine Tageszeitung?«, fragt der Ingenieur die Bedienung mit unerwartet kultivierter Stimme. »Und ein Pils bitte, sehr kalt, wenn es möglich ist.« Der Wunsch wird mit strenger Höflichkeit geäußert. Die Bedienung nickt und entfernt sich. Moss ist neugierig, ob sie tatsächlich eine Tageszeitung bringen wird. Eigentlich glaubt er es nicht. Die Tage solcherart kuscheliger Kundenfreundlichkeit sind längst schon vorbei.

Plötzlich zerteilt ein Blitz den Himmel. Elektrizität erfüllt die Luft, es ist ein Flattern um ihn, ein Wirbeln, eine Bö, die die Tische polternd umkippen lässt. Baumäste neigen sich drohend zu den erschrockenen Menschen hernieder. Scherben klirren; Moss duckt sich, er weiß nicht, was los ist, sieht den Ingenieur aufspringen, die Mutter ihre Kinder an sich reißen, sieht die Bedienung stolpern und stürzen, sieht behände Schatten überall, scheckige Shorts über nackten Knien, Körper, hört Lachen und Keckern wie von hungrigen Hyänen.

Das ganze Café ist in Aufruhr, ein Blitzeinschlag, ein Terrorakt, ein Überfall, eine Bombe, eine Explosion, jemand kreischt. Moss erhält einen Schlag gegen die Seite und kippt aus dem Stuhl, unaufhaltsam wie eine Gummipuppe, aus der man den Stöpsel herausgezogen hat. Er will der einsamen Lady helfen, dem weißen Arsch, dessen Gehäuse aufgeplatzt ist, der Ehefrau, den fettleibigen Kleinkindern, aber er ist wie gelähmt, findet sich nicht zurecht, weiß nicht, wo oben und wo unten ist. Hat keine Ahnung, was passiert, kann nicht handeln. Befehle klingen harsch. Deutsch.

»Gib her!«

»Mach schnell!«

»Halt's Maul!«

Zischen und Klatschen. Braune Arme, die Taschen raffen, klobige Turnschuhe, die nach Schienbeinen treten, Fäuste, die auf Schultern boxen. Handgemenge. Die Lady lässt ihre Straußenledertasche nicht los und schüttet Schimpfwörter aus, der Arsch, der so weiß ist wie seine geplatzte Schale, schluchzt hemmungslos. Hagelkörner prasseln herab, Donner rollen wie Tsunamis, Äste poltern von den Bäumen, noch ein Blitz, grell wie ein Polizeiphoto. Moss denkt an den Irak, in dem er nie gewesen ist. Das Trauma, das Bush seinen Landsleuten aufgebürdet hat, es erreicht auch ihn, hier im fernen Berlin.

Nach drei Minuten ist der Spuk vorbei. Die Jungen rennen mit quietschenden Plastiksohlen weg und mit ihnen verschwinden Geldbörsen, Handtaschen und Einkaufstüten. Sirenen ertönen, das Echo der Martinshörner fängt sich in den Oranienburger Straßenschluchten. Die Bäume richten sich wieder auf.

Gleichzeitig mit den Uniformierten erreichen große Regentropfen das Straßencafé. Moss hat sich aufgerappelt, er drängt sich nach vorne. Wenn einer ein geschultes Auge hat, dann er, der professionelle Beobachter. Er zeigt seinen Presseausweis, den er schwungvoll aus der Brusttasche zieht, nicht ohne Stolz. Berliner Korrespondent der *International Herald Tribune*, sein Sprüchlein beruhigt ihn. Seine Visitenkarte auch. Er ist nicht im Irak, er ist in Berlin. Es war kein Selbstmordattentat, sondern ein Straßenüberfall. Er ist Zeuge.

Die Beamten nehmen ein Protokoll auf. Mit geschulten Worten beruhigen sie die hysterischen Caféhausbesucher. Mit geübten Fingern füllen sie Notizbuchblätter. Nur die Bedienung kann Personenbeschreibungen liefern, alle anderen beschreiben ausführlich die Besitztümer, die ihnen entwendet wurden.

Die Kleinkriminellen waren keine Türken, sondern Deutsche, erfährt Moss. Er empfindet jeden Irrtum wie eine Ohrfeige. Die Dame aus der Friedrichstraße ist keine Berlinerin und auch keine Gemahlin, sondern Engländerin und eine Künstlerin mit ihrem Manager. Der Ingenieur ist ein Arzt aus der Charité, der den weißen Arsch, der seinerseits russischer Provenienz und in Charlottenburg zu Hause ist, ritterlich beschützt mit seinem Sakkostoff. Eine Geste, die auch Moss hätte einfallen können. Der Begleiter der Platzwurst hat sich aus dem Staub gemacht. Die fette Mutter mit ihren Kindern kommt aus Brandenburg, und die Nympflein sind keine Töchter aus Berlin-Mitte, sondern die Kundschafterinnen der Ganoven gewesen und jetzt verschwunden – natürlich, ohne Eisschoko und Mineralwasser bezahlt zu haben. Und die feine Lady wohnt in Königswusterhausen und hatte nur noch zwanzig Euro im Portemonnaie.

Moss ist bestürzt, er stottert jetzt, sein Deutsch ist schlecht geworden, zu schlecht für einen Korrespondenten. Sein Selbstbewusstsein ist so obergärig wie die Reste der Berliner Weiße, die jetzt durch seine Leinenschuhe sickern und klebrige Feuchtigkeit zwischen seinen Zehen verursachen. Wie kann als Beobachter gut sein, wer als Zeuge so versagt?

Der Himmel über Berlin dunkelt sich ein; die Luft ist frisch. Die Opfer der jüngsten Großstadtkriminalität zerstreuen sich.

Als er im Parterre seines Mietshauses den Briefkasten öffnet, liegt Post aus der Zentrale darin. Hastig reißt er dem Umschlag auf, noch im Aufzug liest er, was ihm die Redaktion zu sagen hat. Erst als der Lift ihn im vierten Stock ausspuckt, begreift er, was er da in seinen Händen hält: Seinen Marschbefehl in die Heimat. Den begehrten Posten in Berlin bekommt zum nächsten Jahr ein anderer.

BERLINER-WEISSE-MOUSSE IN SCHOKOLADENTRÄNE MIT BASILIKUM-ERDBEEREN

ZUTATEN

2 Fl. Berliner Weiße
100 g Quark
100 g saure Sahne
100 g Joghurt
150 g Zucker
Zitronensaft einer Zitrone
16 Blatt Gelatine
1 l geschlagene Sahne
30 g Vanillezucker

SOWIE

400 g Erdbeeren
6 Blatt grünen Basilikum
80 g Zucker
Grand Marnier

ZUBEREITUNG

Für die Berliner-Weiße-Mousse die Gelatine einweichen. Quark, saure Sahne, Joghurt, Zucker, Vanillezucker, Zitronensaft und Berliner Weiße mit Schneebesen glattrühren. Gelatine ausdrücken und mit Zutaten von der Masse erwärmen bis sich die Gelatine aufgelöst hat. Alles vermengen, noch bevor die Masse anzieht, die geschlagene Sahne unterheben und kühl stellen.

Die Erdbeeren waschen, putzen und vierteln. Basilikum in Streifen schneiden und mit den restlichen Zutaten und Früchten vermischen, ca. eine Stunde kühl stellen.

Berliner-Weiße-Mousse in die vorbereiteten Schokoladentränen spritzen und mit dem Erdbeersalat fertigstellen.

Die Autoren

Als das neue Jahrtausend anbrach, fand **Nessa Altura**, dass es an der Zeit wäre, einmal etwas Neues zu wagen. Sie tauschte ihren Namen mit obigem Pseudonym und verkaufte ihre erste Kurzgeschichte an einen Verlag (Friedrich Glauser-Preis 2002). Neben zahlreichen Anthologiebeiträgen erschienen außerdem zwei eigene Erzählbände: »Die schönsten Sagen aus Nürnberg und Mittelfranken«, aus der Gegend, aus der sie stammt, und »Nacht über Oberstdorf«, von dem Ort, in dem sie gerne Urlaub macht.

Petra A. Bauer, geboren 1964, lebt mit ihrem Mann und den gemeinsamen vier Kindern am nördlichen Stadtrand ihrer Geburtsstadt Berlin. Sie schreibt Krimis, Kinder- und Jugendbücher sowie Hörspiele. Ihre Ratgeber und Magazinbeiträge decken den Themenbereich Familie, Frauen und Lifestyle ab (writingwoman.de). 2006 erschien ihr Berlin-Krimi »Wer zuletzt lacht, lebt noch«. Die Kommissarin Robina Bernhardt löst 2007 ihren zweiten Fall.

Barbara Brecht-Hadraschek, geboren 1969 in Heidelberg, studierte Geschichte, Politologie und evangelische Theologie in Heidelberg und Wien. Seit Anfang der 90er Jahre schreibt und arbeitet sie für Zeitschriften, TV- und Online-Redaktionen. Heute ist sie freie Autorin und Texterin (contentundco.de). 2005 veröffentlichte sie ihr erstes Fachbuch. Mit ihrer Tochter und ihrem Ehemann lebt sie in Berlin-Heiligensee. Vor allem ihre Schwiegereltern – waschechte Berliner – inspirierten sie mit ihren Erinnerungen und Erzählungen zu einer Geschichte, die in der unmittelbaren Nachkriegszeit spielt.

Ruth Borcherding-Witzke, geboren 1959, ist gelernte Volljuristin, lebt seit gut einem Dutzend Jahren in Sachsenburg bei Chemnitz und managt eine Familie mit zwei Kindern. Seit sie bei einem Schreibwettbewerb gewonnen hat, hat sie Blut geleckt und schreibt in ihrer Freizeit mörderische Kurzgeschichten, von denen bereits zahlreiche veröffentlicht wurden. Gemeinsam mit Silvija Hinzmann ist sie auch Herausgeberin im Mitteldeutschen Verlag Halle. Sie ist Mitglied bei den *Sisters in Crime.*

Anja Feldhorst, geboren am 04. Februar 1965 im Auto auf der Fahrt ins Saarbrücker Krankenhaus und aufgewachsen in der Voreifel in der Nähe von Aachen. Seit 1984 lebt sie in Berlin. Studium der Politologie, Psychologie, evangelischen Theologie und Erziehungswissenschaften. Arbeitete als Taxifahrerin, Kellnerin, Referentin, Blumenverkäuferin und Möbelpackerin bevor sie sich 1998 als freie Lektorin und Autorin selbständig machte. Sie ist Preisträgerin des Tagesspiegel-Erzählwettbewerbs (2005), Gewinnerin Krimistoffbörse Tatort Eifel/Daun (2001/2002) und Mitglied der Mörderischen Schwestern (*Sisters in Crime*).

Stefan Haffner, geboren 1962 im Münsterland, lebt und arbeitet nach einigen Lehr- und Wanderjahren zwischen Sevilla und Stockholm seit 1994 in Leipzig. Die Begeisterung für seine Wahlheimat spiegelt sich auch in seinen historischen Kriminalromanen rund um den Leipziger Kommissar Martin Held wieder.

Literaturwissenschaftlerin **Heide John** (M. A. 1991), langjährige Mitarbeit an der Historisch-Kritischen Gesamtausgabe der Werke C. F. Gellerts, ist seit 1993 freie Lektorin, freie Autorin, freie Redakteurin sowie freie Rezensentin. Veröffentlichungen zum Beispiel »Ein Herz für Männer« und »Und wer küsst mich?« sowie zahlreiche Kurzgeschichten und Kurzromane, Drehbücher für diverse TV-Formate, Kinderkrimis: »Außer Kontrolle« und »Auf Droge«. Sie ist Mitglied und Jury-Vorsitzende der Autorenvereinigung DeLiA.

Ein Anflug von Rationalismus hielt **Astrid Mosler**, Jahrgang 1975, davon ab, sich direkt nach der Schule als Autorin zu versuchen, und so studierte sie BWL. Dem Schreiben ist sie dennoch treu geblieben und arbeitet heute selbst in einem großen Verlagshaus in Süddeutschland. Mit Berlin verbindet sie neben kalten Wintern auch das Durchstreifen sommerlich warmer Straßenzüge voller spannender Menschen und Sehenswürdigkeiten.

Britt Reißmann, geboren 1963 in Naumburg/Saale, hat viele Sommerferien bei Freunden in Ost-Berlin verbracht, unter anderem auch am Müggelsee. Inzwischen lebt sie mit ihrer Familie in Stuttgart. Als Angestellte der Stuttgarter Mordkommission findet sie dort das perfekte Umfeld für Inspirationen zu ihren Kriminalgeschichten. Sie hat zahlreiche Kurzkrimis und mehrere Kriminalromane veröffentlicht und ist Mitglied bei den *Sisters in Crime*.

Jan Söfjer wurde 1980 in Hameln geboren und studiert Online-Journalismus in Darmstadt. Am Berlin der Zwanziger Jahre fasziniert ihn vor allem die freigeistige, kontroverse Szene von Künstlern, Bühnendarstellern, Literaten und politischen Feuilletonisten.

Mark Wachholz, geboren 1976 in Berlin, studiert Geschichte und Dramaturgie und lebt als freier Autor in seiner Geburtsstadt. Neben Story-Arbeiten für das Computerrollenspiel »Drakensang« des Publishers dtp ist er auch als Exposee- und Drehbuchautor für verschiedene Film- und Fernsehproduktionsfirmen tätig. Seit einigen Jahren ist er zudem einer der federführenden Redakteure der größten deutschen Fantasy-Welt »Das Schwarze Auge«. 2006 erschienen seine ersten beiden Romane »Der Hofmagier« und »Der Feuertänzer«.